12.12 쿠데타와 나

일러두기

이 책은 1993년 발행된 명성출판사의 '12.12 쿠데타와 나'를 재출간한 도서로, 독자의 가독성을 위해 교열과 맞춤법을 현대화 한 것입니다. 다만, 저자의 의도를 그대로 전달하고자 하는 부분의 문장들은 원문을 그대로 사용했습니다.

장태완 지음 · 이원복 엮음

12.12 쿠데타 와 나

이콘

들어가는 글

불충자 유구무언(不忠者 有口無言)의 속죄하는 마음으로 나는 지난 13년간의 세월을 침묵으로 일관해 왔다. 국민의 염원이었던 민주헌정의 바탕 위에 문민정부가 들어서고 신한국 창조의 기치 아래 국가의 대개혁이 추진되고 있는 이 시점에, 12·12 군사반란을 진압해야 하는 정부 계엄군의 핵심적인 위치에서 진압 작전을 지휘하다가 실패하여 용서받을 수 없는 죄인이 된 장본인으로, 그 당시의 실증적인 증언을 국민 앞에 공개한다. 이것이 발생 원인과 진상을 규명하고 진압 실패의 원인과 교훈을 도출하는 데 일조가 되기를 바란다. 이로 인해 이 땅 위에서 12·12 군사반란과 같은 불행한 역사가 반복되지 않도록 미연에 방지할 수 있다면 국가와 국민, 그리고 국군 앞에 지은 불충의 죄를 일부나마 속죄받을 수 있는 유일한 길이 되지 않을까 하는 심정에서 이 글을 쓰게 되었다는 것을 감히 말씀드린다.

12·12 군사반란은 전두환 소장을 중심으로 한 '하나회'라는 군 내 사조직이 박정희 대통령의 대권승계(大權承繼)를 위해 장구한 기간 철저하게 계획하고 준비한 일련의 과정에서, 국권 장악의 필수 단계인 군권(軍權) 장악 시 예상치 못한 시행착오로 야기된 군사반란이었다. 그리고 그 후 5·18 광주민주화운동 무력 진

5

압 과정도 그들이 예상하지 못했던 시행착오였지만, 어디까지나 종국적인 목표는 국권 장악(1980년 8월)이었다.

이들은 제1단계인 군권 장악을 위해 1979년 12월 12일 18시 경부터 다음날 새벽 4시 사이, 전두환 보안사령관 겸 합동수사 본부장을 주축으로 한 군 내 사조직 하나회 및 그 후원 세력들과 보안사 요원의 일부가 결탁하여 그들의 직속상관인 육군참모총 장 겸 계엄사령관 정승화 대장을 강제로 납치 구금했다. 군 통수 권자인 최규하 대통령의 재가도 없이 전후방의 부대를 불법으로 동원한 결과였다. 그러고는 비상계엄하에 수도 서울을 무력으로 강점하여 군권을 완전히 장악했다. 그 후 국권 장악에 저해 요소 가 되는 광주 시민의 연화와 같은 민주항쟁을 고도로 훈련된 특 전부대를 투입하여 무자비한 살상으로 진압한 뒤 국민의 민주 의거를 평정했다. 국권을 찬탈한 후에는 황금만능주의 군사통치 로 13년 동안이나 정권을 유지하면서 그들의 사리사욕을 위해 극치에 달하는 부정, 비리, 축재 등을 일삼았고, 총체적인 부패의 표현인 소위 '한국병'이라는 치욕스러운 신조어까지 낳게 했다.

12·12 군사반란은 분명한 현행 실정법상의 위반이며, 헌법 을 비롯해 형법, 군형법, 계엄법, 군복무규율 등의 제 법률상에 있어서 극형에 해당되는 최고 중범행위이다. 또한 이들의 범죄 행위 중 내란죄, 반란죄, 이적죄 등의 국사범(國事犯)은 국가 안위 를 위해 너무나도 중요한 범죄이기 때문에 2중 3중외 법적 단죄 (斷罪) 장치로서 '반국가적 행위에 대한 특별조치법'으로 묶여져

있다. 그뿐만 아니라 이들은 국헌문란죄까지 범했다.

전 장교의 0.05퍼센트도 안 되는 소수의 12·12 군사반란 주모자 및 주동자들은 조국 수호와 민주 발전을 위하여 거룩하게 산화한 수많은 호국 영령의 명예를 더럽혔다. 또한 국가를 보위하고 국민의 생명과 재산을 보호하기 위해 박봉에 시달리면서도 단 하나뿐인 생명을 바치는 것을 지고(至高)의 명예이자 가치관으로 삼으며 자기 직무에만 전념해 온 절대다수의 선량한 장병들의 명예와 사기, 위신을 땅에 떨어지게 했다. 나는 생명보다 더 소중한 군의 명예를 더럽히고 군의 정통성과 통수 체계, 기강을 완전히 짓밟아버렸을 뿐만 아니라 국헌 문란을 일으킨 12·12 군사반란에 대한 공정한 진상규명과 주동자들에 대한 단죄를 누구보다 바라 왔다. 일벌백계와 그 교훈을 통하여 다시는 12·12 군사반란과 같은 불행한 역사가 되풀이되지 않게 하는 것을 지난 세월 단 한 번도 잊어 본 적 없었다. 또한 그것만이 미처 충성을 다하지 못한 나의 국가와 국민, 국군장병들 앞에 바칠 수 있는 마지막 충성이고 유일한 속죄의 길이라 생각하고 살아왔다.

이 땅에 진정한 개혁을 이룩하기 위해서라도 이들에 대한 사법처리는 시대적 소명이고 국가적 과제이다. 역사적 심판은 사건의 정확한 진상규명 없이는 불가능하다는 전제하에 그들의 죄상과 진실을 명명백백 밝혀내고, 다시는 우리 민족사에 일대 오점으로 점철된 12·12 군사반란과 같은 비극적 사태가 발생하지 못하도록 그들에게 철퇴를 가하는 것만이 올바른 역사적 심판의 길이라고 생각한다.

　보잘것없는 이 한 권의 책이 진상규명과 공정한 사법처리에 조금이나마 보탬이 되길 바란다. 그것이 반란 진압 와중 적이 아니라 동료였던 반란군의 총탄에 맞아 순직 또는 부상의 불이익을 당하고도 지금까지 정부로부터 떳떳한 보상과 명예 회복 조치를 받지 못하고 있는 원혼(怨魂) 및 당사자, 그리고 그 유족들에게 속죄의 길이 되리라 믿는다. 또한 필자가 군사반란을 진압하지 못한 불찰로 인해 무고하게 희생된 수많은 광주 민주화운동 희생자와 유가족들에게도 경건한 심정으로 깊이 고개 숙여 속죄를 빌고 싶다.

　이 책을 호국 영령과 12·12 반란 진압 과정에서 산화한 장병들의 영령, 민주화운동에서 희생된 영령 앞에, 아비의 잘못으로 진리의 이상 속에서 청춘의 꽃도 제대로 피워 보지 못한 채 19년 4개월이라는 짧은 생의 자취만 남기고 홀연히 떠나버린 외아들의 원혼 앞에, 그리고 가슴속에 천륜(天倫)의 한으로 맺히고 또 맺혀 있는 아버님에 대한 불효를 속죄하는 마음으로, 바친다.

───── 장태완

차례

부록

1장

쿠데타라는 비극의 씨앗

6·25 한국전쟁부터 시작된
군인의 삶

6·25 전쟁 발발 당시 우리 육군의 규모는 8개 사단, 장교 수는 4,600명에 불과했다. 그마저도 전쟁 초기에 많은 장교가 전투 손실을 입었고, 급격한 부대 증편에 따라 초급장교가 턱없이 부족한 실정이었다.

부족한 초급장교의 소요를 보충하기 위해 하사관 중 4,000여 명을 선발하여 소위로 현지임관을 시키는 한편, 1950년 8월에는 부산 동래에 종전의 태릉 육군사관학교와 시흥 육군보병학교의 기능을 통폐합해 전시 사관 양성 교육기관인 육군종합학교를 창설했다. 육군종합학교의 제1~2기생들은 육군사관학교 및 육군보병학교 재학 중 6·25 전쟁에 투입되어 생존한 사관생도와 후보생들이었다. 제3기생부터는 민간인 지원자들로, 소정의 시험을 거쳐 입교하게 되었다. 이들은 중학교(6년제) 학생들을 비롯해 10대 후반에서 40대까지 대학생, 교사, 대학교수, 경찰, 공무원 등 다양했다. 이 청장년들은 조국이 처해 있는 누란의 위기를 함께 극복하기 위해 자진하여 의병의 길을 택했던 것이며 나도 이들 중 하나였다. 당시 나는 19세로 대구상업학교에 재학 중이었고, 영어 및 물리 두 선생님과 함께 육군종합학교 제11기로 입교했다.

종합학교에서는 1950년 8월부터 1951년 8월까지 1년 동안 1기에서 32기까지 7,352명의 장교를 배출했다. 이들은 9주 또는 16주간의 단기 사관 교육을 받고 장교로 임관되어 소대장 또는 중대장으로 최전선에 투입되었고, 낙동강 전선의 반격 작전과 한·만 국경선의 진격 작전, 중공군 개입으로 인한 철수작전(1·4후퇴), 재반격 작전, 그리고 휴전협상 교섭으로 교착된 진지전 등을 수행하면서 수없는 혈전을 거듭했다. 이러한 작전을 수행하면서 1,377명의 장교가 전사하고, 2,256명이 전상을 당했다. 세계를 통틀어 전례가 없는 무려 48퍼센트의 장교 희생율을 보이며, 당시 '하루살이 소모 소위'라고 불렸을 정도였다.

이들은 우리 군을 창설하고 육성한 선배 장교들이었을 뿐만 아니라 한국전쟁의 주역이었으며, 조국을 공산주의로부터 구출하여 오늘과 같은 자유민주주의와 풍요로운 삶을 대한민국에 선물한 호국 용사들이었다.

나는 1950년 12월 하순, 소위로 임관되어 동해안 전선에서

분전하고 있던 수도사단(장 송요찬 준장) 예하 보병 제26연대(장 서정철 중령, 육사2기) 제1대대(장 권용성 중령, 육사3기) 2중대(장 김태윤 소위) 3소대장으로 보직되었다. 1951년 3월부터 6월까지 적의 춘계공세 중에는 사단의 대소 공방전에 무려 84회 투입되어 혈전을 거듭했고, 1951년 8월부터 9월까지는 향로봉 전투에 투입되어 결사대로 부상(경상으로 전투가 끝난 후 중대에서 치료)을 당해가며 924고지를 탈환했다. 치열이 극에 달했던 이 전투의 승전보는 "장태완 소위의 결사대가 혈전으로 향로봉을 점령했다"는 내용으로 신문에 보도되었다. 부모, 형제와 헤어져 군문에 투신한 이후 한 번도 서신 왕래를 하지 않았던 탓에 해당 신문 기사를 보고 온 집안이 울음바다를 이루었다고 한다. 그뿐만 아니라 부모님은 육군본부에까지 연락을 취해 나의 생존 여부를 묻고 나서야 반신반의하셨다고 한다.

나는 육군소위로 임관하여 최전방의 소대장으로 부임한 이후 연일 계속되는 전투에서 수많은 부하를 잃었을 뿐 아니라 인접 동료 소대장들이 전사하는 것을 보고 삶에 대한 애착을 포기해 버리고 말았다. 그리하여 자식을 전쟁터에 내보내고 무운(武運)을 빌며 애타게 기다리시는 부모님께 살아서 돌아가지 못할 바에는 자식에 대한 애착을 한시라도 빨리 놓게 해드리는 것이 효가 아니겠는가 하는 철부지 같은 생각을 했다. 그 후 나는 휴전까지 3년 동안 소속 부대와 부하만을 위해 아무 미련 없이 죽음을 각오하고 전투에 임하면서 부모님은 물론 외부와는 일절 소식을 끊고 지내왔다. 그러나 그 3년간 매일 밤 정화수를 떠 놓고 이 불효자의 생명만을 칠성님께 손바닥이 닳도록 빌어주신 어머님을 생각하면 내가 지은 불효가 가슴에 사무치도록 죄스럽고 세월이 흐를수록 애달프기만 하다.

1952년 6월, 나는 중대장이 되어 같은 해 8~9월 한국전쟁에서 가장 치열했던 전투 중 하나이자 세계의 이목이 집중되었던 중동부 전선의 수도고지 전투를 거쳐, 1953년 초 금성지구 전투를 치른 다음, 금화지구 전선에서 휴전을 맞은 3년 동안 보병학교 초등군사반 12주 파견 교육 기간을 제외하고는 단 하루도 수도사단 제26연대 1대대 2중대원들의 곁을 떠나본 적이 없었다. 오로지 골육지정으로 굳게 뭉친 전우들과 함께 젊은 열혈의 충성을 다 바쳤던 것이다. 그 3년은 내 생애 가장 값진 시기였고, 이 생명이 다할 때 가장 되새겨보고 싶은 추억거리가 될 것이며, 내 평생 마음의 고향이 되어줄 것이다.

그런데 휴전이 성립된 지 5일 만인 1953년 8월 2일, 미 육군 보병학교 초등군사반 유학 통보를 받았다. 유학 시험에 응시하여 합격한 것은 휴전 전의 일이었으나 휴전이 임박해지면서 쌍방 간에 유리한 고지를 쟁탈하기 위해 연일 치열한 공방전이 전개되고 있던 터라 미처 통보를 받지 못하고 있었다. 비로소 이날 명령을 받은 것이었다.

나는 그동안 전쟁터에서 혈육처럼 정들었던 중대원들과 눈물의 작별을 고하고 사단사령부에 들렀다. 여기서 3년 만에 처음으로 사단 작전처에서 연락장교로 근무하고 있는 동기생 유 대위를 만났다. 나는 그로부터 동기생들에 대한 소식을 듣고 깜짝 놀랐다. 동기생 250명 중 나와 함께 수도사단에 배치된 장교가 40명이었는데, 3년 뒤인 1953년 8월 2일 사단에 남아 있는 인원이 그와 나 두 사람뿐이라는 것이었다. 이런 사실만 보아도 그 3년 동안의 전쟁이 얼마나 치열했는지 다시금 느낄 수 있을 것이다. 해마다 맞는 현충일이면 나는 그들을 떠올리며 당시의 처절했던 전쟁의 비극을 절실히 느낀다.

미 육군보병학교 유학을 마치고 귀국한 후인 1954년에 광주 육군보병학교 전술학 교관으로 보직되었다. 나는 미국에서 배워온 신교리를 전파하는 데 전념하면서 조선대학 2부의 법학과에 입학하여 1958년까지 4년 동안 무사히 학업을 마칠 수 있었는데, 이때가 내 생애 가장 유익한 기간이기도 했다.

그 후 나는 전방 사단 근무와 육본 정보참모부 근무를 거쳐, 1961년 초 중령으로 영천의 육군정보학교 전략정보반 영어과에 들어가 어학 능력을 배양하던 중 5·16 군사혁명을 맞게 되었다. 졸업 후 미 육군정보학교를 거쳐 1962년 10월에는 보병 제2사단 31연대 3대대장에 임명되었다. 그리고 수도사단 작전참모로 근무하고 있던 1965년 10월에 유사 이래 처음으로 우리 수도사단이 월남 파병부대로 선정되었다. 그리하여 사단장 이하 전 장병의 90퍼센트 이상이 전군에서 차출되어 그야말로 정예 장병들로 교체되었으나 나는 다행히 신임 사단장 채명신 장군에게 발탁되는 행운을 얻었다.

　그러나 신원조사에서 불합격이 되었다. 그 이유인즉 육군대학 당시 쓴 졸업논문이 문제가 된 것이다. 이 논문에서 나는 창군이후 군을 정권 유지 차원에서 지나치게 비군사적으로 활용하는 바람에 군의 기강이 문란되고 군의 발전과 단결이 저해되어왔다, 대다수 간부들이 지탄의 대상이 된 보안사령부를 해체하고 모든 정보부대를 통합하여 순수 군사정보 지원 업무에만 활용하자고 주장했다. 이는 어디까지나 교육기관에서 학술 연구의 일환으로 허용된 논문이었다. 그러나 그들은 나를 사상불순자로 몰아 파월(派越) 불합격 판정을 내렸던 것이다. 그 후 나는 제2군사령부 작전참모 육장균 장군의 요청으로 제2군 작전과장 요원으로 내정되어 부임 준비를 하고 있던 중에 불합격 해제 판정이 내려 결국 맹호사단 제1연대 부연대장으로 보직되었다. 나중에 연대장 김정운 장군(당시는 대령)으로부터 들은 말이지만, 채명신 사단장이 박 대통령에게 파월 준비 사항을 보고하던 중 우연히 나에 대한 이야기가 나왔을 때 박 대통령께서 "그런 개성이 강한 장교를 전장으로 데려가야지"라고 분부한 한마디로 불합격 판정이 해제되었다고 한다.

　그리하여 1965년 10월에 맹호사단 제1연대의 제1진으로 파월되어 이듬해 9월 대령으로 승진한 뒤 귀국했다. 귀국한 후에는 제1야전군 작전처를 거쳐 1967년 5월 제5군단 작전참모로 부임했다. 그곳에서는 내가 군 복무 기간을 통틀어 가장 보람되고 자랑할 만한 일들을 해냈는데, 그중 하나가 오늘날 휴전선을 연하여 중복 설치된 대전차 장애물(방벽)이었다. 전임 군단장에 의해 부결된 것을 불굴의 집념으로 후임 군단장의 결재를 얻어내 1968년 미 제8군의 지휘소 연습 시 제1야전군 사령관 서종철 대장이 군단을 방문했을 때 보고하여 즉석 승인을 얻었고, 예하 전방사단에 계획을 하달했다. 그 직후 나는 연대장으로 해당 사단에 보직을 받고 나가서 대전차 방벽 공사를 완성하였다. 그로 인해 신임 제1야전군 사령관 한신 장군으로부터 극찬을 받고 연대장 재직 13개월 만에 한신 장군 휘하 제1야전군 사령부 작전차장 겸 군 검열단장으로 발탁되었다.

나는 평시부터 한신 장군을 존경해 왔다. 한신 장군은 6·25 한국전쟁 당시 시종 야전지휘관으로 많은 전공을 세우신 데다가 군사 식견이 넓고 공사 구별이 엄격할뿐더러 신념과 소신이 확고하여 청렴결백하기로 군의 귀감이 되는 분이다. 그런데 그런 훌륭한 지휘관을 모시고 전 야전군의 전투준비태세를 점검하는 검열단장으로서 그 막중한 임무를 과연 잘 수행할 수 있을지, 발탁된 기쁨보다 태산 같은 두려움과 걱정이 앞섰다. 그러나 나는 사령관님의 뜻을 받들고 1년 동안 열과 성을 다하여 검열단장으로서 임무를 성실히 수행해 나갔다.

예하 부대 검열 시에는 청렴결백과 공사 구분이 너무나도 분명한 한신 사령관의 뜻을 받들기 위해 일체 피검열부대에 폐를 끼치지 않고 철저히 점검하여 시정 사항은 해당 부대 지휘관에게 통보하고 상급 부대에서 조치할 사항만 사령관에게 보고했다. 여러 가지 어려움이 많았지만, 이를 극복하면서 1년 동안 맡겨진 임무를 수행했다.

그러던 1971년 1월 1일, 나는 준장으로 특진과도 같은 진급이 되었다. 물론 기대하지 않았던 일이지만, 정규 육사 출신도 아닌 종합 출신 장교로서 1년 차에 장군으로 진급한다는 것은 예삿일이 아니었다. 나는 이러한 영광이 한신 사령관이 베풀어 주신 덕으로 여겼으며 지금도 그 고마움을 잊지 못하고 있다.

종합 출신으로 종합 2기인 신재성 장군과 함께 제일 먼저 장군으로 진급했다는 기쁨에 앞서 나보다 더 훌륭한 선배와 동기들이 많은데 먼저 진급했다는 것이 무척 죄스럽고 부끄럽기 짝이 없었다. 그래서 나는 지프차에 부착된 성판(星板)을 1년 동안이나 열지 않고 다녔다. 그랬더니 어느 여름날 나의 아내가 영문도 모르고 "이젠 성판의 커버를 좀 벗기고 다니세요. 성판에 땀띠났겠어요" 하고 농담을 건넨 적도 있었다.

준장으로 진급된 나는 1971년 1월 중순, 제1군 작전차장 겸 검열단장에서 육군본부 작전참모부 군사연구실장으로 전보되었다가 1971년 11월 중순에 제5군단(장 이병형 중장) 참모장으로 부임했다. 그리고 1973년 4월 하순에는 수도경비사령부(사령관 진종채 소장) 참모장으로 보직 발령되었다. 내가 뜻하지 않게 수경사 참모장으로 발령을 받게 된 것은 박정희 대통령의 유신 선포로 국내외의 사정이 어렵게 전개되고 있던 와중에 당시 수경사령관 윤필용 장군의 제2인자 발설로 야기된 세칭 '윤필용 사건'으로 사조직인 하나회 회원들이 숙청될 때 그의 참모장 손영길(육사 11기) 장군의 후임으로 부임한 것이었다.

그 후 2년여 동안 수경사 참모장으로 근무한 나는 1975년 7월 중순에 보병 제26사단장으로 전보되었으며, 이듬해 1976년 7월 1일부로 6·25 한국전쟁 중에 별칭 '총알받이 소모 소위'로 임관된 후 25년여 만에 소장으로 진급하는 영예를 얻었다. 그동안 유명을 달리하거나 40여 년 동안 불구 불치의 몸으로 원호병원에서 괴로운 병상 생활을 보내고 있는 전우들, 모든 면에서 나보다 더 많이 위국 충정을 했고 능력이 뛰어난 전우들도 많았는데 이렇게 선두 진급한 것이 진정 죄스럽고 부끄러울 따름이었다.

사단장을 마치고, 1978년 1월 말 육군본부 교육참모부 차장으로 전보되었다가, 1979년 11월 16일, 당시 10·26 박정희 대통령 시해사건으로 전국이 비상계엄 체제로 전환되었던 어려운 시기에 수도경비사령관 겸 수도계엄사무소장이라는 막중한 중책을 맡게 되었다. 수경사 참모장 경력과 정승화 참모총장과 절친한 이병형 장군의 천거로, 군 생활 30년 동안 한 번도 모신 적 없는 정승화 참모총장의 뜻에 따라 임명된 자리였다.

그러나 본인의 무능과 실책으로 부임 24일 만에 전두환 소장과 그의 사조직 및 후원 세력 일당들에 의해 자행된 12·12 군사반란을 진압하지 못한 채 역사와 국민, 군 그리고 호국 영령 앞에 속죄받을 수 없는 죄인이 되고 말았다.

이상에서 간략하게 소개한 것처럼 30년에 걸친 나의 군 생활 중 기적은 아니지만 그러한 류의 사건이 두 가지 있다. 하나는 6·25 한국전쟁 3년 동안 임관한 장교 3만여 명 중 육군소장으로 가장 먼저 진급되는 행운을 얻었다는 것. 또 하나는 1979년 12·12 군사반란 진압 사령관으로서 책임을 다하지 못한 만고의 불충자가 되었다는 것. 기적 아닌 지적과도 같은 사건들이다. 내가 만일 선두주자가 되지 않았더라면 수경사령관에 보직되지도 못했을 것이며, 또한 만고의 불충자가 되지도 않았을 것으로 생각한다. 그래서 나는 이따금 하나밖에 없는 사위 겸 아들인 박용찬에게 남보다 앞서 승진해 선두주자가 되는 것이 결코 좋은 것만은 아니라고 말한다. 숙명으로 주어진 삶을 조급하게 살려고 선두에 나설 것이 아니라 너그럽게 살아가는 중용의 지혜를 터득하는 것이 더 나은 삶의 길이라고 말해 주지만, 그는 내 말을 실감하지 못하는 것 같다.

그리고 또 한 가지를 보태자면 죽은 자식을 잠시도 잊지 못하고 살아가야만 하는 애달픔과 고통이다. 인간으로서 받을 수 있는 최고의 형벌을 받고 있다. 이 형벌은 내가 죽어서야 사면이 될 듯하다.

군 내 사조직
하나회의 등장

군 내부의 사조직인 '하나회'의 정체에 대해서는 이미 국내의 정평 있는 언론에서 상세하게 다루어 많은 이들이 그 내막을 잘 알고 있다. 그러나 12·12 군사반란의 진상을 밝히기 위해서는 반란의 주역이었던 '하나회'에 대해 이야기하지 않을 수 없다.

1963년 2월 18일, 박정희 최고회의 의장이 원대 복귀하고 민정 이양을 하겠다는 선언 후 박 의장의 특혜와 비호를 받기 시작한 전두환 중심의 11기생들은 앞으로 정규 육사 출신들이 군의 기둥이 되어야 한다는 야망으로 하나회 결성에 나섰다. 이전에도 군 내에 오성회와 칠성회 같은 단순한 친목 모임이 있었지만, 하나회는 특정한 목적의식을 가진 사조직이었다. 그리하여 하나회 결성 작업은 철저한 보안 속에서 진행되었고, 인선은 전두환을 중심으로 몇몇 사람에 의해 비밀리에 작업되었다. 한수(漢水) 이남에서 출생한 자들 중 충성심이 강하고 의리가 있는 후배들을 매 기당(期當) 10명 정도로 선발했다. 애당초 전두환을 위시하여 11기의 10인 멤버를 중심으로 결성된 이 하나회는 박 대통령의 비호와 박종규의 지원하에 36기까지 은밀하게 이어져 그 수가 무려 220여 명에 달하는 막강한 사조직이 되었다.

하나회 회원들은 기당 300명씩 배출되는 인원 중 나름의 심사 규정에 따라 선발된 10명 내외의 장교들이고, 이들은 승진 및 보직 등에 관해 상부상조와 이해관계를 바탕으로 연대 관계를 형성하며 똘똘 뭉쳤다. 이렇게 이어진 선두그룹은 육군의 노른자위를 마치 '바통터치'식으로 차지해 왔기 때문에 자연히 이들에 대한 불만과 비난 여론이 들끓었다.

하나회는 군 내에 존재할 수 없는 사조직이라 그만큼 보안 유지도 철저했다. 어느 정도였느냐 하면, 같은 하나회 회원끼리도 누가 회원인지 몰랐다고 한다. 대신, 이들은 피아식별 방법으로 '형님'이라는 은어를 호칭으로 사용했다. 즉, 후배 장교가 찾아와 선배 장교를 '형님'이라 부르면 이 친구도 하나회 회원이구나 눈치채고 상대해 주었다는 것이다. 보안 유지가 이 정도였으니 정규 육사 출신이라도 회원이 아닌 이상 하나회의 존재를 알 리 없었다.

하나회 안에서도 박 대통령에 대한 개인 숭배심과 충성심 정도에 따라 회원 등급을 재분류하였고, 높은 등급에 속하는 회원은 특전으로 더 좋은 보직을 주었다. 이러한 이해관계가 뒤엉켜 있었기에 같은 동기생 회원일지라도 서로 낙오되지 않으려고 상대방에 대한 모함이나 비방도 서슴지 않았다.

'윤필용 사건'이 있고 나서야 비로소 군 내부에 하나회라는 특수 사조직이 있다는 것이 알려졌다. 이러한 사실이 노출되기 전까지, 95퍼센트에 달하는 정규 육사 출신 비하나회 회원들은 오로지 야전에서 부하들과 생사고락을 함께하며 주어진 책무 완수에만 힘썼다. 그런데도 승진이나 보직 등에서 정당한 대접을 받지 못하고, 청와대 경호실이나 보안사, 수경사, 특전사, 중앙정보부 등 서울 주변에서 맴돌고 있는 자들만이 요직과 승진을 독차지하면서 승승장구했다.

물론 하나회 회원 중에서도 능력 있는 장교들이 없지는 않았다. 그러나 단지 하나회 회원이라는 이유만으로 능력이 되지 않는데도 진급을 빨리하고 요직을 차지한 이들이 많았기 때문에 비난과 불만이 터져 나올 수밖에 없던 것이다. 이러한 병폐가 군 내부를 병들게 하고 전투력을 약화시킬 뿐만 아니라, 사리사욕과 목적 달성을 위해 무슨 일이라도 저지를 수 있다는 것을 12·12 군사반란을 통해 뼈저리게 느꼈다.

전두환은 하나회 회장으로서 그러한 비난이나 불만에도 아랑곳하지 않고, 오로지 자신의 야망을 달성하기 위한 길을 찾아 질주했다. 그는 1966년에 제1공수특전단 부단장, 1967년에는 수경사 예하 경복궁의 제30대대장이 되어 이 직책의 권한과 특혜를 십분 이용하면서 박 대통령의 신임을 독점하고 하나회를 관리했다. 11기생으로 제일 먼저 대령으로 진급한 그는 참모총장 수석부관을 거쳐 파월 백마부대 연대장을 지냈고, 귀국 후 1968년에는 장군직제인 제1공수여단장에 대령으로서 보직 받는 특전을 얻었다. 이어 대통령 경호실의 행정차장보 및 작전차장보로 대통령을 경호하다가 1978년 제1사단장에 보임되었다. 그리고 사단장으로 보임된 지 1년도 채 안 되어 국군 보안사령관이라는 요직에 올랐다. 이처럼 전두환은 수도권 주변 부대를 맴돌면서 무풍지대를 달리며 성장했다.

윤필용 사건으로 드러난
군의 병폐

박정희 대통령의 두터운 신임을 얻어 공사 모두 밀접한 위치에 있던 윤필용 장군 역시 야망의 무풍지대를 독주했다.

5·16 군사정변 이후 육사 8기의 선두주자로 부상하기 시작한 그는 육군 방첩부대장, 제20사단장을 거쳐 월남으로 건너가 맹호사단장을 마치고 귀국했다. 그 후 박 대통령의 경호경비 임무를 담당하는 수도경비사령관에 앉았다. 이것만 봐도 윤필용 장군에 대한 박 대통령의 신임이 어느 정도였는지 알 수 있을 것이다.

군부의 동향에 대해서 늘 신경 쓰고 있던 박 대통령은 윤 장군을 통해서 상당 부분 군을 관리했다. 군의 주요 보직, 장성 인사 등에 관한 문제는 윤 장군과 긴밀히 상의했다. 그러니 권력이 뒤따르는 건 당연한 일이었다. 이로 인해 각 군의 고위 장성들은 물론이고 일부 행정부의 장관들도 윤 장군과 가까이 지내려고 애쓸 정도였다. 항간에는 윤 장군을 '청와대 밖에 있는 대통령'이라 불렀고, 수경사는 '필동 육본' 또는 '작은 육본'이라 일컬었다.

이렇게 박 대통령의 신임하에 군부에서 막강한 권력을 행사하게 된 윤 장군은 자신의 세력 확대를 위해 방첩부대장 당시부터 관여한바 있는 하나회를 챙기기 시작했다. 하나회 회원들과 윤 장군 사이에는 그야말로 끈끈한 관계가 형성되었고, 윤 장군은 하나회의 대부로 군림했다. 그는 하나회 회원들의 보직 문제와 진급 인사에 깊숙이 개입하여 요직이란 요직에는 모두 하나회 회원을 앉혔고, 진급도 대부분 1차 연도에 시켰다. 아울러 수도경비사령부는 물론 예하 부대의 전입 장교는 하나회 소속이 아니면 불가능하게 만들어 놓았다. 이렇듯 수경사는 윤필용 장군의 개인 부대나 다름없었고, 하나회가 독점한 군대였다. 이는 내가 1973년 4월 '윤필용 사건' 직후 수경사 참모장으로 부임해서 절실히 느낀 점이다. 군의 법과 질서를 무시한 군 내부의 비밀 사조직이 부대를 독점하고 제멋대로 행세한 군대가 존재했다는 사실은 그야말로 기함을 할 일이다. 이러한 일로 군의 위계질서는 파괴되었고, 군의 기간인 장교들의 불만이 고조되었으며, 사기도 저하되었다. 마침내는 군 내부의 암적인 존재를 조기에 제거하지 못한 바람에 12·12 군사반란까지 자행하게 만들어 놓았다.

윤필용과 전두환은 박 대통령의 신임을 등에 업고 군 내부에 서뿐만 아니라 여러 면에서 막강한 권력을 행사했다. 이쯤 되자 마치 그들이 박 대통령의 분신처럼 생각한 일부 장군들은 윤필용과 전두환에게 접근했다. 그들 중에서도 특히 차규헌, 유학성, 황영시, 그리고 전 육군헌병감이자 청와대 민정수석 김시진은 그 두 사람을 적극 추종하며 지원했다. 이들의 지원은 여기서 그치지 않고 12·12 군사반란까지 이어졌다.

박 대통령 측근의 세도가는 비단 윤필용 한 사람뿐이 아니었다. 대통령 경호실장 박종규, 중앙정보부장 이후락, 보안사령관 김재규 등이 있었다. 이들은 서로가 좋은 관계는 아니었다. 박 대통령 밑에서 실권을 휘둘러댄 네 명의 실력자들은 모두 나름의 권력을 가지고 서로를 견제하며 힘의 균형을 이루고 있었다. 그러나 소위 '4강'이라 불리던 이 균형은 그리 오래가지 못했다. 김재규 보안사령관이 막강한 권세가로 부상하는 윤필용을 은밀하게 감시하기 시작한 것이다. 그러다 전화 도청을 윤필용에게 들키는 바람에 김재규는 제3군단장으로 밀려났고, 후임에 중앙정보부 보안차장보인 강창성 장군이 부임했다. 김재규의 제3군단장 취임을 영전이라고 볼 수도 있지만, 사실상 권력의 핵심에서 밀려난 것이었다. 이후 '4강'의 핵심 하나를 제거한 윤필용의 위상이 더욱 막강해졌음은 두말할 필요도 없다.

자고로 권세가 강해지면 야망도 따라서 커지기 마련이다. 윤필용은 국회의원 선거나 개각이 있을 때마다 육군 소장으로서는 하기 어려운 말까지 서슴없이 했다. 그런가 하면 자기를 아껴주는 박 대통령의 인사 정책, 정치, 부정부패 등에 대한 비판까지 노골적으로 했다. 그러는 와중에 그는 남은 '3강'의 한 사람인 이후락 정보부장과 가까이 지내는 움직임을 보였다. 이후락은 수년 전에 방첩대장 윤필용에 의해 대통령 비서실장에서 주일대사로 밀려났었다. 그런데 어째서 불편한 사이인 이 두 사람이 밀착하게 된 것일까. 이후락의 고향 후배인 정보부 감찰실장 이재걸과 울산 출신인 수경사 참모장 손영길 등이 두 보스를 밀착시키려고 노력했으며, 평양에 밀행해서 7·4 공동성명을 만들어 낸 이후락 부장에 대한 윤필용의 인식이 크게 바뀌어 이후 두 사람이 '형님동생' 하면서 가까이 지내게 되었다는 설이 있다.

여하간, 두 사람이 시내에 있는 한 식당에서 저녁 식사를 하다가 윤필용이 "이제 각하가 노쇠했으니 건강이 더 악화되기 전에 물러나게 한 다음 우리가 모시고 후계자를 내세워야 하지 않겠습니까?"라고 말했고, 이후락이 "각하가 물러나면 다음엔 누가 대통령이 되오?"라고 되물었다고 한다. 그러자 윤필용이 "형님이 있지 않습니까"라고 대답했다는 것이 당시 윤필용 사건에 대한 특명수사를 담당했던 보안사의 수사 기록으로 보도되었다.

세상에 비밀은 없다. 그러한 사실이 당시 많은 정보망을 가지고 있던 경호실장 박종규의 귀에 들어가지 않을 리 없었다. 박종규로부터 해당 보고를 받은 박 대통령은 이후락과 윤필용의 밀착이 단순한 친교 정도가 아니라 자신의 후계까지 이르고 있다는 것을 안 뒤 분노했다. 이것은 1972년 10월 유신으로 1인 장기 집권의 제도적 기반을 겨우 마련해 놓은 박 대통령에 있어서 결코 묵과할 수 없는 도전 행위였으며, 장기 집권에 방해가 되는 요소였기 때문에 사사로운 군신지정(君臣之情) 따위는 생각할 겨를이 없었다. 하여 1973년 3월 박 대통령은 칼을 뽑아 들었다.

특명수사를 맡은 보안사령부는 강창성 사령관의 지휘하에 수사에 착수했으며 이것이 바로 '윤필용 사건'이다. 이 사건으로 윤필용 계열의 많은 장교가 구속 조사를 받았다. 애당초 청와대에서는 윤필용을 쿠데타 음모라는 죄목으로 철저한 조사와 처리를 지시했으나, 조사 결과 그 정도의 혐의는 없었다고 한다. 그러나 박 대통령의 칼은 멈추지 않았고, 다음과 같은 죄목으로 윤필용 일당을 기소했다.

첫째, 1971년 8월 10일부터 1973년 3월 2일까지 경제계에서 각종 명목으로 모금한 성금과 계엄 기간 중 하달한 국가 예산 600여만 원을 횡령한 점. 둘째, 1972년 계엄 기간 중 장병 부식비 명목의 대통령 하사금을 착복한 점. 셋째, 금융기관에 압력을 가하여 특정인에게 부당하게 거액을 융자해 주도록 한 점. 넷째, 참모장 손영길 장군 등을 시켜 그들 정규 육사 출신의 사조직(하나회를 뜻함) 안에 계열화되어 있는 장교들에게 진급, 보직, 해외파견 등의 부당하고도 파격적인 특혜를 주어 군의 위계질서를 문란하게 란 점. 다섯째, 수경사령관 직에서 해임될 때까지 공금 2,300여만 원 중 1,200여만 원을 횡령한 점이다.

그리고 당시의 신문 기사를 보면, 1972년에 있던 여름 대홍수 때 대한일보 사장이 수재의연금 중 상당한 금액을 착복했다는 첩보를 받고 수사기관에서 조사에 들어가자 평소에 가깝게 지내던 대한일보 사장의 청탁을 받고 수사를 중단하도록 압력을 가했다는 혐의도 있다. 수사관이 그의 가택을 수색할 때 금으로 만든 장군 계급장과 금송아지까지 있었다고 한다.

정말 개탄하지 않을 수 없다. 군의 고위 장교들이 국토 방위라는 본연의 임무는 저버리고, 대통령의 신임을 미끼로 직권을 남용해 가면서 경제계에서 막대한 돈을 뜯어다가 사조직을 육성할뿐더러 요정에 모여 술 마시며 한껏 세도나 부리고 있었으니 말이다.

그리하여 이들에게는 마땅히 단죄가 내려졌다. 1973년 4월 28일, 보통군법회의에서는 수경사령관 윤필용 소장, 수경사 참모장 손영길 준장, 육본 진급인사실 보좌관 김성배 준장 등 장성 3명과 육군 범죄수사단장 지성모 대령, 제26사단 76연대장 권익현 대령, 육본 진급인사실 요원 신재기 대령 등 장교 10명에게 횡령, 수뢰, 직권남용, 근무이탈죄 등을 적용하여 최고 징역 15년에서 2년까지 선고했다.

이에 더해 안교덕(육사 11기), 정동철(육사 12기), 배명국(육사 14기), 박정기(육사 14기), 그리고 수경사령관 비서실장 정봉화(육사 18기) 등 31명이 군복을 벗었다. 중앙정보부에서는 윤필용의 배후 세력으로 의심받고 있었던 이후락 부장의 고향 후배 이재

걸 감찰실장을 비롯하여 이른바 '울산사단'이라는 그룹의 멤버 30여 명이 구속 또는 추방당했다. 이 밖에도 윤필용과 친했던 대한일보 사장 김연준은 수재의연금 횡령죄로 구속되고, 대한일보는 폐간되었다. 또한 윤필용과 가까이 지내면서 대구 출신 육사 11기생들과 친했던 제일은행 차장 이원조는 해직당했다고 알려졌다.

무엇보다 중요한 것은 1963년 이후 약 10년 동안 박 대통령의 비호 아래 박종규와 윤필용을 대부로, 전두환이 은밀하게 이끌어 온 군 내부의 사조직이자 박 대통령의 친위 세력인 '하나회'의 정체가 이 사건과 함께 세상에 밝혀졌다는 것이다.

박 대통령의 비호하에
커 나간 하나회

윤필용 사건 수사 결과, 이 사건에 많은 하나회 회원이 개입했음을 확인했다. 당시 보안사 정보처에서 확인한 하나회 조직원은 약 70~80명이었다. 정보처의 제1차 수사 대상자 20명 중에는 전두환, 노태우도 포함되어 있었다. 당시 전두환은 준장으로 공수 제1여단장이었고, 노태우는 대령으로 보병부대 연대장이었다. 육사 11기로서 맨 처음 별을 단 사람은 전두환, 손영길, 김복동, 최성택 등 4명이었다.

제1차 수사 대상자로 지목된 전두환, 노태우는 서울의 모 호텔에서 윤필용과의 관계, 하나회 조직의 동기와 실태 등에 관해서 집중적인 조사를 받았다. 그러나 이 두 사람은 하나회의 대부 박종규 경호실장의 적극적인 도움으로 구속을 면했다.

당시 보안사령관 강창성 장군의 말에 따르면, 1차 수사를 끝내고 박 대통령의 최종 결심을 얻기 위해 하나회 조직표를 그려서 가지고 갔다고 한다. 이 자리에는 박종규와 김정렴 비서실장도 배석했는데, 박 대통령은 노기가 가득한 표정으로 하나회 회원들의 이름 위에다 동그라미, 엑스 표를 치면서 "전두환이든 노태우든 윤필용과 어울려서 못된 짓을 했으면 모조리 잡아넣어!"라고 호통쳤다고 한다. 이에 강창성 보안사령관은 "조사해 본 결과 전 준장이나 노 대령은 각하에 대해서 불충스러운 말을 하거나 나쁜 짓을 모의한 적은 없었습니다. 이 자리에 박종규 실장이 배석하고 있지만, 손영길 준장과 권익현 대령은 윤필용 장군과 가까운 사이였고, 전 장군과 노 대령은 박종규 실장과 가까운 이들입니다"라고 대답했다는 것이다.

일설에 따르면 수사가 한창 진행되고 있을 무렵 박종규가 보안사령관에게 수시로 전화를 걸어서 전두환, 노태우는 윤필용 사건과 관계가 없으니 선처해달라는 말을 자주 했었다고 한다.

어쨌건 윤필용 사건은 군부 내 사조직을 운용하며 권력을 내세워 각종 비리와 부정을 저질렀다는 죄목으로 단죄되었는데, 그 사조직의 핵심 인물들이 태풍의 눈을 피해 무사했다는 것이 나로서는 도저히 이해할 수 없다. 탈영했던 말단 병사들에 대해서는 엄벌을 내리면서, 군법을 무시하고 위계질서 문란, 사기 저하를 일으킨 중범을 단죄하지 않았기에 결국 쿠데타라는 비극이 일어나지 않았는가. 군 내 사조직의 존재는 언젠가 쿠데타를 일으킬 소지가 있는 것이다. 동서고금의 군사(軍史)와 정치사를 보면, 그런 일이 허다했음을 알 수 있다. 이때 이들을 과감하게 단죄했더라면 12·12 군사 쿠데타의 불씨는 사그라들었을 것이다.

윤필용 사건 때 그 불씨를 완전히 꺼버리지 못한 보안사령관 강창성 장군은 어떻게 되었던가. 그는 하나회 같은 사조직이 군의 단결을 저해시킨다는 신념을 가지고 이를 뿌리 뽑으려 했으나, 박종규의 압력으로 그 뜻을 이루지 못했으며, 되살아난 전두환과 하나회는 다시금 박 대통령의 신임을 얻어 힘을 키워나갔고, 결국 이들에 의해 강창성 장군은 보안사령관에서 제3관구 사령관으로 밀려났다가 끝내 군복을 벗고 말았다. 보안사령관 재직 시 발휘한 행정 능력과 명석함을 인정하고 있던 박 대통령의 배려로 항만관리청장에 기용되어 근무하던 중 12·12 군사반란이 발생했고, 그 후 권력을 장악한 전두환의 보복으로 3년여 동안 옥살이를 하는 비운을 겪었다.

이러한 비극은 윤필용 사건 때 하나회의 뿌리를 완전히 제거하지 못한 데다 하나회가 계속해서 박 대통령의 비호를 받았기 때문이다. 하나회에 대한 박 대통령의 비호는 이뿐만이 아니었다.

1963년 2월 18일 민정이양 선언 이후 박 의장의 비호하에 11기의 10인 멤버를 중심으로 군부의 새로운 친위 세력인 하나회가 조직되었고, 같은 해 7월 6일 친위 쿠데타를 하려다가 미수에 그친 일이 있었다. 즉, 전두환을 비롯한 몇 명의 11기생들이 공화당 사전조직 요원과 4대 의혹사건에 관련된 요인, 그리고 최고회의 파견 요인 중 부정부패 표본 인물로 지목된 40명을 색출하여 처단하고 박 의장의 입지를 강화하려고 한 음모였다.

이때 박 의장은 주모자를 구속하라고 했다. 자신을 위해서 꾸며진 계획이었는데도 구속하라고 한 것은 혁명 주체 세력의 대부분이 그들을 처단해야 한다고 주장했기 때문이다. 그러나 이 사건은 용두사미로 흐지부지되고 말았다. 박 의장은 11기의 일부가 주동했던 이 친위 쿠데타를 눈감아주었던 것이며, 하여 이 사건은 베일에 가려지고 말았다.

1969년에는 중앙정보부에서 군 내에 하나회라는 사조직이 있다는 것을 탐지했다. 당시 정보부장이었던 김형욱은 박 대통령과 하나회의 관계를 모르고 이를 수사하겠다고 나섰다. 이에 박 대통령은 하나회 조직은 군의 문제라고 일축하면서, 당시 방첩부대장이던 김재규를 시켜 형식적인 수사를 한 후 덮어 두었다고 한다.

이러한 사실들이 입증해 주듯 하나회가 위기에 직면할 때마다 그 뒤에는 반드시 박 대통령이 있었고, 하나회는 장차 한국의 신군부 세력으로 등장할 그날을 위해 거침없이 성장해 나갔다. 군부의 고위급들은 하나회가 있다는 것을 알음알음했지만, 그들이 대통령과 무소불위의 권력인 박종규의 비호를 받고 있었으므로 아는 체하지도 손을 대지도 못했다. '알고도 죽는 해소병'이라는 속담처럼, 바로 그 격이었다.

무소불위의 권력,
차지철과 전두환

1974년 8월 15일, 문세광에 의한 육영수 여사 피살사건이 발생했다. 5·16 이후 박 대통령의 두터운 신임을 얻으며 경호실장을 충실히 수행해 왔던 박종규는 이 사건의 책임을 지고 그동안 권세를 누렸던 청와대를 떠났다.

그 후임으로 국회 외무위원장인 차지철이 임명되었다. 그는 간부후보생으로 임관해 중위 때 새로 창설된 공수부대 요원으로 들어갔다. 이때 그는 육사 11기 출신으로 공수부대에 전입한 전두환 중위와 처음 연을 맺었다. 그 후 차 대위는 5·16 군사정변 때 최고회의 경호팀에서 박 의장의 경호를 담당하기도 했다.

경호실장이 된 차지철은 북한의 테러로부터 대통령을 보호하기 위해서 경호실을 강화하고, 군 장성들을 대거 경호실로 데려다 놓겠다는 구상을 했다. 이에 따라 경호실 차장으로 정병주(육사 9기, 12·12 당시 특정사령관) 소장을, 작전차장보로는 이광로(종합 13기) 준장을, 행정차장보로는 김상언(종합 7기) 준장을 각각 임명했다.

그는 군보다 경호실이 위에 있어야 한다는 야심을 가지고, 청와대와 그 외곽 경비를 강화하기 위해 수경사 30대대, 33대대를 여단급으로 증편하는 한편, 수도경비사령부 전 장병의 신원을 조사하여 보완 정비했다. 그뿐만 아니라 전차대대를 비롯하여 폭동 진압을 위한 장비 구입, 헬리콥터중대 창설 등 전투 사단의 전투력을 초과할 정도로 경호실을 강화했다. 또한 유사시 수도경비사령부의 작전지휘권을 경호실장이 갖도록 법까지 개정했다.

이처럼 자기 휘하에 몇몇 장성들을 배치해 놓고 수도경비사령부의 작전지휘권까지 장악한 차지철은 충성심을 과시하기 위한 쇼로 백주, 심야를 불문하고 적의 비정규전에 대비한 폭동진압훈련 등을 멋대로 실시했다. 그뿐만 아니라 차지철은 군부대의 경호 업무 협조에 조그만 잘못이라도 생기면 각 군의 총장들을 가차없이 자기 방으로 불러서 호통을 치는 방자한 행동까지 했다. 경호실이 군단급 정도로 비대해져 있었기 때문에 가능한 일이었다.

경호실장 자리가 얼마나 막강한 권좌인지는 몰라도, 박종규가 그러했듯이 차지철 역시 하늘을 나는 새도 떨어뜨릴 권세를 휘둘러댔다. 당을 비롯해 내각, 정보부, 군, 어느 하나 맞상대가 되지 못했다. 그리고 차지철과 함께 하나회의 총수 전두환 준장도 부상하기 시작했다.

전두환은 경호실의 행정차장보를 거쳐 이광로 장군의 후임으로 작전차장보 자리에 앉았다. 마침내 그가 노리던 권부 청와대 경호실의 요직에 입성한 것이다. 박 대통령은 전두환을 대위 때부터 잘 알고 있었고, 특히 수경사 30대대장을 할 때는 박 대통령의 과한 신임을 받았기에 대통령의 양아들이라는 소문까지 나돌 정도였다. 그랬던 그가 다시 청와대로 돌아와서 경호실의 핵심 자리인 작전차장보가 된 것이다. 이 직책은 수경사, 공수단, 경찰 등으로 편성되어 있는 경호실 병력을 지휘하고, 대통령이 외부 행사가 있어 행차할 때면 현장 책임을 담당하므로 자연히 대통령과 접촉할 기회가 많다.

그런 자리에 전두환을 데려다 놓은 차지철은 전두환을 통해 군에 있는 정규 육사 출신의 인맥을 장악하고 통제할 수 있었고, 전두환은 실권자인 차지철의 힘을 빌려 하나회 회원들을 청와대 주변에 끌어다 놓고 자신의 위치를 굳히는 한편, 군부의 실세로 부상할 야망을 키워나갔던 것이다. 전두환은 후배가 장군으로 진급하여 인사차 경호실에 들르면, 어김없이 이들을 차지철 실장의 방으로 데려가 소개했다. 전두환이 동기나 후배들을 소개하면 차지철은 그들에게 격려의 말을 전하는 것을 무척 즐겼으며, 금일봉과 함께 지휘봉까지 주었다고 한다.

하나회 회장인 전두환은 차지철과 밀착되자 이를 기회로 하나회 회원들을 경호실로 끌어들여 간부 요원으로 충당했고, 수경사 장교 중 상당수를 하나회 회원으로 보충했다. 그리고 보안사의 중요 멤버를 위시해서 수도권의 연대장급 이상 간부들도 하나회 회원으로 임명하는 영향력을 행사했다.

전두환은 경호실 작전차장보 역임 중 1977년 2월에 별 하나를 더 달았다. 하나회 회원 요직 배치를 어느 정도 마무리한 그는 1년 7개월 동안의 근무를 마치고 1978년 1월 제1사단장으로 자리를 옮겼다. 그는 제1사단장에 오른 지 1년도 채 되지 않아 전례를 찾아볼 수 없는 박 대통령의 특전 인사 혜택을 입고, 보안사령관으로 영전되었다. 그 후 하나회 회원들을 수도권 주변 부대로 모아 집중 관리하다가 12·12 군사반란으로 정권을 찬탈했다.

3공의 유신시대를 주름잡았던 일인지하 만인지상의 세도가였던 차지철 경호실장은 라이벌 김재규의 총탄에 의해 연기처럼 사라졌다. 그러나 그가 비호하고 키워놓은 전두환은 그로부터 약 2개월이 지난 뒤, 하극상으로 점철된 군사쿠데타를 일으켜 국권을 짓밟고 말았다.

이병형, 김복동 그리고 나

김복동 장군도 하나회의 초기 10인 멤버로 널리 알려져 있다. 그러나 그는 하나회와 야합하지 않고 오로지 자기 능력으로 성장했으며, 12·12 군사반란 당시에는 전두환의 불법 행위에 과감히 반기를 들고 군인의 참모습을 보여주었다.

내가 알기로 그는 경북 청송 출신으로 경북고등학교를 거쳐 육군사관학교 11기생으로 입교한 뒤 우등으로 졸업했다. 그 후 전방에서 소대장, 중대장, 대대장, 연대장, 군단 작전참모, 3군사령부 작전참모, 사단장, 부군단장, 3군사 참모장, 육군사관학교장 등 군인으로서 필수인 야전 지휘관 및 주무참모 경력을 두루 쌓았다.

육군보병학교, 육군대학 등 모든 군사 보수과정 교육에서도 수석 아니면 우등을 한 수재일 뿐만 아니라 호방하고 건장했다. 테니스, 골프 등 못하는 운동이 없었고 육사 생도 시절에는 송구 주장 선수를 지냈을 만큼 팔방미남이었다. 혹자는 그를 두고 애주가로 '두주불사'한다지만, 내가 알기로 술자리의 분위기를 맞추기 위해 희생하는 것에 가까웠다.

내가 1972년 제5군단 참모장으로 재직하고 있을 때, 작전참모 박재용(종합 13기) 대령이 갑자기 주월군(駐越軍)의 연대장으로 떠나게 되었다. 군단장 이병형 장군과 적합한 후임을 물색해야 했다. 군단은 작전 단위 사령부이기 때문에 작전참모는 군단의 중추적 존재다. 몇 주간 숙고하여 적임자를 찾았으나 마땅한 사람이 없었다.

그러던 어느 날 군단장께서 출근하자마자 참모장인 나를 찾으신다기에 급히 군단장실로 향했다. "여보게, 참모장. 작전참모로 그동안 물색해 놓은 사람이 있으면 천거해 봐요"라고 물었고, 나는 "죄송합니다, 군단장님. 건의드릴 만한 적임자를 아직 찾지 못했습니다"라고 답했다. 그리 말하고 죄송한 마음이 들어 고개를 숙였다. 그러자 잠시 생각에 잠긴 군단장이 특유의 점잖은 음성으로 물었다. "장 장군. 김복동 대령은 어떻겠소?" 나의 의사를 묻는 말이었다. 나는 잠시 생각한 뒤 입을 열었다. "군단장님께서 너무나 유명하신 작전통 지휘관이시니까 그런 말씀을 하시는 것으로 알고 있습니다만, 우리 군단은 적의 주접근로를 담당하는 한국 방어계획상의 주전투군단이 아닙니까. 김복동 대령은 제가

1967년도에 바로 이 군단에서 작전참모로 근무하고 있을 때 예하 제5사단에서 보병 대대장을 했기 때문에 얼핏 알고 있습니다. 깊이는 알지 못하지만, 정기 육사 출신 장교로서는 사람 됨됨이는 괜찮은 듯 보였습니다. 하지만 군사 경력이 짧은 김 대령을 벌써 군단 작전참모로 발탁하는 것은 시기상조인 것 같습니다." 군단장은 아무 말 없이 내 말만 듣고 있었다.

나는 다시 말을 이었다. "제 동기생 중에서 우수하다고 하는 몇몇 대령들이 우리 군단의 작전참모를 하겠다고 여러 번 부탁해 온 일이 있었습니다. 그때마다 저는 작전참모만은 군단장님께서 직접 결정하시는 일이라 나로서는 어쩔 도리가 없으니 섭섭하게 생각지 말라고 하며 거절했습니다. 그런데 한 가지 군단장님께 말씀드릴 것은, 현 작전참모 바로 전에 우리 군단에서 작전참모를 훌륭하게 마치고 제1군 사령관 한신 장군님께 발탁되어 현재 야전군 사령부에서 교육훈련 과장으로 근무하고 있는 김홍한(1984년 제2군 사령관으로 재직 시 추풍령에서 헬기 사고로 순직) 대령도 수일 전에 다시 군단장님 휘하로 돌아와 작전참모를 더욱 열심히 해보겠다는 뜻을 전했습니다. 군단장님, 김 대령은 이곳에서 참모 근무를 해본 경험도 있고 군단장님의 의중도 잘 아는 사람이니 다시 참모직을 맡겨 보는 것이 어떻겠습니까?" 그러자 군단장은 아무런 말도 없이 뭔가를 골똘히 생각했다.

잠시 군단장 이병형 장군에 대해 설명하자면, 군단장은 술자리에서도 불필요한 말을 하지 않는 신사적 인물의 소유자다. 이

분의 일과는 공무를 마친 후 독서, 산책, 가끔 참모나 예하 지휘관들을 데리고 불고기에 소주 파티를 하고, 휴일에는 가족들과 함께 지내는 것이 전부였다. 그리고 군사전력, 용병술, 국내외 고대 및 현대 전사, 동서양의 역사와 철학에 대해서는 그 누구보다도 뛰어난 식견을 가지고 있기 때문에 군에서 그 높은 경지를 존경하지 않는 사람이 없을 정도다. 특히 미국 유학 때 미 군사학에 대해 신랄한 비판을 가해 학교 당국을 당혹하게 만든 일도 있었다. 귀국 후에는 제6군단 작전참모, 육군대학 교관, 육본 작전참모부 차장, 작전참모부장, 제5군단장, 합참본부장, 그리고 제2군 사령관을 끝으로 예편했다. 제2군 사령관으로 재직 시에는 미 고문관들이 가장 두려워한 한국군 장군으로 정평이 났으며, 군인으로서는 가장 중요한 상황 판단력, 날카로운 비판력, 지휘 결심의 정확도와 과단성이 있는 분이다. 게다가 청렴함과 강직함이 남다르다.

나는 20여 명의 참모를 조정하고 통제하면서 군단장을 보좌하는 참모장인데, 만일 작전참모를 잘못 기용했다간 비난이 일 것은 물론이고 내가 가장 존경하는 군단장으로부터 무능하다는 고과를 받고 쫓겨날 수도 있는 일이다. 그게 죽기보다 싫어서 유능한 작전참모를 데려오기 위해 나도 모르게 장황한 의견을 늘어놓은 것이다.

매사에 신중한 군단장은 몇 분이 지난 뒤에 입을 열었다. "장 장군! 나도 김복동 대령에 대해선 잘 모르는 처지요. 그러나 믿을 만한 사람들의 말을 들어보니 첫째로 인성이 괜찮은 데다 머리도 좋아 모든 교육기관에서 우등을 놓치지 않았고, 신체도 건강하다고 하니 일을 많이 해야 하는 작전참모로서는 적격이 아니겠소?" 군단장은 나를 바라보고 다시 말을 이었다. "다만 참모장이 걱정하는 것은 김 대령의 경륜이 짧다는 건데, 날 때부터 만물박사가 어디 있겠소! 그러니까 겉똑똑이보다는 오히려 자질이 있는 사람을 데려다가 잘 가르치고 훈련해서 훌륭한 명참모로 양성하는 것이 우리 선배들의 임무가 아닌가 생각한다오."

나는 그 말을 듣고 직감적으로 군단장의 뜻을 깨달았다. 군단장은 자신의 잔여 임기 동안 정규 육사 출신 대령을 제일 먼저 선발하여 훌륭한 작전참모로 키워서, 자타가 공인하는 육군 최고의 '작전통'인 자신의 후계자로 만들어 보려는 의도로 제안한 것이었다. 순간, 나는 군단장의 의중을 미처 깨닫지 못하고 있었음을 죄송하게 생각하면서 "군단장님의 그런 뜻을 미처 생각하지 못했습니다. 죄송합니다"라고 말한 다음 김복동 대령의 전입 절차에 관한 지침을 받은 뒤 띵한 머리로 군단장실을 나섰다. 약 1년 동안 그분을 모시고도 그 의도를 명찰(明察)하지 못한 채 바보짓을 하다니. 나 자신이 하도 부끄러워서 곧장 화장실로 가 소변기 앞에 섰다. 그리고 손바닥으로 벽을 툭툭 치면서 "아이, 창피해! 내가 그런 바보 같은 짓을 하다니!"라고 하며, 소변도 보지 않은 채 한동안 서서 마음을 진정시킨 뒤 사무실로 돌아갔다.

그 후 김복동 대령이 군단 작전참모로 전입해 왔다. 나는 그의 전입 문제로 군단장과 이견이 있었기에 당분간 그를 관망하기로 하고, 군단장께서 특별히 지시하는 사항만 그에게 전달해 주었다. 다른 참모들에게 하는 추가 지침 같은 것은 일절 주지 않았다.

참모장이란 원래 부대 살림살이까지 도맡아 하면서 참모들의 팀워크를 관리하며 군단장을 보좌하는 직책이다. 이 당시 군단에는 월 작전사업비로 상부에서 책정 하달되는 자금 외에 군단 재량으로 복지 및 후생 문제, 그리고 내빈 접대비로 사용할 수 있는 일반운용비가 조금 있었다. 그 덕에 참모들의 단합을 위해서 한 달에 한 번 정도는 말썽 많은 20여 명의 참모를 데리고 불고기에 소주 파티를 했다.

이러한 파티에도 위계 서열을 철저하게 지켜야 하는 군대라, 군단장이 참석하지 못할 경우에는 참모장인 내가 으레 상석에 앉고, 그다음은 고참 순으로 자리에 앉았다. 김복동 대령은 임관은 다른 참모들보다 3~4년 늦으나 유일하게 연대장을 마친 참모이고, 대령 진급으로 보면 오히려 3~4년 먼저 했으니 나 다음 두 번째 자리에 앉아야 했다. 그러나 그는 이를 한사코 사양했다. "선배님들 죄송합니다. 제발 저를 말석에 앉혀 술맛 좀 나게 해주십시오" 하고는 끝까지 말석에 앉는 미덕을 보여 술자리를 화기애애하게 만들었다. 만일 그가 당연히 앉아야 할 두 번째 자리에 앉았다면 다른 참모들은 속앓이를 했을 것이고, 이로 인해 참모장인 나도 그들을 융화하는 데 매우 힘들었을 것이다. '될성부른 나무는 떡잎부터 다르다'는 속담은 바로 그를 두고 한 말 같았다. 내가 염려하던 군단 분위기는 김복동 대령이 '약방의 감초' 같은 역할을 해주어 신경 쓸 필요가 없게 되었다. 나는 아직도 그의 인품을 높게 산다.

그러던 중 상급 부대로부터 군단의 작전계획 대수정 지시가 하달되었다. 이 작업을 위해 각 참모부가 몇 개월 동안 고생한 끝에 군단 기밀실에서 검토회의를 가졌다. 먼저, 작전참모인 김복동 대령이 수정한 작전계획을 설명해 나갔다. 듣고 있던 군단장이 그중 몇 가지 사항에 대해 여러 가지 전례와 전사를 들어 반박했다. 그러자 김 대령은 굴하지 않고 그와 상반되는 전사와 군사 교리를 내세우며 원래의 계획 그대로 보고를 마쳤다. 장장 세 시간의 브리핑이 끝나자 군단장은 "김복동 대령! 자네 장교로 임관한 지 얼마나 됐지?" 하고 물었다. 김 대령이 "20년이 채 못 됐습니다. 죄송합니다"라고 대답하자 군단장은 탁자를 툭 치면서 이렇게 말했다. "나는 가장 훌륭한 작전계획을 보고받았어. 이제 그 계획을 얼마나 충실히 준비하는가 하는 문제만이 작전의 승패를 좌우할 것이네."

군단장은 만면에 희색을 띠고 자리에서 일어나 회의실을 나갔다. 그러자 50여 명의 군단 휘하 지휘관과 참모들은 일제히 박수치며 기뻐했다. 그도 그럴 것이 군단장이 한국군 장성들 중 최고의 작전통으로 명성이 나 있는 데다 군단장 재직 2년여 동안 자신의 군사이론에 대해 그 누구 앞에서도 양보한 일이 없었기 때문이다. 같은 해 연말 군단장 이병형 장군은 야전군이 창설된 이래 최초로 군단 작전참모인 김복동 대령을 장군으로 진급시켰으며, 이것이 효시가 되어 이후 군단 작전참모 중 매년 장군이 탄생하게 되었다.

2장

10·26 이후 드러난 야욕의 발톱

10·26 박 대통령
시해사건 발생

제26사단장의 임기를 마치고 육군본부 교육참모부 차장으로 근무하고 있던 1979년 10월 26일 밤, 박정희 대통령이 서울 종로구 궁정동 소재의 중앙정보부 안가(安家)에서 벌어진 술자리 도중 김재규 중앙정보부장의 총격을 받고 시해되었다. 시해사건의 진상에 대해서는 이미 잘 알고 있으리라 생각해 생략하고, 내가 아는 군부 동향에 관한 것만 기술한다.

1979년 10월 27일 오전 3시경 요란한 전화벨 소리에 잠에서 깼다. 송수화기를 집어 들고 보니 육본 교육참모부 주번사관이었다. "차장님! 2급 비상경계태세가 발령됐습니다. 빨리 들어와 주셔야겠습니다." 주번사관이 아주 다급한 목소리로 말했다. '2급 비상경계태세'는 언제라도 명령만 있으면 즉각 전투 태세에 들어가는 비상조치다. 별안간 그런 비상이 내린 것에 의아해 즉각 무슨 일이냐고 물었으나 주번사관은 전말에 대해서는 확실한 내용을 모른다고 대답했다.

나는 전화를 끊고 잠시 생각했다. 박 대통령의 시해는 상상도 못 할 일이었기 때문에 언뜻 떠오른 것은 1·12 사태와 같은 북괴 무장공비의 수도권 침투, 혹은 휴전선에서 자주 발생하는 충돌 사건 정도로 생각하며 급히 봉천동 집을 나섰다. 승용차 안에서 밖을 내다보니 서울의 밤거리는 평시와 다름없이 평온했다. 아무런 이상도 느낄 수 없었다.

육본에 도착한 나는 비상이 왜 하달됐는지 궁금증부터 풀기 위해 상황실에 들렀다. 상황장교에게 물으니 비상은 참모총장의 지시로 하달되었지만, 수도권에 무장공비가 침투한 정황도 없고 전선에 이상도 없다는 것이었다.

나는 꺼림칙한 느낌 속에 참모차장실로 올라갔다. 마침 참모차장 이희성 장군이 육본에 도착했고, 뒤이어 각 참모부장들도 속속 들어섰다. 나는 몇몇 참모부장들에게 연유를 물었으나 모두가 나처럼 정확한 상황을 모르고 있었다.

얼마 후 여러 곳에서 걸어온 전화를 받은 참모차장이 지금 참모총장은 육본 벙커에 있으며 청와대에 무슨 변고가 있는 것 같다고 말했다. 그리고 차장은 자체방어를 위한 병력 배치를 지시하고 육본 지하 벙커에는 허가받은 사람 외에 절대 접근하지 말라고 했다. 그러나 청와대에서 생긴 변고가 어떤 변고인지 확실히 알 수 없었기 때문에 모두가 궁금해했다. 그래서 저마다 추측을 늘어놓았다. 누구는 평소 술을 좋아하는 박 대통령이 과음으로 쓰러지신 게 아니냐고, 누구는 삽교천 방조제 준공식에 다녀와서 과로로 쓰러지신 것 아니냐고 말이다.

내가 여기서 더욱 궁금증을 가진 부분은 정승화 참모총장이 어떻게 제일 먼저 청와대의 변고를 알아차리고 '2급 비상경계태세'를 발령하도록 지시했으며, 비상이 발령되면 자동으로 각 참모부는 지하 벙커로 이동하여 업무를 보게끔 되어 있는데 어째서 총장만 벙커에 있으면서 허가받은 자 외에 벙커 접근을 금지하고 있는가였다. 자초지종을 전혀 모르는 사람은 그렇게 생각할 수밖에 없었고, 나 역시 마찬가지였다.

그 후에 밝혀진 사실이지만, 10월 26일 김재규 정보부장이 정승화 총장에게 전화를 걸어 같이 저녁 식사나 하면서 조용히 시국 이야기를 나누자고 하여 정 총장은 김재규의 저의를 모른 채 아무런 뜻 없이 이에 응했다고 한다. 저녁 6시 30분이 지나서 궁정동 안가에 도착한 정 총장은 정보부장 사무실 응접실로 안내를 받았다. 그러나 초대한 사람은 나타나지 않고, 대신 중정 국내문제담당 차장보 김정섭이 나타나 "지금 부장님께서는 대통령께서 부르시어 만찬장에 가셨는데, 만찬을 곧 끝내고 돌아오겠다고 하셨습니다. 그러니 잠시만 기다려 주십시오"라고 말했다. 정보부장 사무실에서 약 50미터 떨어진 곳에서 대통령을 비롯한 비서실장, 경호실장, 그리고 정보부장이 한자리에 모여 술자리

를 벌이고 있는 것을 알 리 없는 정 총장은 약간 언짢았으나 초대
자가 나타날 때까지 기다렸다. 그러다가 얼마 후 김정섭의 안내
를 받아 2층 식당에 올라가 밥을 먹기 시작했다. 이렇게 두 사람
이 식사하고 있는데, 김재규가 홀연히 나타나 정 총장에게 "조금
만 기다려 주시오. 갑자기 각하께서 만찬에 참석하라고 하시어
조금 늦어질 것 같소. 곧 돌아오겠지만 먼저 식사를 하시오"라는
말을 남기고 나가버렸다. 그런데 식사가 끝나갈 무렵, 난데없는
연발 총성이 들려왔다. 정 총장은 그 소리를 수상히 여겨 김정섭
에게 확인해 보라고 했고, 김정섭은 밖으로 나갔다가 이내 돌아
와서 파출소에 확인하도록 지시했으니 곧 무슨 보고가 있을 거
라고 말했다. 이 당시 민간 항공기가 간혹 실수로 청와대 상공 비
행 금지 구역에 들어와 대공포로 사격을 한 적도 있었기에 정 총
장은 그리 중시하지 않고 파출소의 보고를 기다리며 앉아 있었
다고 한다.

그런데 잠시 후 "정 총장! 정 총장!" 하고 부르는 김재규의 다
급한 목소리가 현관 쪽에서 들려왔다. 이에 김정섭이 먼저 자리
에서 일어나 밖으로 나갔고, 정 총장도 뒤따라 나갔다. 김재규는
주전자의 물을 마시고 있다가 정 총장을 보고는 급히 다가와 손
을 잡고 "정 총장! 큰일났어요. 큰일…"이라 말하고는 빨리 차를
대라고 소리쳤다. 대기하고 있던 차가 와서 멈추고, 김재규가 무
척 허둥대는 모습으로 차에 오르자 이어 정 총장, 김정섭이 뒷좌
석에 올라탔고, 운전석 옆자리에는 김재규의 수행비서관 박흥주

가 앉았다. 이때 정 총장은 김재규의 허둥대는 모습을 보고 박 대통령과 식사한다던 사람이 왜 이리 덤벙거리나 의아한 생각이 들어 한편으로는 불쾌했다고 한다. 그래서 정 총장은 짜증 섞인 어조로 무슨 일이 있었느냐고 김재규에게 물었고, 김재규는 엄지손가락을 세워 보이면서 "이분이 돌아가셨습니다"라고 대답했다. 놀란 정 총장이 "정말입니까?"라고 묻자 김재규는 저격당했다고 말했다고 한다.

이때 차가 3·1고가도로로 들어서고 있었기에 정 총장이 어디로 가느냐고 물었고, 김재규는 남산(중앙정보부)으로 간다고 했다. 대통령이 저격당했다면, 범인은 경호원일 확률이 높다고 생각한 정 총장은 육군본부로 가자고 했다. 정 총장의 그리한 의도는 만일 범인이 차지철 경호실장이거나 그의 끄나풀일 경우 차지철이 평소 군 지휘관들에게까지 연줄이 닿아 있었기에, 만일의 사태를 대비하여 전군을 지휘할 수 있는 통신망이 완벽히 갖춰진 육본으로 가는 것이 좋을 거라 판단했기 때문이었다. 수행비서관인 박흥주도 그렇게 하는 것이 좋을 것 같다고 하자 김재규도 그 말에 수긍했다. 그리하여 차는 육군본부를 향해 달렸다.

정승화 참모총장
'2급 비상경계태세' 하달

육군본부 내에 있는 B-2 벙커 앞에 도착한 정승화 총장은 김재
규 일행과 함께 차에서 내렸다. 정 총장은 마중 나온 상황장교에
게 김재규 일행을 벙커 안에 있는 자신의 방으로 안내하라고 지
시한 뒤 벙커 터널을 따라 상황실로 갔다. 상황실 근무자들은 사
복 차림으로 갑자기 나타난 총장을 보고 놀랐지만, 정 총장은 상
황실장에게 국방장관, 합참의장, 해군 및 공군참모총장, 한미연
합사령부 부사령관 등을 직통전화로 연결하라고 지시했다. 국방
장관 노재현 장관이 제일 먼저 연결되어 급한 사안이니 빨리 벙
커로 와달라고 했고, 장관은 이에 흔쾌히 응했다.

이어 제1군사령관 김학원 중장과 연락이 닿았다. 이때 김 사
령관은 홍천 지역에 침투한 무장공비 소탕전을 지휘하고 있었기

에 정 총장은 즉시 작전을 중지하고 부대 전원을 복귀시킨 뒤 정규전에 대비하라는 지시를 내렸다. 그 말인즉슨 '2급 비상경계태세'를 내린 것이다.

이때까지도 정 총장은 대통령이 누구에 의해 시해되었는지 아리송했다. 김재규인지 차지철인지 혹은 제삼자인지, 진범을 가려내기 전에 북한의 도발 가능성에 대비하기 위해 육군본부와 제3군사령관 이건영 중장에게도 전화를 걸어 적의 도발에 대비할 것을 지시했다.

이처럼 대통령의 유고를 알릴 수 없는 입장에서 '2급 비상경계태세'가 발령되었기 때문에 육군본부에서도 확실한 내막을 알 수 없었던 것이다.

그러나 박 대통령 시해사건은 얼마 안 가 진상이 밝혀졌다. 대통령이 시해되었다는 것은 국가의 변란이었다. 더구나 북괴와 대치하고 있는 상황에서 일어난 변란은, 적이 정치적 공백 상태를 틈타 언제 남침 도발을 감행할지 모를 일이었다. 정 총장은 이에 대비하기 위해서라도 계엄 선포는 필수라고 생각했다. 계엄 선포와 계엄 사령부 설치를 기정사실화한 정 총장은 박 대통령이 김재규 정보부장에 의해 시해되었다는 것을 육군 참모들에게 귀띔해 주고 포고문을 미리 작성하게 했다.

시해범인 김재규는 즉시 체포되어 보안사로 압송되었고, 최규하 국무총리를 비롯한 국무위원들이 국방부로 모였다. 최규하 총리와 위원들은 이곳에서 비상 국무회의를 진행하다 중단하고,

국군 서울지구 병원으로 가서 박 대통령의 서거를 직접 확인한 뒤 다시 국방부로 돌아와 약 20여 명의 장군들이 배석한 가운데 국무회의를 속개했다. 이 자리에서 박 대통령의 서거를 정식으로 발표한 다음 최규하 국무총리를 대통령 권한대행으로 의결했다. 김일성의 남침 모험에 대한 신속한 조치를 한미연합사령부에서 취해야 했기에 이 문제는 배석하고 있던 유병현 한미연합사 부사령관에게 위임하기로 했다. 당시 한미연합사령관 겸 미 제8군사령관 위컴 장군은 본국 출장 중이었기 때문에 유병현 장군은 적절한 조치를 취하기 위해 즉각 자신의 집무실로 향했다.

이어 이미 기정사실화된 계엄 선포에 관한 이야기가 나오자 정승화 총장은 육군 참모들이 미리 작성해 놓은 포고문 초안을 읽고 국무위원들의 의견을 들었다. 이 포고문 내용에는 단체의 정치활동을 중지시킨다는 구절이 있었는데, 이에 대해 김치열 법무부장관의 이견이 나왔다. 단체의 정치활동을 중지할 경우 국회 활동도 중지돼야 하는데, 이렇게 될 경우 계엄선포를 인준 받을 수 없다는 것이었다. 그러니까 이번 계엄은 5·16 당시와 같은 혁명적 상황이 아니기 때문에 국회의 인준을 받아야 한다는 지적이었다. 이에 대해 정 총장은 국회 활동은 정상적으로 유지된다고 답변하고, 옥외 집회를 포함한 기타 모든 정치 집회는 허가하지 않겠다고 했다.

여기서 더 이상의 이의는 없었고, 계엄사령관은 응당 육군총장이 맡아야 했기에 국무회의 만장일치로 정승화 육군참모총장

을 계엄사령관으로 임명했다. 그리고 비상계엄 선포는 새벽 4시
에 발표하기로 했다.

군인의 정치 참여를
경계했던 정 총장

철저하고 강력했던 박정희 대통령의 정치체제가 하룻밤 사이에 난데없이 무너지자 국가의 제 기능이 그야말로 완전 마비 상태에 빠져버리고 말았다. 바로 이러한 점이 선진 민주주의국가와 달랐던 점이다.

1979년 10월 27일 새벽 4시를 기하여 부분 계엄령이 시행되었고, 국민은 비로소 박 대통령의 시해 사실을 알게 되었다. 대통령이 병사를 한 것도 아니고 쥐도 새도 모르게 변고를 당한 것이기 때문에 경황 속에 민심이 동요되는 것은 자연스러운 현상이었다. 이러한 상황 속에서 국민은 물론 정부지도층 인사들의 관심은 오로지 박 대통령의 장례 문제와 김재규를 비롯한 공범들에 대한 조사와 처리에 쏠려 있었지만, 일부에서는 다시 군부가 정권을 잡을 거라는 말이 나돌기 시작했다.

계엄사령관이라는 중책을 맡고 있는 정승화 총장은 군인의 한 사람으로서 이 기회에 군인의 정치 참여를 막고 군의 정치적 중립을 실현하려고 노력했다. 이것은 내가 교육참모부 차장으로 총장 가까이에 있으면서 확인했던 일이며 또한 '군의 정치적 불간여 공약'이 그 진위를 더욱 입증해 주었다.

이처럼 정 총장은 정치적 야망이 전혀 없는 군인이었다. 계엄을 시행해 나가는 데 있어서도 계엄법의 테두리 내에서 국내의 치안과 질서를 순리에 따라 유지하며 정치계의 여망과 국민의 여론에 따라 이른 시일 내에 진정한 민주정권을 수립하려고 했다. 이것이 계엄사령관이자 육군참모총장인 정승화 장군의 신념이었다. 그런데도 군부의 일각 그리고 사회 일부에서 군부의 정권 장악설이 나돌자, 정 총장은 계엄 사무로 바쁜 와중에 육군본부를 위시하여 예하 각 군지역을 방문, 대령급 이상의 고위 장교들을 소집하여 확고한 군의 정치적 중립과 국가 비상사태에서 북괴 도발에 대처할 수 있는 전투태세 강화를 역설하고 직접 점검까지 했다.

정 총장은 그런 굳은 신념으로 12·12 군사반란이라는 불행한 사태가 발생할 때까지 초지일관 계엄 임무를 수행해 나갔다는 것을 여기에 미리 밝혀 둔다.

박 대통령이 시해된 지 이틀이 지난 1979년 10월 28일 오후 2시, 교육참모부 차장인 나는 별안간 참모총장이자 계엄사령관인 정승화 장군의 호출을 받았다. 무슨 연유로 나를 호출하는지 잠시 생각해 보았다. 나는 그와 가까운 사이도 아니었다. 굳이 고향을 따지자면 그는 경북 김천이고 나는 그곳에서 약 30킬로미터 떨어진 인동이다. 그러므로 동향 출신이라고 말할 수는 있을 것이다.

내가 정승화 총장을 알게 된 것은 1969년 총장이 제1군사령부(사령관 한신 대장) 참모장으로 있을 때였다. 내가 제1군사령부에서 근무하기 전, 제6사단 7연대장으로 있을 때 육군 최초로 대전차 장벽을 창안하여 이 시설을 완공했다고 앞서 기술한바 있다. 나는 이로 인해 제1군 사령관 한신 장군에게 발탁되어 제1군사 작전처 차장 겸 제1군 검열단장으로 있으면서 참모장이었던 정 총장과 함께 근무한 일이 있다. 그러나 나는 대부분 각 군단 및 사단 지휘 검열차 나가 있었기 때문에 한두 번 참모장에게 결재를 받기 위해 10여 분 동안 접촉한 것이 전부다. 그러니 거의 생소한 사이라고 해도 과언이 아니다. 그나마도 내가 제1군사 근무 3개월 만에 정승화 장군이 육본 관리참모부장으로 떠났기 때문에 이후로는 연이 전혀 없었다.

그러다가 10년 후인 1979년 초 정승화 장군이 육군참모총장으로 부임했으며, 나는 교육참모부 차장으로 있었기에 참모부장이 없을 때 참모총장실에서 열리는 일반참모회의에 한두 번 부장 대리로 참석해 얼굴을 비친 것이 전부다. 게다가 나는 정 총장이 부임한 지 한 달도 되지 않았을 때 육해공군 장교 교육제도 연구위원장으로 국방부에 파견 근무를 나갔다.

내가 육본으로 복귀한 것은 그로부터 대략 10개월 후인 1979년 10월 초였다. 그리고 그동안 국방부에서 연구한 '육군의 교육개혁 방안'을 약 한 시간에 걸쳐 총장에게 보고했다. 나의 설명을 다 듣고 난 총장은 매우 만족한 표정을 지으며 "참으로 좋은 연구를 했군. 내가 참모총장 재직 중에 꼭 한번 실천해 보겠어. 정말 수고를 많이 했소"라고 칭찬했다. 보고를 끝내고 총장실을 나왔는데, 함께 동석했던 참모차장 이희성 장군이 나를 부르더니 "강 장군! 당신 참 운이 좋아. 아마 총장님께서 장 장군을 중책에 기용할 때가 올 것 같소" 하고 귀띔해 주었다. 그 말을 듣고 '이게 웬 공떡이냐' 하는 기쁜 마음을 혼자 새겨 본 뒤 총장과는 다시 만난 일이 없었다.

하지만 수일 후 느닷없이 총장의 호출을 받으니 그 일은 새하얗게 잊고, '참모부장을 찾다가 없으니 대신 나를 부르는가 보다' 하고 비망록을 들고 총장실로 향했다. 총장은 매우 온화한 표정으로 나를 대하면서 옆자리에 앉기를 권했다. 가만 보니 총장의 손에는 나의 인사기록카드가 들려 있었다. 순간 나는 일전에 참모차장이 귀띔해 준 말이 머릿속에 떠올랐다.

총장은 대뜸 "교육과정에서는 우등을 했고, 경력도 대부분이 전방 야전군 사령부 예하 부대의 지휘관, 그리고 작전참모 등할 것은 다했군. 그러나 이에 비해서 후방 근무는 적은 편인데, 1973년에서 1975년 사이에 수도경비사령부 참모장으로 근무한 적도 있구먼! 인제 보니 장 장군이 수도경비사령관으로는 아주 적임자군!"이라고 말하며 나의 얼굴을 훑어보았다.

그 말을 듣는 순간, 기쁨과 동시에 두려움이 앞섰다. 수경사 참모장으로 근무한 적이 있었기 때문이다. 그래서 나는 잠시 숙고한 뒤 입을 열었다. "총장님. 지금 시국은 비상사태입니다. 이러한 때에 저같이 무능하고, 더구나 총장님을 가까이서 모셔본 적도 없는 이에게 그런 중책을 맡겨 어떤 고충을 당하려고 그러십니까. 총장님을 직접 모신 훌륭한 장성들도 많으실 텐데, 그런 분 중에서 선발하시는 것이 좋을 듯합니다. 제가 1973년 4월, 윤필용 사건 이후 수도경비사에서 참모장으로 2년여 동안 근무해 본 경험으로 비추어 보면, 참모장은 신명을 바쳐 열심히 자기 일을 찾아서 하면 그만이지만, 사령관만은 아무나 할 수 없는 직책이라는 것을 뼈저리게 느꼈습니다. 왜냐하면 수경사는 국가원수의 근위 부대로서 대통령에 대한 경호 경비를 담당하는 것은 물론이고, 이 나라의 정치, 경제, 사회, 문화, 군사 등 제반이 집중된 수도 서울을 완벽하게 방위하고 안녕과 질서를 유지해야 합니다. 이런 막중한 임무를 제대로 수행해 나가려면, 수경사령관은 야전 지휘관형이 아니라 국가와 대통령 주변 정세 변화에 능수능란하게 적응할 수 있는 정치성이 있는 군인이어야 합니다. 총장님께서 이 불민한 저를 그런 중책 물망에 고려해 주신 것만으로도 지금 당장 군복을 벗어도 여한이 없을 정도로 감사하고 감격스럽습니다. 다만, 저보다 더 적격인 장군들이 많을 것이니 물색을 다시 해주실 것을 건의드립니다. 죄송합니다, 총장님!"

나의 말을 다 듣고 난 총장은 지체 없이 단호한 명령조로 말했다. "이 사람아! 인사는 총장이 하는 거야. 자네는 시키는 대로 하면 되는 건데, 무슨 사양이 필요해. 자네가 제일 적임자야. 나도 많이 고려한 끝에 결정한 것이니 그리 알고 있어!" 총장의 단호함에 나는 더 이상 할 말이 없었다. 그래서 "총장님, 그러시다면 며칠이라도 시간 여유를 주십시오. 다시 와서 보고드리겠습니다"라고 말한 뒤 총장실에서 물러났다. 특수임무부대나 다름없는 수경사령관이 된다는 게 기뻐서인지 아니면 두려움 때문인지 몰라도 나의 가슴은 속절없이 뛰었다.

밤늦게 집으로 돌아와 잠자리에 들었으나 좀처럼 잠이 오지 않았다. 많은 장군이 탐내는 자리가 바로 수도경비사령관인데, 그런 자리가 언감생심 하던 나에게 왔으니 얼떨떨할 수밖에 없었다. 여건이 너무 어수선한 때라 상념에 빠져 쉽게 잠이 오지 않았던 것이다. 그래서 이리저리 뒤척이고 있었는데, 아내가 이를 이상하게 여겼는지 "당신 무슨 걱정되는 일이라도 생겼어요?"라고 물었다. 그러나 아내와 상의할 문제는 아니라고 여겼기에 아무 대답도 하지 않았다. 그러자 집사람이 거듭 되물었다. 나는 "쓸데없는 것을 다 묻네. 사람이 살다 보면 기분 좋을 때도 있고, 그렇지 않을 때도 있는 것이지. 항상 기분이 좋을 수만 있소? 당신 때문에 이러는 것이 아니니 당신은 아무 걱정 말고 있어요"라고 말하고는 전등을 껐다.

얼떨결에 맡게 된
수경사령관 자리

1979년 11월 16일 오전 11시에 나는 수도경비사령부 연병장에서 육군참모총장 겸 계엄사령관인 정승화 대장 주관하에 전임 수경사령관 전성각 장군과의 사령관 이취임식을 가졌다. 이날 취임식에는 교육참모부장 채항석 소장, 육본작전참모부장 하소곤 소장, 특전사령관 정병주 소장, 합참 제3국장 이경율 소장, 정보사령관 유근항 소장, 육본 인사참모부 차장 김상언 소장, 육본 정보참모부 행정차장 최성택 소장, 중앙정보부 서울지부장 김만기 장군 등이 내빈으로 참석했다.

나는 1973년 4월에 수도경비사령부 참모장으로 부임하여 2년 3개월 동안 참모장 생활을 마치고, 만 5년 4개월 만에 사령관으로 부임해 수도경비사령부에 돌아왔다. 내가 참모장으로 있을 때는 윤필용 사건이 있던 직후였다. 당시 나는 병사들의 의식주 문제를 비롯해 복지시설, 군인의 기본자세, 교육훈련, 작전 계획 등 전반에 걸쳐 최정예부대 수준으로 되돌려 놓기 위해 재임 2년 동안 장병들과 함께 영내에서 숙식하며 일했다. 이로부터 5년이 흐른 뒤 돌아와 보니 지난날 심혈을 기울였던 옛정이 되살아나 마치 고향에 돌아온 기분이었다. 그뿐 아니라 병영 생활의 주역인 하사관의 대부분이 지난날 나와 함께 일한 전우들이라 생소한 기분이 들지도 않았다.

취임식이 끝난 후 나는 사령관실에서 30경비단, 33경비단, 헌병단, 방공단, 야포단, 전차대대, 항공대, 사령부, 군지대 그리고 공시대 순으로 면접 행사를 가졌다.

장세동(육사 16기) 대령이 30경비단장, 김진영(육사 17기) 대령이 33경비단장, 조홍(육사 13기) 대령이 헌병단장, 황동환(갑종 출신) 대령이 방공포병단장, 구명회(갑종 57기) 대령이 야포단장이었다. 30경비단과 33경비단은 모두 청와대 근위 부대다. 그러나 33경비단이 30경비단보다 비중이 조금 적었는데, 30경비단은 청와대 정문 앞 경복궁에 위치해 청와대 일대의 경비를 담당했고, 33경비단은 청와대와 떨어져 있으면서 외곽 지대 경비를 담당하고 있기 때문이다. 5·16 이전부터 박 대통령의 부관을 지냈고 윤필용 수경사령관 때 참모장을 지낸 손영길 중령 그리고 전두환 중령 등이 모두 30경비단장을 지냈다.

그리고 30경비단, 33경비단 등 청와대 근위 부대들은 소위

특정 지역이어서 상급 부대의 지휘 검열도 받지 않는 성역이다. 또한 근위 부대는 군조직 상의 지휘계통으로 따지면 엄연히 수경사 예하 부대이나 청와대 경호실의 작전 통제를 받도록 되어 있었다. 경호실은 작전 통제뿐만 아니라 지휘관 선발이라는 인사권까지 행사했다.

하지만 근위 부대장인 두 사람은 내가 주월 맹호사단 제1연대 부연대장으로 있을 당시 장세동은 예하 3중대장, 김진영은 연대 인사장교로 있었기에 잘 알았다. 특히 김진영 중위는 나를 가까이에서 따르며 나의 일을 많이 도왔으며, 나를 군 선배로 깍듯이 대해 왔었다. 그리고 황동환 대령은 1973년 내가 수경사 참모장으로 재직할 당시 벌컨포병 대대장으로 발탁된 뒤 일반 장교 출신으로 훌륭한 근무 평가를 받아 대령으로 진급하고 반공포병 단장이라는 보직을 맡고 있었다.

참모로서는 참모장에 김기택(육사 11기) 준장, 인사참모에 이진백(갑종 출신) 대령, 정보참모에 박웅(육사 17기) 대령, 작전참모에 박동원(육사 14시) 대령, 군수참모에 김영호(갑종 출신) 대령 등이 있었고, 이들은 내가 알기로 모두 하나회 회원이 아니었다. 특히 참모장 김기택 장군과 작전참모 박동원 대령, 정보참모 박웅 대령은 1965년 10월 맹호사단 파월 때 함께한 전우들로서 당시 김기택 소령은 사단 작전처 보좌관, 박동원 대위는 1연대 5중대장, 박웅 중위는 연대 연락장교로 근무했으며, 그 후로도 선후배로서 돈독하게 지냈었다. 하여 새로 부임한 부대치고는 생소한 느낌이 들지 않아 퍽 다행스럽게 여겼다.

내가 윤필용 사건 직후 참모장으로 갔을 때 수경사 모든 요직을 하나회 장교들이 차지하고 있던 것에 비하면 상당 부분 물갈이되었다고 볼 수 있다. 그러나 실병력을 지휘하고 있는 30경비단장과 33경비단장, 헌병단장, 헌병 부단장 신윤희 중령과 작전처보좌관 김진성(육사 19기) 중령 등은 하나회 회원이었다.

수경사 참모장으로 근무한 덕분에 부대 실정에 대해서 어느 정도는 알고 있었지만, 수경사의 입지가 그때와는 달라졌다. 앞에서 말했듯, 수경사는 박 대통령을 위해서 청와대 근위 부대로 창설되었다. 이제 보위해야 할 대통령도 세상을 떠났고, 그분의 정치도 막을 내렸으니 수경사의 위상도 바뀌어야 할 때였다.

이러한 시기에 수경사령관으로 부임한 나는 여러 문제를 생각하지 않을 수가 없었다. 우선, 수경사의 기본 작전이 국가원수에 대한 경호 경비와 수도 서울을 방위하고 안녕과 질서를 유지하는 데 있다는 것을 상기했다. 그러면서 차지철이 경호실장이되면서 수경사의 핵심 부대인 30경비단과 33경비단의 작전통제권을 경호실장이 갖도록 고쳐놓은 법을 폐기하고 지휘권을 본연의 군통수 계통 체제로 되찾아 오는 것도 잊지 않았다. 이 두 가지가 우선되지 않고는 이른바 특정 지역에 위치한 두 개 경비단을 지휘 통솔할 수 없기에 이 작업에 먼저 손을 대기로 했다.

신임 사령관인 내가 해야 할 일은 태산 같았다. 우선 예하 단위 부대들에 방문하여 실정을 파악하고 필요한 조치들을 취해야 했다. 그래서 나는 부임 당일부터 사무실에서 기거숙식(起居宿食) 하면서 사령부 각 참모부로부터 현황을 보고받았다. 또한 사령부 예하 핵심 부대인 경복궁 내 30경비단을 초도 방문했다. 그다음 33경비단에 방문하여 김진영 대령의 안내로 외곽 진지에 올라가 근무 태세를 점검했다. 그리고 밤에는 수도계엄사무소장 일까지 겸하고 있었기에 그야말로 눈코 뜰 새가 없었다.

어느 정도 규모가 큰 단위 부대 순방을 반 정도 마친 11월 30일, 이를 토대로 실질적인 부대 장악을 위한 구상을 정리하여 병력과 장비의 재배치, 운용 계획을 일러야 했다. 이에 앞서 다음과 같은 서문을 첨부한 '지휘 지침'을 우선 예하 단위 부대에 하달했다.

국내외로 어려운 여건에 처해 있는 작금의 우리나라는 역사상 그 어느 때보다도 자주국방에 기초를 둔 제분야의 안정과 발전을 절실히 요구하고 있으며, 특히 대한민국의 심장부를 수호하고 있는 우리 수도경비사령부의 국가적 소명은 가일층 중요시되고 있다. 차제에 본인이 수도경비사령관이라는 막중한 중책을 수임하여 부대를 지휘함에 있어서 명예(名譽), 충정(忠正), 정예(精銳)를 지휘 기본 지침으로 설정하였다. 이에 각급 지휘관은 본 지침을 바탕으로 자기 부대의 특성과 임무에 입각한 현실적이고도 실질적인 과업들을 염출하고, 이를 과감히 시행함으로써 명예, 충정, 정예에 빛나는 부대 전통을 확립해 주기를 바란다.

이와 같은 '부대 지휘 지침'을 중도에 하달하고, 다시 남은 단위 부대와 초소들을 하나도 빠짐없이 돌아보았다. 그러니까 나는 수경사령관으로 부임한 11월 16일부터 같은 해 12월 12일까지 24일 동안 재임 기간의 대부분을 단위 부대와 초소 순방으로 보낸 셈이다. 이것은 부대를 새롭게 지휘하기 위한 신임 사령관, 그것도 박 대통령 시해사건 직후에 부임한 사령관으로서는 불가피한 순방이었다.

전두환 보안사령관이
보내온 김장값

어느덧 달이 바뀌어 1979년 12월이 되었다. 나는 단위 부대와 초소 순방을 계속해 나갔다. 그러던 12월 5일, 전두환 보안사령관의 비서실장 허화평 대령이 나의 사무실로 찾아왔다. 허 대령은 방문하기 전 사전 연락을 취했기에 무슨 일인가 싶어 그를 만났다. 그는 나에게 정중히 경례를 하고 나서 전두환 사령관의 전갈을 가지고 왔다고 했다. 그러고는 소파에 앉아 "저의 사령관님께서 각별히 안부 인사를 드리라고 했습니다"라고 말하고는, 하얀 이중 봉투를 건넸다. 그것이 무엇인지 몰라 그 자리에서 뜯어보니, 전두환 사령관이 만년필로 쓴 메모지와 함께 100만 원짜리 수표 한 장이 들어 있었다. '형님. 얼마 되지 않지만, 김장에 보태 쓰시면 감사하겠습니다.'

내가 수경사 참모장일 때 하나회 회원이자 전두환의 동서인 김상구(육사 14기) 반공포 대대장을 입창시킨 일이 있었는데, 그 일로 내게 깊은 유감을 가졌을 그가 거액의 수표를, 그것도 부대 김장비가 아니라 개인의 김장비에 보태라고 보내왔으니 나로서는 의아했다.

김상구 중령의 일이 있고 나서 전두환 장군을 전혀 볼 일이 없다가, 수경사령관으로 부임한 뒤 계엄업무회의에서 보안사령관인 그를 처음으로 만났다. 이때 그는 내게 수경사령관 취임을 축하한다고 했다. 그 참에 김상구 중령의 일로 아직 나를 서운하게 생각하는지 넌지시 마음을 떠보았는데, 그는 웃으면서 "아닙니다. 다 지나간 일입니다. 그 친구가 잘못한 일인데 뭘 그러세요" 하고 말했다. 이러한 대화로 김상구 중령의 일은 넘겼다 치더라도, 내게 김장값까지 보내줄 사이는 아무래도 아니었다.

나의 표정을 살피던 허 대령이 입을 열었다. "저희 사령관님께서 사령관님의 부임을 환영하는 식사 자리를 마련하겠다고 하십니다. 어느 날이 좋으신지 그 일시를 알아 오라고 했습니다." 나는 눈코 뜰 새 없이 바쁜 때였다. 아직 순방도 끝내지 못한 형편이었기에 술자리 초대는 유보해야겠다고 생각했다. "이 봉투에 관해서는 내가 직접 자네 사령관에게 이야기하겠네. 우리들은 서로 협력할 사이에 있고, 또 내가 새로 부임했으니 부대 파악이 끝나는 대로 내가 먼저 자리를 마련해야지. 전 장군이 먼저 한다고 하면 말이 되나. 그러니 이 문제는 내가 부대 파악을 끝내는 대로 연락해 주겠다고, 그리 전해 주게." 나는 그렇게 말하고 허 대령을 돌려보냈다.

그러고는 곧장 육사 11기로 전두환 보안사령관과 동기인 참 모장 김기택 준장을 내 방으로 불렀다. 나는 참모장 앞으로 수표 가 든 봉투를 내밀었다. "참모장! 보안사령부는 이렇게 돈이 많 은 곳이오? 내 평생에 이렇게 큰 수표는 받은 적도 준 적도 없는 데, 전 장군이 이렇게 큰돈을 우리 집 김장에 보태 쓰라고 보내주 었군. 우리 집 김장이라고 해 봐야 몇만 원이면 해결되는데, 이거 정말 곤란하네. 여하간 보내준 것을 당장 되돌려 보내는 것도 뭣 하니 참모장이 가급적이면 이른 시일 내에 오해하지 않도록 잘 돌려보낼 방법을 궁리해 보시게." 그러자 참모장이 회식이 많은 연말이 다가오니 그 돈을 돌려보낼 게 아니라 연말 회식비에 보 태 쓰는 것이 좋을 것 같다는 식으로 말했다.

나는 그 말에 고개를 끄덕이며 말했다. "내가 과거 2년여 동 안 이 부대에서 참모장 생활을 해봐서 알지만, 이런 큰돈이 나 올 수가 없어. 명절이나 부대 창설 기념일이 되면 대통령 각하께 서 장병 1인당 닭 반 마리꼴의 특식비로 300~400만 원 정도 주 시는 것밖에 없었으니까. 참모장의 말을 듣고 보니 연말이 곧 다 가오는데, 지금 최규하 대통령 각하가 청와대에 계시는 것도 아 니고 삼청동 총리 공관에 계시니 근위 부대의 주인이 없는 상태 고. 또 갓 준장이 된 정동호 경호실장대리도 무슨 일만 있으면 나 를 찾아와서 상의하는 실정인데, 정 장군한테서 돈이 나올 리도

만무한 일이고." "그렇습니다. 사령관님!" "여하간 돈 나올 데가 없으니까 내가 총장님과 장관님을 찾아가 100만 원씩 얻어오도록 하지. 그것까지 보태서 연말 특식에 사용하도록 참모장이 보관해 두시오." "알겠습니다." "그러나 장병들에게 특식을 제공할 때, 특히 보안사령관의 협조가 많았음을 장병들에게 알려주도록 하시오. 하여 두 부대의 관계가 좋아지도록 합시다." 나는 참모장과 대화를 나눈 뒤 수표를 건네주었다. 이 문제는 그렇게 일단락되는 듯했다.

그런데 사흘 후인 12월 8일, 헌병단장 조홍 대령이 집무실로 찾아와 이런 말을 하는 것이었다. "사령관님! 오늘 제가 전두환 보안사령관실에 인사하러 갔더니 보안사령관께서 오는 12월 12일 오후 6시 30분에 사령관님과 특전사령관 정병주 장군님, 그리고 헌병감 김진기 장군님을 모시고 단합 만찬을 가지려고 하는데, 건의를 드려보라는 말씀이 있었습니다." 헌병단장 조 대령은 육사 13기로 장군 진급 대상자였다. 이때 육군본부에서는 수도군단장 차규헌 중장을 심사위원장으로, 한창 장군 진급 심사가 진행되고 있었다. 이 당시 장군 진급에서 보안사령관의 입김은 절대적이었고, 그다음이 심사위원장인 기이한 풍토였다.

문득 혹시 이 친구가 영향력 있는 장군을 모시고 진급을 청탁하려는 게 아닌가 해서 불쾌함이 일었다. "그런데 자네가 왜 그런 연락을 하지? 자네 혹 이번에 진급하려고 장난하는 게 아닌가? 자네 혼자 진급하겠다고 경거망동한다면 자넨 장군이 될 자격이 없네. 그리고 지금 내가 자네 술을 얻어먹을 처지인가?" 그리 나무라자, 조 대령은 그런 게 아니라고 극구 부인했다. 지난번 보안사령관 비서실장도 찾아와 그런 말을 하고 간 터라 언젠가 한 번은 가져야 할 자리 생각하고, 수락했다. 그러나 미심쩍은 부분이 가시질 않아 조 대령에게 거듭 당부했다. "이 사람아! 나는 군의 삼거지악을 신조로 삼고 있어. 그 첫째가 전임자를 욕하는 자. 둘째는 지휘관을 위주로 아첨이나 하면서 부지휘관을 잘못 모시는 자. 셋째는 직속 부하들로부터 음식이나 술 대접을 받는 자. 나는 그런 자를 제일 못되고 추잡한 자로 취급하고 있으니까 자네도 참고로 하게. 그리고 자네는 그날 나오면 절대 안 돼!" 나는 조 대령의 다짐을 받고 돌려보냈다.

그런데 여기서 짚고 넘어가야 할 문제가 있다. 허화평 보안사 비서실장이 내게 김장값을 가지고 와서 전두환 장군이 나의 수경사령관 부임을 축하하는 식사 자리를 마련하겠다고 한 것이 12월 5일이고, 조홍 대령이 내게 와서 12월 12일 오후 6시 30분 단합 만찬에 초대하겠다는 말을 전한 것이 12월 8일이다. 이렇게 볼 때, 12·12 군사반란은 12월 5일 훨씬 이전부터 꾸며지고 있었으며, 이미 모든 거사 준비를 끝냈음을 알 수 있다. 12·12 군사반란은 정승화 계엄사령관이 전두환 보안사령관 겸 합동수사본부장을 축출하려고 했기에 촉발된 우발적인 사건이라고 알려져 있다. 그러나 내가 판단해 보건대 이는 온전히 계획적인 쿠데타다.

내가 그렇게 주장할 수 있는 것은, 정승화 장군은 자신이 노재현 국방장관과 단둘이 골프를 치며 보안사령관 교체 문제를 논의한 일이 있으나 그날은 일요일인 12월 9일이라고 밝혔다. 이날 정 총장은 노 장관에게 김재규 재판이 끝나면 전두환 보안사령관을 교체시키자고 건의했는데, 노 장관은 좀 더 달래가며 써보다가 정 안 되면 그때 교체를 하자고 말했다고 한다.

일설에 따르면 노 장관이 이를 김용휴 국방차관에게 말해 의견을 물었고 김 차관도 이에 동의했다고 한다. 그러나 김 차관은 약 2시간 후 보안사령부에 가서 전두환 사령관에게 이를 귀띔해주었고, 이것이 12·12 군사반란의 도화선이 되었다는 것이다. 하지만 이 모든 일은 나에게 연희동 만찬 일시를 전해 준 다음 날 벌어진 일이다. 그러니 정 총장의 보안사령관 축출 움직임이 쿠데타의 직접적인 원인도 아니며 우발적으로 발생한 사건이 아님을 확실히 알 수 있다.

물론 12·12 군사반란의 진실을 밝힐 수 있는 건 전두환뿐이다. 그가 솔직하게 입을 열기 전에는 정확한 진상을 규명하기 어려울 것이다. 하지만 12·12 군사반란이 계획적이었음을 정승화 장군은 다음과 같이 증언한다. "박 대통령 시해사건이 발생하자 가장 불안해한 사람은 당시 청와대나 중앙정보부 같은 특수 기관에 파견돼 있던 사람들(대부분 하나회 회원)로서, 이들은 10·26 사건이 발생하자 군에서 성장하기 어렵다고 생각했을 것이다. 더구나 군 내부에서도 하나회 회원들에 대한 비난 여론이 들끓고 있었다. 그래서 계엄사령관인 내가 직접 각 군 사령부를 순회하면서 훈시하며 무마시켜야 했을 정도였다. 나는 '그들은 명령에 따라 보직을 받은 것이다, 그러므로 그들이 있는 자리가 문제가 아니라 군인으로서 지녀야 할 품성을 잃고 본분까지 상실하고 있는 사람이 문제다, 이에 대해서는 내가 개별적으로 정리할 것이니 믿어 달라'고 타일렀다." 정 총장은 군 내부의 불안한 여론을 이렇게 설득했다고 한다.

그러한 정 총장의 공개적인 훈시 내용이 보안계통을 통해서 전두환의 귀에 들어갔음은 당연했다. 이에 전두환은 물론, 하나회 회원들은 자신의 입지를 지키기 위해 오래전부터 거사를 논의했던 것이다. 그리고 또 한 가지, 10·26 시해사건 이후 전두환과 하나회 회원들이 서로 요직에 안배하기 위한 군부 개편을 구상했으나 이것이 묵살되자 쿠데타를 꾸미기 시작했다는 말도 있다. 이것은 하나의 설(說)이 아니라 사실에 가깝다.

내가 수경사령관으로 임명되기 전, 육사 11기, 12기를 비롯한 정규 육사 출신 장교들이 자주 모임을 가지며 뭔가를 계획하고 있는 것 같으니 이들의 동향을 면밀히 관찰해 줄 것을 당부하는 미 제8군의 통보가 있었다고도 한다.

나중에 밝혀진 사실이지만, 전두환과 그 지원 세력은 10·26 이후 군의 헤게모니를 장악하고 입지를 강화하기 위해 군부 개편뿐만 아니라 국무총리, 국방장관 등 일부 국무위원 임명 문제까지 구상하고 있었다. 그들은 국방장관 노재현을 국무총리로,

참모총장 정승화를 합참의장 또는 국방장관으로, 제1군단장 황영시를 참모총장으로, 보안사령관 전두환을 참모차장, 제9사단장 노태우를 보안사령관, 제50사단장 정호용을 특전사령관, 그리고 유학성, 차규헌, 윤성민 중장 등은 군사령관으로 임명하는 복안까지 갖고 있었던 점으로 보아 이미 집권 구상을 하고 있었던 것이다.

12·12 군사반란 이후 서빙고로 연행되어 조사를 받은 뒤 전두환 보안사령관을 만난 적이 있다. 이때 전 장군은 나에게 이런 말을 했다. "정승화 총장이 우리의 뜻대로 순순히 따라줬으면 장관 또는 그 이상으로 모시려 했고, 장 선배님은 군단장으로 나가게 할 생각이었다." 그들이 오래전부터 군부 개편과 집권 구상을 하고 있었음을 자백한 것과 다름없는 말이다.

작전참모 박 대령의
장군 진급 탈락

나는 여전히 분주했다. 개인 시간을 가져볼 겨를이 없었다. 계엄
업무를 보랴, 각 단위 부대장들로부터 현황 보고를 받으랴, 아직
방문하지 못한 초소를 순방하랴, 그야말로 시간을 쪼개고 또 쪼
개 써야 할 입장이었다.

그러던 12월 12일, 이날은 예측하지 못한 비운의 사태가 발
생한 날이기도 하지만, 장군 진급자가 발표되는 날이기도 했다.
오전 11시 45분경에 나는 정승화 참모총장으로부터 걸려 온 전
화를 받았다. "장 장군 이거 미안하게 됐어." 참모총장의 첫마디
였다. "무슨 말씀이십니까, 총장님?" 나는 영문을 몰라 물었다.
"자네 작전참모 박동원 대령이 이번 진급에서 빠졌어." "탈락됐
습니까?" "응. 이번엔 내가 조치를 취할 수 있는 범위 내에 있지

않았어." 그 말의 뜻은 심사위원회에서 짜 올린 진급 정원 2배수에 해당하는 후보자 명단에 박 대령이 포함되지 않아 총장도 어쩔 수 없었다는 것이었다. "장 장군! 나도 박 대령을 잘 아네. 이번 진급자를 발표하면서 내가 외부에 있는 사람에게 처음 거는 전화야. 그러니 박 대령을 불러서 위로해 주고, 내년에는 내가 꼭 신경 쓰겠다고 전해 주게. 내가 총장을 당장 그만두는 것도 아니니까."

총장과의 통화를 끝낸 후 누가 장군으로 진급했는지 알아보았다. 역시 참모총장의 말대로 내가 대상자 중 우선순위로 꼽았던 박 대령은 탈락하고, 헌병단장 조홍 대령이 진급자 명단에 있었다. 조 대령은 육사 13기였고, 박 대령은 한 기수 후배인 14기였지만 특과 병과는 전투 병과인 보병보다 진급이 늦는 것이 통례였다.

나는 여기서 짚이는 것이 있었다. 장군 진급 심사가 시작되기 직전인 11월 말쯤, 계엄업무에서 만난 전두환 보안사령관이 내게 이런 말을 했다. "형님! 박동원 작전참모를 진급시키면 큰일 납니다. 박 대령은 전임 사령관인 전성각 장군이 월남에서 함께 근무한 적이 있다고 해서 데려다가 작전참모를 시킨 건데, 그놈은 대위 때부터 김대중을 지지한 자예요. 그러니 진급해서는 안 됩니다." 그리고 수일 후에 수도군단장 차규헌 장군을 만났는데, 그도 역시 같은 말을 했다. 나는 두 사람이 입을 모은 듯 박 대령이 김대중의 지지자라고 한 것이 마음에 걸려 사령부로 돌아와서 그의 인사자력표를 들여다보았다. 이 당시 김대중 지지자라고 하면 군 내에선 '사상불온자'와 같은 뜻으로 쓰였다. 원적은 함경도, 서울 경기중고등학교 졸업, 육사 14기 대표화랑, 월남전에서 중대장으로 을지무공훈장과 충무무공훈장을 탔다. 그는 동기생 중에서도 자타가 공인하는 출중한 인물이었다.

나는 박 대령을 가장 우수한 참모라고 생각했기에 그를 불러 은밀히 물었다. "박 대령! 보안사령관 쪽과 좋지 않은 일이 있었나? 있으면 말을 해 봐." 박 대령은 뭔가 짚이는 것이 있는지 입을 열었다. "대위 때 동기생들과 육군대학 정규과정 교육을 받으면서 군 내 사조직인 하나회가 있다는 말을 듣고 공개적으로 비판한 일이 있었습니다." 나는 고개를 끄덕이고 나서 김대중을 지지하는 발언을 한 적 있냐고 다시 물었다. 그는 이렇게 답했다. "육군대학에서 공부하고 있을 때가 3선 개헌이 완료된 시점이었는데, 동기생들에게 '우리는 군인이자 대통령을 선출할 수 있는 국민이다. 대통령이야 누가 당선되든 상관없는 일이다. 군대란 정치와 관계 없이 맡은바 국방 임무에 충실하고 국민이 선출한 대통령의 통수권 행사에 절대적으로 따르면 되는 것이다'라고 제 생각을 말한 적은 있어도 김대중에 대해서는 일언반구도 한 적 없습니다."

나는 전두환, 차규헌 두 장군의 저의를 짐작할 수 있었다. 하나회 회원의 경쟁자인 박 대령을 매장하기 위해 김대중 지지자로 퍼뜨린 것이 틀림없었다. 이 당시 군 내에서는 박 대통령에 대해 분명히 지지하지 않으면 야당파로 몰리는 일이 허다했다.

이런 사실을 알아차린 나는 박 대령의 신상 문제를 참모총장에게 보고했다. "보십시오. 그자들은 다 같은 정규 육사 출신이면서도 하나회만 두둔하고 있습니다. 박동원 대령이야말로 육사 14기 중에서도 자타가 공인하는 우수한 장교입니다." 그러자 총장은 나를 바라보면서 "젊은 장교라면 야당 후보에게 투표할 기백도 있어야지. 그게 바로 민주선거 아닌가. 박 대령은 내가 데리고 있어 봐서 잘 알아. 우수한 장교야. 걱정하지 말고 나한테 맡겨 둬"라고 말했기에 나는 내심 박 대령의 진급을 기대하고 있었다. 나는 박동원 대령을 불러 충분히 위로하고 참모총장의 뜻을 전했다.

내가 사령관으로 부임하여 부대 분위기를 살펴보니, 전임 전성각 사령관이 데려온 참모장 김기택 준장과 작전참모 박동원 대령은 비하나회라는 이유로 은근한 따돌림을 당하고 있었다.

3장

비운의 12·12 군사반란

연희동 비밀 요정에서의 주연

수경사 참모 중에서 가장 우수했던 박동원 대령의 장군 진급 탈락으로 기분이 울적해 있던 이날(12월 12일) 오후 6시경에 전속 부관 천연우(육사 28기) 대위가 조용히 노크를 하고 내 집무실로 들어섰다. "사령관님. 오늘 오후 6시 30분에 보안사령관님의 만찬 초대가 있습니다. 이동하시지요." 그 말을 듣고 보니 어느덧 오후 6시였다. "뭐? 벌써 떠나? 장소가 어딘데?" 부관에게 물었다. "네. 연희동인데 지금쯤 떠나셔야 시간이 맞을 것 같습니다." 그 말에 즉시 자리에서 일어나 밖으로 나가 대기하고 있던 차에 올랐다.

나는 모이는 장소가 어딘지 정확히 몰랐기에 부관이 안내하는 대로 따랐다. 달리는 차 안에서 잠시나마 편안히 앉아 있으니 여러 가지 상념이 생겨났다. 이런저런 생각에 빠져 있다가 문득 정신을 차리니 차가 고급 주택이 즐비한 골목으로 들어서고 있었다. 나는 혹여나 전 장군의 집으로 가는 게 아닌가 염려되어 부관에게 물었다. "어디로 가는 건가? 전 장군 집으로 가는 거라면 사과라도 한 궤짝 사야 하지 않겠어?" 그러자 부관은 "아닙니다. 저 주택가 안쪽에 있는 요정이라고 했는데, 이제 다 온 것 같습니다"라고 대답했다. 차는 곧 어느 고급 주택 앞에 멈춰 섰다. 부관은 그 으리으리한 주택을 가리키며 다 왔다고 안내했다.

나는 마음속으로 '참 괴상한 곳이 다 있군. 비육사 출신 장교들은 감히 상상도 못 할 이런 비밀 요정에 하나회 장교는 거리낌 없이 출입하는구나. 윗사람이 젊은 후배들에게 고약한 버릇을 가르쳐 놨군'이라고 생각하며, 널찍한 잔디 정원에 갖가지 화초로 장식된 2층 석조 건물의 대문을 들어섰다. 그러자 기다리고 있었다는 듯 40대 초반으로 보이는 마담이 다가와서 나를 맞이했다.

먼저 와 있던 특전사령관 정병주 장군, 육군 헌병감 김진기 장군은 보안사령부 참모장 우국일 준장과 함께 정원에 앉아서 담소를 나누고 있었다. 우 준장이 자리에서 일어나 내게 인사를 하며 말했다. "참 죄송합니다. 저희 사령관님이 갑자기 대통령 각하의 호출을 받고 가셨습니다. 늦어도 여덟 시까지는 돌아오겠다고 하시면서 먼저 주연을 시작하라고 말씀하셨습니다." 나는 "뭐 그런 사정이라면 서두를 것 있소. 어두워질 때까지 여기서 화초 구경이나 하다가 전 장군이 도착하면 함께하지"라고 대답했다. 그러자 전두환 장군을 한때 부하로 데리고 있었던 정병주 특전사령관이 퉁명스럽게 한마디 했다. "늦게 오는 전두환이 때문에 우리가 기다릴 필요가 뭐 있어. 들어갑시다." 날씨가 쌀쌀해서 그랬는지 몰라도 정병주 장군은 그리 말하면서 먼저 방으로 들어갔다. 나와 김진기 장군도 뒤따라 들어갔다.

이상한 일이었다. 내가 방 안에 들어서니 뜻밖에도 수경사 헌병단장인 조홍 대령이 와 있는 게 아닌가. 나는 그가 이 자리에 오는 것을 사전에 알지도 못했을뿐더러, 며칠 전 그가 보안사령관의 연락을 전해왔을 때도 이 자리에 나타나지 말라고 당부했건만 나보다 먼저 와 있으니 괘씸하기 짝이 없었다. 더구나 직속상관과 그 동료 장성들이 한잔하는 자리에 사전 허락도 없이 동석하다니. 그게 나의 기분을 상하게 만들었다. "아니, 자네가 왜 여기에 왔어? 장군 진급을 했다고 자네가 한턱내려고 왔나? 어서 돌아가! 고약한 친구군." 나는 좀 지나칠 정도로 그에게 면박을 주었다. 그러자 조 대령은 무안해했다.

후에 밝혀진 일이지만, 그가 이곳에 와 있었던 것은 나와 일행을 거사 완료 예정 시간인 8시 30분까지 잡아두라는 전두환의 공작책이었다. 그는 자신의 밀명을 완수해야 했기에 어떤 면박에도 굴하지 않고 그대로 서 있었다. "수경사령관이 출타를 했으니 헌병단장이 직접 호위하러 온 것 아닙니까. 조 대령도 이번에 별을 달게 됐으니 우리 함께 축하해 줍시다." 어색해진 분위기를 수습하려는 듯이 정병주 장군이 말했다.

또 한 가지 놀란 것은, 좌중에 앉아 있는 여인들도 평범한 양장에다 화장도 옅고 나이도 20대 초반으로 접대 여인들 같아 보이지 않았다. 이것도 후에 안 일이지만, 대문 안으로 들어설 때 나를 맞이한 민 마담이라는 여인은 전두환이 가는 곳마다 따라다니는 여자였다.

정병주 장군이 선배답게 술잔을 먼저 집어 들고 "자, 장 장군! 우리 다 함께 앞으로의 단합을 위해서 건배합시다!" 우리는 '시버스 리갈'을 스트레이트로 한 잔씩 비웠다. 그리고 그동안 비상시국 때문에 너무 격조했다는 등 형식적인 인사들을 나누면서 술잔을 돌렸다. 술잔이 한 순배 돌아가고 있을 때 민 마담이라는 여인이 김진기 헌병감에게 귓속말로 밖에 전화가 왔다고 전했다. 좌중의 정병주 장군이나 나는 영문을 몰랐다. 비운의 사태가 벌어지리라고는 상상도 못 했다.

잠시 후 전화를 받으러 나갔다 돌아온 김진기 장군이 매우 심각한 표정을 하고 나를 향해 나오라는 손짓을 했다. 나는 벌떡 일어나 밖으로 나갔다. "무슨 일이야, 김 장군?" 그렇게 묻자 김진기 장군은 나의 귀에다 대고 "총장 공관에서 총격 소리가 들렸다고 하는데, 무슨 일이 생긴 것 같아" 하고 말했다. 나는 그게 무슨 소리냐며 급히 전화기가 있는 곳으로 가서 총장 공관에 전화를 걸었다. 전화는 연결됐으나 상대방에서는 제대로 응대도 못한 채 "앰뷸런스…. 앰뷸런스…" 하고 소리쳤다. "이봐! 나 수경사령관인데, 부관 바꿔라!" 다급하게 말했으나 이내 전화가 끊어지고 말았다. "총장 공관에 변고가 생긴 게 틀림없구나." 나는 이것이 전두환 일당의 소행이라고는 전혀 짐작하지 못했다. 수화기를 내던지고는 방에 들어가려고 하는데, 차에서 대기하고 있던 부관이 뛰어 들어왔다. "사령관님. 지금 부대 상황실에서 연락이 오길, 총장님 공관에서 총격전이 벌어졌는데 총장님의 생사도 모르고 누구의 소행인지도 파악하지 못하고 있답니다." 내가 그 보고를 받은 것이 오후 7시 20분경, 그러니까 주연을 시작한 지 10여 분이 지난 때였다. 나는 방 안으로 뛰어 들어가 "우리가 여기 이러고 있을 때가 아냐. 총장님 공관에서 불상사가 생긴 것 같으니 각자 자리로 빨리들 들어갑시다" 하고 밖으로 나갔다.

"여보게, 장 장군. 어떻게 된 거야?" 정병주 특전사령관이 뒤따라 나오면서 물었다. 나는 정 장군과는 오래전부터 알고 지내는 사이였다. 그러나 서로 마음을 줄 정도로 가까운 사이는 아니었기에 "정 선배님, 빨리 갑시다" 하고 말했다. 그러자 정 장군은 "그게 무슨 소리야. 생명을 같이 하자"라고 말하면서 내 손을 꽉 잡았다. 순간, 육감을 통해 정 장군은 믿을 수 있겠다고 느끼며 어느 정도 안심을 했다.

급히 차에 올라타고 보니, 조홍 헌병단장과 부관이 이미 타고 있었다. 나는 필동 수경사령부로 차를 전속력으로 몰게 했다. 우선 상황부터 파악해야 했다. 부관에게 부대 상황실에 무전을 치라고 지시한 다음, 비상라이트와 사이렌을 켠 채 질주하고 있는 차 안에서 나름대로 사태를 헤아려 보았다. 두 가지 생각이 번뜩 뇌리를 스쳤다.

하나, 오늘 대령에서 준장으로 진급된 명단이 발표된 날이라 정승화 총장을 가까이에서 모시던 대령 중에 진급에서 누락된 자가 과음을 하고 총장 공관에 찾아가 소동을 벌인 것이 아닐까. 정 총장은 매사 공명정대하게, 그리고 공사를 분명하게 처리하는 장군이다. 그런데다 정 장군이 총장 취임 후 처음 진급을 시키는 일이라 경우에 따라 꼭 봐줘야 할 이도 봐주지 못했을 것이 분명하다. 이 실정을 모르고 총장에게 너무 기대하고 있다가 탈락되자 분개하여 사고를 저지른 것이 아닐까.

둘, 군사 쿠데타의 가능성도 있다. 10·26 시해사건 이후 최규하 대통령이 아직 군을 장악하지 못한데다가 정국은 불안하고 군 내에는 사조직이 횡행하고 있다. 특히 비상 계엄하에 수도 방위의 핵심 지휘관 및 참모라고 할 수 있는 세 명의 장군을 요정에다 묶어 놓고 장본인인 전두환은 나타나지 않았다. 혹 전두환과 그 지원 세력들이 이 기회를 틈타 정승화 총장을 제거하고 정권을 장악할 목적에서 쿠데타를 시도한 것일지도 모른다는 생각이 강하게 들었다.

그래서 옆자리에 앉아 있는 조홍 대령에게 슬쩍 물었다. "자네들. 총장 공관의 사태를 어떻게 생각하나?" 나의 물음에 그는 대답을 잠시 머뭇거리다가 입을 열었다. 뭔가를 생각하고 있던 듯했다. "글쎄요. 대통령 시해사건 이후 사회가 어수선해진 틈을

타 침투한 무장간첩의 소행일 가능성도 있지 않습니까?" 그는 내 생각과는 거리가 먼 엉뚱한 말을 했다.

나는 차 안에서 사령부 상황실에다 여러 차례 전화와 무전을 이용하여 상황을 파악하려 했으나 고전하고 있었다. 상황실에서조차 더 이상의 정황을 모르고 있었기에 다급해진 마음에 달리고 있는 차 안에서 다음과 같은 작전 지시를 내렸다. "우선 에이피시(경장갑차) 한 대와 헌병특공대 한 개 소개를 총장 공관으로 보내서 현지 상황을 파악하고, 긴급사태에 대처하도록 한다. 그리고 전 예하 부대에 비상을 발령하고 모든 지휘관과 참모들을 상황실에 집합시켜라!" 이때가 오후 7시 40분경이었다.

미뤄지는 최 대통령의
연행 재가

12월 12일 오후 6시 30분경부터 12·12 군사반란의 주역들이 쿠데타 지휘부로 설치한 30경비단장실에 모여들었다. 나와 정병주, 김진기 장군 등을 연희동 비밀 요정에 부른 바로 그 시각이다. 30경비단에 모여든 전두환 일당은 국방부 군수차관보 유학성 중장, 수도군단장 차규헌 중장, 제1군단장 황영시 중장, 제9사단장 노태우 소장, 제20사단장 박준병 소장, 제1공수여단장 박희도 준장, 제3공수여단장 최세창 준장, 제5공수여단장 장기오 준장, 제71방위사단장 백운택 준장 등이었고, 대령급으로는 30경비단장 장세동 대령, 33경비단장 김진영 대령 등이었다.

그들이 30경비단을 쿠데타 지휘부로 삼은 것은, 만일 사태가 예상치 못한 국면에 접어들 경우 청와대 지척에 있는 특정 지역이기에 다른 부대가 쉽게 공격해 오기 어렵고. 거사에 필요한 비상통신망도 갖추어져 있기 때문이었다. 이것은 노태우 장군의 아이디어였단 설이 있다.

전두환은 만일의 사태에 대비해 쿠데타 지원 세력의 각 지휘관들을 30경비단으로 소집하고 정승화 총장을 연행하기 위해 허삼수, 우경윤 두 대령을 총장 공관으로 보냈다.

이어 전두환 보안사령관은 정승화 총장 연행에 대한 최규하 대통령의 재가를 받기 위해 합동수사본부 수사국장 이학봉(육사 18기) 중령을 대동하고 총리 공관에 찾아갔다. 이때가 오후 6시 30분쯤으로 알려져 있다. 청와대로 이주하지 않고 총리 공관에 머물던 최 대통령은 전두환이 찾아오자 "나에게 중요한 보고 사항이 있다고 들었는데, 그게 무슨 일이오?"라고 물었다. 전두환은 김재규를 조사하는 과정에서 정승화 총장이 시해사건에 깊이 연관되어 있다는 사실이 드러났는데 사건을 빨리 종결하기 위해서는 정 총장의 연행 조사가 불가피하다고 보고했다. 최 대통령은 그런 사항은 합동수사본부장이 내게 직접 보고할 게 아니라 국방장관을 통하는 것이 좋겠다고 에둘러 거절했다.

쉽게 재가를 얻어낼 거로 생각했던 전두환은 의외의 대답에 당황했고, 여러 가지 예를 들면서 최 대통령을 설득했다. 그러나 최 대통령의 태도는 완고했다. "전 장군도 장군이니까 누구보다 잘 알고 있을 테지만, 지금은 계엄 상황이오. 이 시기에 계엄사령관이 매우 막중한 자리에 있다는 것을 알고 있을 것 아니오. 더구나 계엄사령관은 대통령 개인의 결정이 아니고 국무회의 의결을 거쳐서 임명된 만큼, 내 마음대로 할 수 없으니 국무위원인 국방장관의 의견을 들어보지 않고는 내가 뭐라고 말할 수 없어요." 그러자 전두환 합수본부장은 시해사건의 수사는 자신의 책임이니 국방장관의 의견까지 들을 필요가 없다면서 대통령의 정치적 결단을 촉구했다.

하지만 최규하 대통령은 전두환의 집요한 설득 작전에도 원칙을 내세운 처음의 입장을 고수했다. 이러한 중차대한 문제를 대통령 혼자 결정할 수 없다는 것을 알고 있었기 때문이다. 게다가 당시는 최 대통령이 12월 6일 장충체육관에서 열린 통일주체국민회의를 통해 제11대 대통령으로 당선된 지 일주일도 안 된 때였다. 아직 군의 내부 실정도 제대로 파악하지 못했으므로 군과 관련된 중요한 결정을 국방장관의 조언도 없이 결정할 수 없다는 입장이었다. 국가안보의 총책임자인 계엄사령관의 문제를 일개 소장의 말만 듣고 멋대로 결정할 수는 없는 노릇이었다.

이처럼 대통령의 재가를 얻지 못하고 있는 와중에 시간은 흘렀고, 이미 총장 공관으로 보낸 허삼수, 우경윤 대령이 정승화 총장을 보안사로 연행하기로 한 시각이 지났다. 대통령의 재가도 받지 못한 상태에서 정 총장을 연행했다면 큰 문제로 이어질 게 확실했다. 그런 난처한 상황에 처해 있을 때, 대통령 접견실 밖에서 대기하던 이학봉 중령이 '정 총장을 연행했으나 총장 공관에서 벌어진 총격전으로 우 대령이 중상을 입었다'는 전화를 받았다. 이때가 오후 8시가 조금 못 되었다고 하니, 연희동에서 떠난 내가 사령부에 막 도착했을 시간이었다.

이학봉 중령은 즉시 접견실로 들어가 대통령과 대화 중인 전두환 장군에게 그 사실을 귀엣말로 전달했다. 대통령이 들을세라 전두환은 이학봉의 말만 듣고 더 이상의 것은 물어보지 못했다. 대통령의 완고함에 전두환은 설득을 포기하고 밖으로 나왔다. 그리고 서둘러 30경비단으로 향했다.

오랜 시간 30경비단장실에서 전두환 합수본부장을 초조하게 기다리고 있던 유학성, 차규헌, 황영시 장군은 전두환이 모습을 나타내자 반갑게 맞았다. 그리고 진행 상황을 물었으나 전두환의 대답은 의외였다. "대통령이 재가하지 않고 보류하고 있기 때문에 지금껏 설득하다가 그냥 돌아오고 말았습니다." 이어 대통령이 재가해 주지 않는 이유를 대며 "국방장관과 함께 오라고 하는데, 장관님이 어데 있는지 행방을 찾을 수가 없으니 야단입니다. 정 총장은 이미 허 대령이 서빙고 분실로 연행했다고 하는데…"라고 말했다.

문제는 심각했다. 대통령의 재가도 없이 계엄사령관을 멋대로 연행했으니, 만일 자신들의 계획이 실패로 돌아갈 경우 사태는 걷잡을 수 없어진다. 이에 대한 책임은 전적으로 이곳에 모여 있는 모두가 져야 했다. 그래서 이들은 머리를 맞댔다. 전두환 합수본부장은 대통령이 정 총장의 연행을 나의 개인적 의견인 줄 오해하고 있는 것 같다고 말했다. 그러자 모두가 함께 가서 '우리'의 뜻을 전하자는 의견이 제시되었다.

　그러나 여기에도 문제가 있었다. 군 최고 통수권자인 대통령에 맞선 장성들의 집단행동이 될 수도 있고, 전면에 나섰다간 이러한 행동에 책임을 물게 될 게 빤했다. 하지만 이것저것 생각해 볼 여유가 없었다. 이들은 도청장치를 이용하여 육군본부와 수경사령부의 움직임을 죄다 알고 있었기 때문에 주저하고 있을 시간이 없었다. 최선의 방책으로 모두 함께 총리 공관에 가서 다시금 재가를 요구하기로 했다.

재가 없이 행해진
정 총장 불법 연행

내가 수도경비사령부에 도착한 것은 오후 8시였다. 차에서 내리기가 무섭게 곧장 지하 상황실로 향했다. 내가 차에서 지시한 사항들이 이미 진행되고 있었다. 하지만 상황실에 대기하고 있는 예하 부대 지휘관은 황동환 방공포병단장 한 명뿐이었다.

수경사의 주요 실병력 지휘관은 30경비단장, 33경비단장, 헌병단장 그리고 반공포병단장 네 명이다. 그런데 30경비단장 장세동 대령과 33경비단장 김진영 대령의 모습은 보이지 않았다. 나는 상황실 장교에게 물었다. "30단장과 33단장에게 연락했나?" "네. 연락했습니다." "지금 비상계엄인데, 도대체 어딜 갔기에 나타나질 않아!" 그리고 조홍 헌병단장을 찾았지만, 보이지 않았다. "헌병단장은 어디 갔어?" 연희동에서 사령부까지 차를 함께 타고 온 헌병단장도 일언반구 없이 사라져 버리고 없었다. 조홍 대령이 수경사에서 이탈하여 보안사로 피신해 간 것은 후에야 알았다.

나는 직감적으로 하나회 집단의 소행임을 느꼈다. 장세동, 김진영, 조홍 등이 하나회 회원이라는 것을 알고 있었기 때문이다. 그러나 나는 부대 수습의 여지를 갖기 위해 아무런 말도 하지 않고 참모장 김기택 장군에게 이렇게 지시했다. "참모장! 30단장, 33단장들을 빨리 소집하고, 서울 외곽에 있는 19개 검문소의 검문검색을 강화해서 총장님을 구출하도록 하시오. 그리고 별명이 없는 한 외부로부터 인원 및 부대 출입을 일체 금하고, 부대 상황을 확실하게 파악한 다음 지휘 기능 수행에 만전을 기할 수 있도록 하시오."

그러고는 2층 집무실로 올라가 군복으로 환복한 다음, 다시 총장 공관에 전화를 걸었다. 모든 연락망이 불통이었기에 상황을 파악할 수도, 예측할 수도 없었다. 육군본부와 국방부에도 전화를 걸었으나 그 역시 정확한 상황을 파악하지 못하고 있었다. 최상급부대에서조차 오리무중이니 답답하기만 했다. 지휘관도 상황을 정확하게 알아야 어떤 조치라도 취할 텐데, 상황조차 모르니 속된 말로 미칠 것만 같았다.

오후 8시가 조금 지나서 다시 상황실로 내려가 그동안 입수된 정보를 보고받았으나 이렇다 할 새로운 내용이 없었다. 나는 상황실장인 김진선 중령을 의심하기 시작했다. 그는 작전참모

보좌관이었으며, 충북 괴산 출신에, 육사 19기로, 육사생도 시절 유명한 럭비선수였다. 일전에 그가 하나회 회원인지 알아본 적이 있었지만, 그 관계가 분명하게 드러나지 않았다. 그러한 그가 직속상관인 작전참모 박동원 대령을 통해서 나의 작전 명령과 상황 조치를 전달하고 확인하는 실무 책임을 맡고 있던 것이다.

나는 상황실에 더 이상 의존하고 있을 수 없다고 판단하고, 한시라도 빨리 총장 공관 일대를 장악하기 위해 다시 병력을 보내기로 결심했다. 그러나 내가 당장 출동시킬 수 있는 병력은 사령부 내의 헌병단뿐이었다. 하지만 급박한 상황에서 주저할 여유가 없었다.

헌병 1개 소개, 전차 1대, 경장갑차 1대, 2.5톤 트럭 1대, 사이드카 2대, 앰뷸런스 1대로 특수임무조를 편성했다. 그리고 헌병대장의 행방이 묘연했기 때문에 총지휘관으로 헌병단 부단장인 신윤희 중령을 임명하고, 즉시 총장 공관으로 출동하여 총장의 소재를 확인하고 구출할 것, 현지 상황을 도착 즉시 보고할 것을 지시했다.

그때만 해도 내가 총지휘관으로 임명한 신윤희(육사 21기) 중령이 하나회 회원이었을 줄은 미처 몰랐다. 후에 알고 보니 신윤희 중령은 수경사 내부의 반란군측 통합 책임자였고, 쿠데타 후에 사령부 진압 및 사령관 체포를 전담했다고 판명되었다.

특수임무조가 사령부를 떠난 지 30분이 지났는데도 아무런 연락이 오지 않았다. 신 중령의 연락을 초조하게 기다리고 있던 나는 그에게 무전으로 호출했다. 그러자 이제 공관 부근에 막 도착하여 작전계획을 수립 중에 있다는 뚱딴지같은 말을 했다. 나는 그 말을 듣고도 화낼 겨를이 없어 그저 '역시 비전투병과 장교는 별수 없구나' 정도로 생각하고, 참모장에게 부대 수습과 전투태세를 확인하라는 지시를 내렸다.

그리고 이때까지 정 총장이 이미 연행되었다는 사실을 확인할 수 없었기에 직접 현장에 나가야겠다고 판단했다. 하여 정보참모 박웅 대령과 전속부관 천연우 대위만을 대동하고 총장 공관으로 향했다. 이때가 오후 8시 40분경이었다.

차가 장충단 고개를 막 지나고 있을 무렵 나를 찾는 무전이 울렸다. 육군 참모차장 윤성민 중장이었다. "여보 장 장군! 지금 어디 있소?" 참모차장은 대뜸 나의 위치부터 물었다. 내가 "네. 저는 지금 총장님 공관으로 가고 있습니다. 제가 여러 차례 차장님께 전화를 걸었는데, 왜 그렇게 통화하기가 어려운지 모르겠습니다. 지금 총장님은 어떻게 되셨습니까?" 하고 묻자, 이런 대답이 들렸다. "총장님은 보안사의 권정달 대령(허삼수를 권정달로 오인)과 우경운 대령에게 납치되어 어디로 갔다는 거요. 그러니까 공관에는 총장님이 계시지 않으니 빨리 사령부로 돌아와서 수습책을 강구합시다."

내가 참모차장과 그런 통화를 나누고 있는 사이 차는 총장 공관 입구인 한남동 굴다리 부근에 도착했다. 이곳은 육해공 3군의 참모총장과 합참의장, 국방장관 공관이 있는 지역인데, 공관 지역 안에서는 간헐적인 소총 사격이 벌어지고 있었다.

나는 공관 앞 고가도로 부근에서 커브를 돌아 공관 입구에 차를 대고 내렸다. 주변에는 여러 부대에서 출동한 병력과 민간인들이 뒤섞여서 소란이 일고 있었다. 경비를 담당하고 있는 해병대 병력들이 정문초소 부근에서 외부 병력을 막기 위해 M16 소총을 사격하고 있었고, 공관 입구 가까운 고가도로 밑에서는 많은 병력이 땅바닥에 엎드려 사격 자세를 취하고 있었다.

"여기 수경사에서 나온 병력이 있나?" 나는 고가도로 밑으로 다가가 신윤희 중령부터 찾았다. "네. 신 중령, 여기 있습니다." 신 중령이 교각 근처에서 나타났다. "자네. 밀고 들어가야지 왜 이러고 있어?" "해병대 경비병들의 사격이 심해서 접근하지 못하고 여기서 만일의 사태에 대비하고 있습니다." "총장님은 어떻게 되셨어?" "저는 잘 모르겠습니다." 정 총장이 연행된 뒤에 도착했을 테니 알 리가 없었다. "신 중령! 저 안에 들어간 놈들 모조리 때려 잡도록 해! 해병대도 계속 저항하면 모조리 밀어 버려!" 나는 이때까지 자초지종을 몰랐기에 공관 경비를 담당하고 있는 해병대도 납치한 쪽과 한편일 거라 생각했다.

이때 해군 기동타격대를 이끌고 출동한 박종곤 해군헌병감이 내게 달려오기에 물었다. "당신은 누구요?" "네! 해군헌병감인데, 공관 해병 경비대로부터 급보를 받고 출동했습니다." "그럼 들어가서 사태를 진압하지, 왜 여기서 이러고들 있는 거요?" "아직 저도 정확한 상황을 파악하지 못하고 있습니다." 해군헌병감도 상황을 모르는 것 같아 더 이상의 대화를 갖지 않았다.

나는 여기서 육본 기동타격대를 이끌고 출동한 육본 본부사령 황관영 준장과 육본 비서실장 최인수 준장을 만났다. 들어 보니 헌병감실 기획과장 성환옥 대령이 마이크로버스에 헌병 1개 소대를 태우고 사건 진압차 총장 공관으로 진입했으나 총장을 납치한 일당들은 이미 외부로 탈출했고, 돌아 나오려는 찰나 해병대 경비 병력에 포위당해 억류되어 있다는 것이었다. 그래서 수경사 병력으로 구출작전을 시도하려고 하나 해병대 경비 병력이 외부 병력의 진입을 저지하고 있어 들어가지 못하고 있다고 했다.

나는 무전기로 성환옥 대령과 통화를 가졌다. 그는 육사 18기로, 내가 수경사 참모장 재직 시 헌병대대 부대대장으로 근무한 일이 있어 잘 아는 사이였다. 그는 조금 전에 들은 말을 그대로 하면서 빨리 구출해 달라고 요청했다. 나는 그 말을 곧이 믿고, 해군헌병감에게 "지금 우리 헌병 병력들이 해병대 경비 병력에 의해 억류당하고 있다는데, 어떻게 된 일이오?" 하고 물었다. 그러자 그는 "이유 없이 억류하고 있는 것이 아닙니다. 내가 보고받기에 바로 그자들이 범인 방조자들이라고 알고 있습니다" 하고 귀띔해 주었다.

나는 그 말을 듣고 두 가지 의문점을 가졌다. 하나는 헌병감실 기획과장에 적을 두고 현재 전두환이 지휘하는 합동수사본부에 파견 중에 있는 성 대령이 우경윤 대령의 총장 납치를 돕기 위해 출동했을지도 모른다는 점. 또 하나는 내가 육본 헌병감실에다 상황을 물었을 때 총장 공관의 상황을 모르고 있었는데, 그 사이에 어떻게 알고 헌병 병력을 이끈 채 다른 부대보다 먼저 현장에 출동했는가 하는 점이었다.

이러한 두 가지 의문은 해군헌병감의 말이 방증하고 있었다. 나는 황관영, 최인수 두 장군에게 이를 이야기했으나 어떤 단정도 내리지 못했다. 하지만 나중에 알고 보니 내가 의심했던 그대로 성환옥 대령은 하나회 회원이었고, 총장 납치를 방조한 자였다. 나는 이곳에 더 머물러 있을 필요가 없었다. 총장은 행방불명인 데다가 참모차장으로부터 속히 복귀하라는 지시를 받았기 때문이다.

나는 귀대하기에 앞서 황관영 육본 본부사령관에게 성환옥 대령 문제는 해군헌병감과 상의하여 그 진위를 가려 처리해 줄 것을 당부하고, 신윤희 중령에게는 출동한 헌병 병력과 장비를 곧 복귀시키라는 지시를 내리고 사령부로 돌아갔다.

그런데 내가 귀대한 후 성환옥 대령과 그의 병력이 해병대 경비병력에 의해 포위당했다는 연락을 받은 김진영 대령이 30경비단의 1개 중대 병력을 이끌고 현장으로 출동했다. 이때 김진영 대령은 다른 병력들처럼 공관 경비를 지원하기 위해 출동한 것마냥 위장하고 있었으므로 다른 병력과 충돌하지 않았다. 김진영 대령은 여기서 수경사 특수임무조를 총지휘하고 있던 신윤희 중령을 설득하여 쿠데타군으로 포섭해 버렸다. 신 중령은 육사

21기로 김진영 대령보다 4기수 후배인 데다 평소에 잘 알던 사이라 쉽게 포섭된 듯했다. 신 중령은 다음날 새벽 전두환으로부터 밀령을 받고, 나와 수경사에 모여 있던 육본 수뇌부들을 체포하는 데 앞장섰다.

치밀하게 계획한
정 총장 납치 작전

보안사 인사처장 허삼수(육사 17기) 대령과 육본 범죄수사단장 우경윤(육사 13기) 대령이 전두환 보안사령관 겸 합동수사본부장으로부터 정승화 참모총장을 연행해 오라는 비밀 지령을 받은 것이 12월 12일 오후 6시로 알려져 있다. 그러니까 내가 전두환이 초청한 만찬 장소로 이동하기 위해 사령부를 떠난 바로 그 시각이었다. 지시를 받은 허 대령은 우선 총장 공관에 전화를 걸어 총장 수행부관 이재천 소령에게 "나 보안사 정보처장인데 총장에게 급히 보고할 사항이 있어서 공관으로 가겠다"라고 말했다. 당시 보안사 정보처장은 권정달 대령인데, 왜 인사처장이 정보처장을 위장했을까. 이에 대해서는 억측만 있을 뿐 내막은 본인만 알고 있을 것이다.

허 대령과 우 대령은 합동수사본부에 배속된 33헌병대 1개 중대 병력과 세 명의 헌병장교, 여덟 명의 보안사 수사관을 데리고 총장 공관으로 떠났다. 세 명의 헌병장교는 앞서 내가 의심했던 육본 헌병감실 기획과장 성환옥 대령, 33헌병대장 최석립(육사 19기) 중령, 그리고 총장 공관 경비 책임을 지고 있는 이종민 중령으로 알려졌다. 허 대령과 우 대령은 물론, 이 세 명의 헌병장교도 하나회의 핵심 멤버였다. 33헌병대는 원래 수경사 소속으로 대통령 경호실에 배속돼 있었다. 그러다가 10·26 시해사건 이후 정승화 총장의 지시로 1개 중대가 합동수사본부에 파견을 나갔던 것이다. 그런데 여기에 총장 공관을 경비하고 있는 헌병의 직속상관인 육본 헌병대장 이종민 중령까지 대동한 것은, 그가 공관 경비들에게 쉽게 접근할 수 있고, 정 총장 연행 과정에서 발생할지 모를 충돌사고를 방지할 수 있기 때문이었다. 이렇듯 그들은 정 총장 연행을 사전에 치밀하게 준비했다.

그들이 총장 공관 입구에 도착한 시간은 6시 50분경. 공관 출입구 정문 경비는 해병대가 맡고 있었지만, 총장 공관으로부터 사전 연락을 받았기 때문에 허삼수, 우경윤 대령이 타고 있는 슈퍼살롱 승용차는 그대로 통과되었다. 하지만 뒤따라온 마이크로버스 두 대는 통과시키지 않았다. 이들은 육군 총장 공관 경비 교대 병력이라고 했지만, 그 수가 너무 많은 것을 이상하게 여긴 경비가 통과를 제지했던 것이다. 그러자 33헌병중대는 세 명의 정문 경비병을 무장 해제시킨 다음 자기 병력으로 갈아치우고 정문을 통과하여 공관 건물 현관 앞까지 들어갔다.

우 대령과 허 대령은 정문에서 연락을 받고 미리 마중 나와 있던 당번병의 안내를 받아 응접실로 들어갔다. 이때 정 총장은 당일 준장 진급자로 발표된 처남 신대진 대령의 진급을 축하해주고 모처럼 장모님께 인사도 드릴 겸하여 처남집으로 갈 채비를 하고 있었다. 그런데 낮에 전두환 합동수사본부장으로부터 보고드릴 사항이 있어서 정보처장을 보내겠다는 연락을 받은 바 있었기에, 이를 기다리고 있던 것이다.

2층에서 1층 응접실로 내려오니 정 총장으로서는 처음 보는 허삼수 대령과 안면이 있는 우경윤 대령이 있었다. 정 총장은 낮에 전두환으로부터 정보처장을 보낸다는 말을 들었기 때문에 낯선 허삼수 대령을 보안사 정보처장으로 알고 있었다. 허 대령과 함께 소파에 앉은 우 대령이 먼저 입을 열었다. "총장님! 저는 이번에 꼭 진급이 될 줄 알았는데 탈락하고 말았습니다." 겨우 안면이 있는 장교가 면전에서 대뜸 그런 말부터 하기에 정 총장은 언짢았다. "그거 안됐군. 내년에 또 기회가 있으니까 1년 동안 더 열심히 해 봐"라고 간단히 대꾸한 뒤 보고할 사항이 무엇인지 물었다. "네! 김재규의 재판이 지금 진행되고 있습니다. 그런데 그는 자기 죄상에서 벗어나기 위한 궁리만 하고 있습니다. 재판을 조속히 진행하기 위해서는 총장님의 직접적인 증언이 필요할 것 같습니다." 허 대령의 말에 정 총장은 "증언이라니, 내가 무슨 증언을 해?"라며 황당해했다.

그러자 우 대령이 나서면서 김재규가 총장님께 거액의 돈을 주었다고 조사 중에 여러 차례 진술했다고 말했다. 그 말에 정 총장은 더욱 불쾌했다. 박 대통령이 시해되기 전, 추석이나 연말연시가 되면 각 군의 총장들과 근위 부대에 하사금을 내렸고, 중앙정보부장도 막대한 정보비 중 일부를 떼어 군 간부들에게 촌지로 보내 주었는데, 그 촌지는 총장보다 보안사령관에게 더 많이 흘러 들어갔다. 그런데 인제 와서 촌지를 김재규의 음모와 엮어 증언을 하라니 무척 불쾌할 수밖에 없는 것이다.

"나는 김재규에게서 돈을 받아 본 일이 없어. 몇 번 식사를 함께한 일은 있어도 말이야." 정 총장이 그리 말하자 "알겠습니다. 총장님께서 돈을 받지 않으셨다면 저희 사무실에 가셔서 받은 사실이 없다는 것을 확실히 증언해 주십시오"라고 허삼수 대령이 말했다. 여기서 정 총장은 불쾌함을 감출 수 없었다. "자네들. 도대체 어디서 누구의 지시를 받아서 감히 그런 말을 하나? 나는 계엄사령관이야. 그런데 너희들이 계엄사령관인 나를 어디로 데려가겠다는 거야? 대통령이 그러라고 승인이라도 했나?"라고 노여워하자 두 사람은 동시에 "네, 승인하셨습니다"라고 대답했다. "아니, 그렇다면 대통령께서 내게 직접 전화라도 주셨을 건데. 여하간 내가 직접 확인해 보기 전에는 어떠한 조사에도 응할 수 없어!"

정 총장은 그리 말하고 부관을 불렀다. 이재천 소령이 급히 부관실에서 뛰어나왔다. "빨리 총리 공관이나 국방장관에게 전화를 대게!" 이 소령이 지시를 받고 다시 부관실로 황급히 돌아가는데, 부관실에서 총성이 울렸다. 이 소령이 전화를 걸자 부관실에 숨어 있던 보안사 수사관이 이를 막기 위해 발사한 총소리였다. 이어 공관 건물 밖에서도 M16 소총 소리가 들려왔다.

"총장님, 가시죠." 소파에 앉아 있던 우 대령과 허 대령이 동시에 일어나 총장의 좌우로 달라붙어 양팔을 붙들었다. 밖에서는 연신 총성이 울렸다. 몇 발짝 끌려가던 정 총장은 공관원들과 총격전이 벌어졌다고 여기고 사격을 중지하라고 외쳤다. 바로 그때, 감색 점퍼를 착용한 자가 M16 소총을 쏘면서 응접실 대형 유리창을 깨고 침입한 뒤 정 총장에게 총을 겨누고 위협했다. "그럼 가자!" 그러한 위협에 정 총장은 순응했다. 후에 밝힌 일이지만, 이때 정 총장은 대통령이 뭔가를 오해하고 조사하라는 지시를 내린 줄 알고 따라나섰다고 한다. 이때 공관에 침입해 총장에게 총을 겨눈 이가 누군지에 대해서는 아직까지도 밝혀지지 않았다.

허삼수 대령과 수사관들에게 이끌려 공관 밖으로 나온 정 총장은 그들이 타고 왔던 승용차 뒷좌석에 수사관들과 함께 올라탔다. 바로 직전, 우경윤 대령은 누군가의 총에 옆구리를 관통당해 쓰러졌고 수사관들에 의해 국군 서울지구 병원으로 이송되었다.

한편, 정 총장 연행 과정에서 문제가 생겼을 경우 대처하기 위한 '후보 계획'을 담당한 성환옥 대령과 최석립 중령은 공관 밖에서 대기하고 있었다. 예정된 시간보다 30분 이상이 지났는데도 정 총장의 모습이 보이지 않자 이들은 마이크로버스에 헌병 1개 소대를 태우고 공관 안으로 진입했다. 때마침 정 총장과 허 대령이 탄 승용차가 보이기에 최석립 중령이 이 차를 호위하고 공관을 빠져나갔다. 그러나 성환옥 대령과 헌병들이 타고 있던 차는 해병대 경비대원들에 의해 포위되어 미처 빠져나가지 못하고 억류된 것이다.

성 대령은 해군헌병감이 말한 그대로 범인 방조자였다. 내가 그와 무전 통화를 했을 때, 그는 총장 공관의 범인을 체포라고 사태를 진압하기 위해 들어갔는데 범인들이 이미 도망치고 없었다고 했다. 복귀를 하려는데 포위되어 억류 중에 있으니 빨리 구출해 달라는 말도 했다.

이처럼 전두환 일당은 철두철미한 계획하에 쿠데타를 진행시켰고, 정승화 총장은 끝내 보안사 서빙고 분실로 연행되었다. 이 과정에서 총장부관 이재천 소령은 수사관이 쏜 총탄이 우측 옆구리에 박혔고, 사경을 헤매다가 순천향병원에서 대수술을 받은 끝에 목숨을 건졌다. 총장 경호대장 김인선 대위도 눈 주변과 둔부, 대퇴부 등 세 곳에 심한 총상을 얻어 순천향병원에 입원했다. 두 사람은 퇴원 후 현역으로 복귀하여 근무한 것으로 알고 있다.

육본 B-2 벙커 속
다급한 상황

이날 오후 8시가 가까워지고 있던 시각, 조금 늦게 공관으로 퇴근한 윤성민 참모차장은 잠시 휴식을 취하고 있다가 정승화 총장의 부인 신유경 여사로부터 다급한 전화를 받았다. 전화의 내용인즉 공관에서 총격전이 벌어진 끝에 총장이 납치되었다는 것이다.

윤 차장은 납치범이 누구인지 물었으나 부인은 범인이 누구인지는 모르며 빨리 조치를 취해 달라고 부탁했다. 이에 윤 차장은 그리하겠다고 답변하고 옷을 갈아 입은 뒤 공관을 나섰다. B-2 벙커로 가기에 앞서 상황을 판단하기 위해 헌병감실로 뛰어갔다. 참모차장 공관은 육본 영내에 있었기 때문에 헌병감실은 지척이었다. 헌병감실에는 당직 근무자들만 있었고, 헌병감 김진기 장군은 저녁 약속이 있어서 시내에 나갔다는 것이었다. 김 장군은 나와 함께 연희동에서 떠났는데, 아직 감실에 도착하지 못한 모양이었다.

헌병감실에서도 총장 공관에서 발생한 총장 납치사건에 대한 자세한 정황을 모르고 있었기 때문에 윤 차장은 B-2 벙커로 달려가서 전군에 '진도개 하나'의 비상경계령을 하달했다. 동시에 육본 전 참모의 비상소집을 지시했다. 이 시각이 오후 8시가 조금 지난 무렵, 그러니까 내가 연희동에서 사령부에 도착, 상황실에 들러 각종 지시를 내리고 집무실로 올라가서 국방부와 육본에 전화를 건 직후였다.

이어 윤 차장은 정확한 상황은 파악하지 못했으나 혹 북한 무장공비가 총장 공관에 침투하여 총장을 납치한 것이 아닌지 염려되어 전방부대에 북한군의 동태를 파악하여 보고하라는 지시를 내렸다. 그러나 휴전선 일대 북한군의 동태에는 아무런 이상이 감지되지 않는다는 보고가 올라왔다. 한미연합사령부 측에서도 북한군의 수상한 움직임이 발견되지 않았다고 연락해 왔다. 그러한 보고로 윤 차장을 비롯한 상황장교들은 한시름을 놓았다. 하지만 북한이 아니면, 누구의 소행이란 말인가.

시간이 지나면서 비상연락을 받은 육본 참모부장들과 처장급 장군들이 속속 B-2 벙커로 모여들었다. 하소곤(갑종 1기) 작전참모부장, 천주원(육사 9기) 인사참모부장, 안종훈(공병 3기) 군수참모부장, 황의철(육사 8기) 정보참모부장, 신정수(육사 8기) 민사군정감 등은 연유도 모른 채로 달려온 것이다.

윤성민 차장은 각 참모부장들에게 총장이 괴한에게 납치되었는데 북한의 소행은 아니고 내부의 소행인 것 같다고 전했다. 그러나 어떤 집단이 어떤 동기로 총장을 납치했는지에 대해서는 쉽사리 판단되지 않았다. 바로 이때 윤 차장이 어디서 걸려 온 전화를 받았다. "참모총장을 납치한 괴한이 보안사의 권정달(허삼수는 보안사 인사처장인데 정 총장에게 정보처장이라고 했기 때문에 권정달로 오인함) 대령과 우경윤 대령이라고요?" 윤 차장은 상대방에게 되묻고 나서 전화를 끊었다. 그러나 보안사 요원이 총장을 납치했다는 말에 반신반의했다.

그래서 이 사실을 참모부장들에게 곧장 알리지 않고 잠시 생각한 뒤, 이 내용은 단정할 수 없다는 전제를 달고 그들에게 전했다. 역시 모두가 놀란 표정을 지었다. 마침 이때 헌병감 김진기 장군이 벙커 안으로 들어섰다. 연희동에서 나와 함께 떠났는데, 길이 막혀 조금 늦게 도착한 것이다. "헌병감! 우경윤 대령이 대체 어떤 놈이야?" 윤 차장이 벙커 안으로 들어서는 헌병감에게 물었다. 김진기 장군은 돌아오는 차 안에서 무전을 틀어 놓고 계속해서 상황을 파악해 왔기 때문에 사건의 윤곽을 어느 정도 짐작하고 있었다. "우경윤 대령은 육본 범죄수사 단장인데, 현재 합수본부에서 파견 근무 중입니다." 그러한 헌병감의 말에 윤 차장은 고개를 무겁게 끄덕이며, "그렇다면 알았어. 전두환 사령관의 짓이군…" 하고 말했다.

이후 윤 차장은 보안사령관 전두환의 장난으로 단정하고, 치안본부와 서울시경에 정 총장을 납치한 범인과 차량을 체포하라는 명령을 내렸다. 비상계엄하이기 때문에 경찰지휘권도 계엄사인 육군본부에서 가지고 있었으므로 그런 명령을 하달할 수 있었다.

그리고 윤 차장은 계엄사령관 납치는 10·26 시해사건에 뒤이은 최대 위기 상황으로 판단하고, 제1~3군은 물론이고 수경사, 특전사, 육본 직할부대 등에 대해 부대 장악 및 출동 통제 지시를 내렸다. 또한 참모총장이 유고이니 지금부터 참모차장이 지휘하며 상황이 너무나 불투명한 상태이기 때문에 작전 명령은 정식 문서가 아닌 자신의 육성 명령에 의해서만 움직이라고 지시했다. 그리고 각 부대 지휘관들의 소재를 파악해서 보고하라고 했다.

이제야 상황이 서서히 파악되기 시작했다. 총장을 납치한 권정달(오인), 우경윤 두 대령이 합수본부 소속이라는 것, 이들 배후에 보안사령관 전두환이 있다는 사실, 그리고 예하 부대 지휘관들의 소재를 파악해 본 결과 몇몇 장군들이 자리에 없다는 것을 알아냈다. 제1군단장 황영시 장군은 오후 3시경에 서울에 볼일이 있어 외출했는데 아직 귀대하지 않았고, 수도군단장 차규헌 장군은 그동안 준장 심사를 위해 자리를 비우고 있었지만 11일 밤에 심사가 끝났는데도 귀대하지 않았다고 했다. 수도권에 있던 박준병 제20사단장, 백운택 제71방위사단장도 자리에 없었다.

이에 윤 차장은 육군종합행정학교장 소준열 소장에게는 박준병을, 특전사령관 정병주 소장에게는 백운택을 즉시 체포하라고 지시했다. 이어 현재 자리를 비운 지휘관들이 경복궁 내 30경비단장실에 모여 있다는 정보가 들어왔다. 이로써 총장 납치는 전두환 일당의 소행이라는 것이 확실해지자 벙커 내 장군들은 일제히 분노했다. "대통령의 재가도 없이 무장 병력까지 동원해서 계엄사령관을 강제 연행한 것은 용납할 수 없는 군사반란 행위요." 모든 장군들은 그렇게 단정했다. 정 총장을 원상으로 회복시키기 위해서는 전차와 무장 헬기라도 동원해서 전두환과 그 일당을 진압시켜야 한다는 강경론도 비등했다.

윤성민 차장도 절대 용납할 수 없고 강력하게 진압하겠다고 결의했다. 그러기 위해서는 상대방 측에서 가용할 수 있는 병력이 어느 정도인지를 우선 파악해야 했다. 제20사단장과 제71방위사단장이 전두환 쪽에 가담해 있다고 하니, 서울 근교에 위치한 이들 병력이 움직일 것은 확실했다. 제20사단은 10·26 시해 사건 이후 계엄군으로 서울에 진주한 부대로, 사단 사령부와 1개 연대가 종합행정학교에, 1개 연대는 제71방위사단에 각각 주둔해 있었고 나머지는 원 주둔지로 복귀한 상태였다.

무엇보다 문제는 서울 근교에 있는 공수여단이었다. 전두환 장군이 공수단 출신이었기 때문에 이들 부대의 향배가 윤 차장의 신경을 자극했다. 윤 차장은 특전사령관 정병주 장군에게 전화를 걸었다. 정 장군은 윤 차장과 육사 9기 동기생이었다. 나와 함께 연희동에서 출발한 정 장군은 이미 사령부에 도착해 있었다. 윤 차장이 "내가 지금까지 파악한 상황으로는 합동수사본부 측에서 총장 공관에 병력까지 동원하여 투입시켰던 모양인데, 혹 그쪽 병력에는 이상이 없어요?"라고 묻자 정 사령관은 이미 파악하고 있었는지 걱정할 것 없다는 투로 태연하게 말했다. "우리 부대에선 이동 병력이 없었음을 확인했어요." "그럼 지금 현재 지휘관들은 모두 제자리에 있습니까?" 윤 차장이 다시 묻자 정병주 사령관은 제1공수여단장 박희도 준장과 제3공수여단장 최세창 준장의 행방이 묘연하고, 제9공수여당장 윤흥기 준장만 자리에 있다고 말했다.

그 말에 윤 차장의 불안은 더해갔다. 이러한 상황에서 예하 부대를 강력하게 장악하기 위해서는 보다 강경한 지시를 하달할 수 있는 상부의 뒷받침이 필요하다고 판단했다. 하지만 국방장관은 행방이 묘연하여 당최 연락이 닿질 않았다. 고심 끝에 신현학 부총리에게 가까스로 전화를 연결했으나 '쌍방이 희생을 내지 않도록 지혜롭게 사태를 수습하라'는 말 정도에 그쳤다.

이번에는 용기를 더 내서 대통령이 있는 총리 공관에 직접 전화를 걸었다. 최광수 비서실장이 전화를 받자 대통령으로부터 직접 지시받을 사항이 있어 그러니 대통령을 연결해 달라고 했다. 그러나 비서실장은 "지금 각하와 통화할 수 없다"고 했다. 아마 이때 전두환과 최 대통령이 만나고 있던 게 아닌가 짐작된다.

여기서 윤 차장은 실망감이 컸으나 모반 음모를 확실히 안 이상 강력하게 대처해 나가기 위해 태세를 갖추고 나섰다. 그러나 문제는 육군본부를 방어해 줄 직할 병력이 부재한다는 사실이었다. 제1, 제3공수여단장의 행방이 묘연한 것으로 볼 때, 이들이 이미 병력을 동원하고 있음이 틀림없다고 판단했던 것이다.

그리하여 육본 지휘부는 당장 신변의 위험이 있다는 것에 의견을 같이하고 있었다. 돌발적인 테러나 쿠데타군의 공격을 막아줄 수 있는 실병력은 수경사밖에 없었으므로, 육본 지휘부를 수경사로 옮겨서 대처하기로 의견을 보았다. 이런 결정이 있었기에 총장 공관으로 향하던 나에게 무전을 통해서 빨리 수경사로 돌아오라는 연락을 취했으리라.

적으로 변한 전우들

내가 한남동 총장 공관 입구를 출발하여 다시 사령부에 도착한
것이 밤 9시가 조금 지난 무렵이었다. 지하 상황실로 들어가 보
니 30경비단장 장세동 대령, 33경비단장 김진영 대령, 헌병단장
조홍 대령의 모습은 여전히 보이지 않았다. "도대체 세 경비단장
놈들은 어디 가서 처박혀 있기에 지금까지 나타나지 않고 있어?"
내가 참모장 김기택 준장에게 묻자, "30경비단에 있는 모양입니
다"라고 힘없는 어조로 대답했다.

"아니, 사령관이 비상소집 명령을 내린 지가 언젠데 지금까지
경비단에 있단 말이야?" "제가 보고 드리겠습니다. 지금 30경비
단장실에는 30, 33경비단장만 있는 것이 아니라 유학성 장군, 황
영시 장군, 차규헌 장군, 노태우 장군, 박준병 장군, 제1, 제3, 제

5공수여단장, 71방위사단장 등이 모여 있는 것으로 알고 있습니다." 나는 이 보고를 받는 동안 억장이 무너지는 듯한 충격을 받고, 당장 30경비단에 쳐들어가 그놈들을 모조리 박멸하고 싶다는 분노가 머리끝까지 치밀어 올랐다. 분노를 스스로 억제하기가 힘들 지경이라 보고를 잠시 중단시키고 담배를 꺼내 서너 대를 연달아 피우며 마음을 진정하기 위해 애썼다.

"나쁜 놈들! 정치군인으로 안하무인 놀아나더니, 이젠 모반까지 해?" 나는 이 중대한 일을 어떻게 진압하고 수습할지 생각한 뒤 30경비단장실에 전화를 걸어 장세동 대령을 바꾸라고 했다. 그러나 장 대령이 아닌 유학성 국방부 군수차관보의 목소리가 수화기에서 흘러나왔다. 나는 짐짓 흥분을 가라앉히고 말했다. "선배님. 지금 전군에 비상이 걸려 모든 장병의 외출 외박이 금지되어 있는데, 남의 부대에 여러 사람을 모아 두고 무슨 작당을 하시는 겁니까? 그리고 어떻게 총장님을 그렇게 할 수 있습니까? 선배님! 저보다 그쪽에 계신 분들이 총장님과 더 각별하지 않습니까? 이 비상시국에 계엄사령관인 총장님을 납치하다니 뭘 어쩌자는 겁니까? 빨리 총장님을 원상 위치로 돌려보내 주십시오. 이번 일은 없던 것으로 하고, 언론에도 나가지 않게 하겠습니다. 그 30경비단은 대통령을 모시는 근위 부대입니다. 사령관인 저도 해가 진 후에는 특별한 일이 없는 한 그 부대에 가지 않습니다."

나의 말을 다 듣고 난 유학성 장군이 비로소 입을 열었다. "어이 장 장군! 그렇게 흥분하지 말고 이리로 와. 이리 와서 우리하고 말 좀 하자고." 그 말을 듣는 순간, 화가 치밀어 견딜 수가 없었다. 참고 있던 욕설이 내 입에 튀어나왔다. "이 반란군 놈의 새끼야! 네놈들 거기 그대로 있거라. 내가 전차를 몰고 가서 싹 깔아 죽일 테니!" 내가 욕설을 퍼붓자 유 장군은 쏙 들어가 버리고 난데없이 제1군단장 황영시 장군이 나왔다. 시간적으로 보아 이때 30경비단장실에서는 대통령의 재가를 얻어 내려다 실패하고 돌아온 전두환 합수본부장을 중심으로 사후 대책을 한창 논의하고 있던 중이 아닌가 생각된다.

여하간, 전화를 바꾼 황 장군은 대뜸 날 달래는 투로 "장 장군! 왜 흥분하고 그래. 진정해"라고 한 뒤 유학성 장군과 같은 말을 했다. "그러지 말고 여기로 와서 우리와 같이 일하도록 해요." 그 말에 참고 있던 분노가 다시 또 치올랐다. "아니 형님! 내가 정 총장님을 한 번이나 제대로 모신 적이 있습니까? 형님이 나보고 정승화 총장을 잘 모시라고까지 하지 않았습니까. 그랬으면 형님이 잘 보필해야지, 이래서야 됩니까? 정 총장님과 가까운 형님이 어떻게 그럴 수 있습니까? 다시 말하지만, 이번 사건은 없었던 것으로 할 테니 총장님을 빨리 원상 복귀시키도록 하십시오."

내 말이 끝나자 황 장군은 "장 장군! 그럴 수는 없어. 이건 박 대통령 시해사건 수사를 위해서 불가피한 일이야"라고 대답하기에 순간 화가 치밀어 다시금 욕지거리가 튀어나왔다. "좋아. 이놈들! 꼼짝 말고 거기 있어. 포를 가지고 가서 네놈들 머리통을 날

려버릴 테니…." 그러자 황 장군은 차규헌 장군을 바꿔주겠다고
했다. 나는 그 말을 듣고선 전화를 끊어버리고 말았다.

유학성 장군이나 황영시 장군과는 지금껏 호형호제하며 지
내왔지만, 내가 직속 상하관계로 근무해 본 적이 없는 처지였다.
그러나 차규헌 장군과의 관계는 달랐다. 차 장군은 내가 1974년
부터 1년 동안 수경사 참모장으로 있으면서 사령관으로 모신 분
이다. 군의 상하관계는 부모 자식처럼 인륜이 깊다. 내가 흥분 상
태에 있었기 때문에 혹여라도 폭언을 쏟아 낼까 조심하여 전화
를 끊은 것이다. 거기다 차 장군이 윤필용 장군과 함께 하나회의
후견인 노릇을 했다는 걸 이미 알고 있었기에, 그런 차 장군과 통
화를 해 봤자 내 말이 먹힐 리가 없었다.

나는 유학성, 황영시 두 장군과 통화를 마친 다음, 말이 통하
지 않을 거라고 판단하고 병력을 동원해 진압하는 방법밖에 없
다고 생각했다. 저들은 이 비상시국에 상관의 허락도 없이 근무
지를 무단이탈하여 반란을 음모했다. 이는 군형법 제5조, 제6조
의 반란죄, 제2장 이적(利敵)의 죄, 제5장 수소(守所) 이탈의 죄, 그
리고 제6장 군무이탈의 죄 및 항명의 죄 등에 해당한다. 이런 범
죄자들을 일망타진하기 위해 타 부대의 병력이 필요했고, 이를
위해 국방장관에게 보고하는 것이 순서였다.

그러다 보니 시간은 흘러 밤 9시 30분경이 되었다. 나는 먼저
참모차장에게 전화를 걸었으나 연결이 되지 않았고, 직접 국방
장관실에 연락을 했음에도 역시 부재중이었다. 이런 시국에 애

타게 찾아도 나타나지 않는 국방장관이 정말 원망스럽기 짝이 없었다. 하는 수 없이 나는 김용휴 차관에게 전화를 걸었다. "차관님! 어서 장관님을 찾아 이런 국가반란 시 제가 배속받아 사용할 수 있는 4개 사단 중, 우선 제26사단과 수도기계화사단, 그리고 서울 근교에 있는 4개 공수여단 중 세 놈은 저쪽 편에 있으니, 윤흥기 장군이 지휘하는 제9공수여단을 속히 제게 보내주십시오. 저놈들이 먼저 손쓰기 전에 서둘러 조치해 주십시오."

김용휴 차관은 나의 간청에 주저하지 않고 "알았어! 그 못된 놈들이 장난하는 모양인데, 장 장군이 잘 해야 돼. 장태완이 파이팅!" 하면서 격려와 당부를 했다. 그러나 나는 마음이 놓이지 않아 제3군사령관 이건영(육사 7기) 장군에게 전화를 걸었다. 이건영 장군은 이미 밤 8시경에 윤성민 참모차장의 전화를 받고 서울에서 일어나고 있는 일들에 대해 잘 알고 있었다. 하지만 나는 현재까지의 상황을 다시 전하고, 제26사단과 수도기계화사단을 가능한 한 빨리 서울운동장과 장충동 일대로 보내줄 것을 간청했다.

"장 장군, 알았어! 윤필용, 전두환 그놈들이 기어이 일을 벌였군. 그리고 황영시 1군단장, 차규헌 수도군단장 이 두 놈들은 내 허락도 없이 근무지를 무단이탈한 죽일 놈들이고. 내 그놈들의 지휘하에 있는 예하 부대들이 절대 서울로 이동하지 못하도록 잡아둘 테니까 걱정 말고 빨리 소탕해야 해!" 그 말은 나에게 있어서 무척 힘이 되는 격려의 말이었다. 이때까지 바짝바짝 타고 있던 입안의 갈증이 좀 풀리는 듯했다.

이어 윤성민 참모차장으로부터 전화가 걸려 왔다. 나는 지금까지의 상황, 그리고 국방차관, 제3군사령관과 나눈 대화 내용을 모두 이야기한 뒤 "총장님이 안 계시니까 참모차장님께서 모든 군령권을 독단으로 행사해 주십시오. 국방부는 어디까지나 군정 단위가 아닙니까" 하고, 육군참모차장 직제의 권위와 기능을 치켜올렸다.

이로부터 10여 분의 시간이 흐른 밤 9시 50분경 아까 연희동 요정에서 황급히 헤어졌던 정병주 특전사령관으로부터 전화가 걸려 왔다. "여보게, 장 장군! 어떻게 되어가고 있소?" 하고 대뜸 묻기에 나는 지금까지 진행되고 있는 상황을 대략 설명하고, 두 가지 문제점을 들어 걱정을 전했다. "첫째는, 내가 초저녁에 3군 사령관 이건영 장군에게 요청한 진압 병력인 제26사단과 수도기계화사단을 장관님의 승인을 받고 난 후에나 보내줄 모양인데, 장관님이 어디 있어야지. 일설에는 장관님이 미8군으로 피신해 있다는 말도 들리는데, 도대체 이래서야 김일성이 남침해 오면 6·25 때보다 나을 게 뭐가 있어요"라고 투덜댔다.

그런데 정병주 장군이 나의 말을 가로막으면서 이렇게 말했다. "여보게! 나 조금 전에 노 장관과 통화했어. 먼저 문홍구 합참본부장한테서 전화가 와서 받았더니 별안간 '이 애들의 병력이 움직이기 시작했으니 신중을 기해 줘. 지금 여기에는 장관님도 계신다'고 말하자마자 노 장관이 수화기를 바꿔 들고 '너 정병주야?' 하기에 '네, 그렇습니다' 하고 대답했지. 그러자 '야! 너희 여단이 국방부로 쳐들어온다는데 막아다오. 지금 유학성, 황영시가 장난하고 있어'라고 말씀하더군. 그래서 내가 '장관님! 장난하는 놈은 장관님이 가지고 있는 수사기관을 가지고 모조리 잡으십시오' 하고 말했지."

그러나 그런 것들은 내게 중요한 사안이 아니었기 때문에 나는 말을 계속했다. "오늘 밤의 승패는 형님이 그곳 공수여단을 움직이지 못하도록 잡아두는 것과 26사단, 수도기계화사단 등 두 개 사단이 저놈들보다 먼저 출동해서 저들을 진압하는 방법밖에 없는데, 지금 그곳 여단 사정은 어떻습니까?" 나의 물음에 정병주 장군은 "박희도 장군의 제1공수여단이 출동하고 있다는 참모의 보고를 받고, 박희도 장군에게 전화를 걸었더니 (제1공수여단장은 오후 6시 이후 30경비단에 이미 가 있었음) 없다고 하길래 부단장 이기룡(육사 17기) 대령을 바꾸어 너희들 사령관의 지시 없이 부대 출동을 한다는데 그게 도대체 무슨 짓이냐, 즉각 중지하라고 했더니 내 지시에 따르겠다고 했어요. 그러나 믿을 수가 없어서 이순길 부사령관과 헌병대장에게 즉시 제1공수여단에 나가 내 명령이라고 하면서 부대 출동을 중지시키고, 만약 불응하면 헌병대장으로 하여금 그놈을 잡아 오라고 지시했고, 지금 1공수여단이 있다는 현지로 보냈어요"라고 말한 다음, 최세창 제3공수여단장을 불러 유사시에 명령을 즉각 수행할 수 있도록 상황을 잘 판단하라고 지시했다고 덧붙였다.

나는 그 말을 듣고 저 양반도 이제 끝장이라고 생각했다. 왜 냐하면, 최세창 제3공수여단장도 오후 6시경 박희도 제1공수여 단장, 장기오 제5공수여단장 등과 함께 30경비단장실에 모여 있 다가 전두환 합수본부장으로부터 부대 출동을 지시받고 돌아간 자였다. 그자에게 저러한 지시를 했다니, 나는 그순간부터 공수 단이 가장 위험한 존재가 될 것이라고 직감적으로 느꼈다.

잠시 후 정병주 특전사령관으로부터 다시 전화가 걸려 왔다. 내용인즉, 부사령관이 제1공수여단에 나가 부대 출동을 만류했 더니, 박희도 제1공수여단장이 "부사령관님! 저는 이미 이 길을 택하기로 결심했습니다"라고 하면서 출동을 계속하더라는 것이 다. 그래서 나는 "장 선배님! 하나회 조직원인 제1, 제3, 제5공수 여단장들은 전두환이 시키는 대로 하는 자들이니까 절대 믿지 마시고, 일반 장군 출신인 윤흥기 장군의 9공수여단을 곧바로 나 한테 보내 주십시오. 나는 지금 2개 경비단장과 헌병단장, 그들 휘하 병력들이 전부 반란군에 가담해 있기 때문에 본부 행정 병 력 1개 중대밖에 없습니다. 그러니 제발 속히 좀 보내 주십쇼" 하 고 간청한 다음 전화를 끊었다. 이어 육본 B-2 벙커에 있는 윤성 민 차장에게 전화를 걸었다.

"차장님! 특전사령관과 상의가 되었으니 제9공수여단을 지 금 곧 수경사로 배속시켜 주십시오." 그렇게 건의하고 난 후 정병 주 특전사령관으로부터 다시 전화가 걸려 왔다. "장 장군! 방금 전에 참모차장님으로부터 전화를 받는데, 육군은 총장이 유고

하기 때문에 지금부터 본인이 지휘할 거고, 우선 제9공수여단을 수경사령관에게 즉시 배속 출동시키라는 지시를 받았으니 그리 알고 있어요." 그런 말을 전해 주자 나는 무척 고맙게 생각했다. "선배님! 참으로 고맙습니다. 그런데 시경 보고(10시경)에 따르면 박희도의 제1공수여단이 김포에서 수십 대의 차량에 분승해 서울 쪽으로 이동 중이라 합니다. 우선 저로서는 그 병력을 저지할 만한 병력이 없으니 비상수단으로 한강상의 교량을 전부 바리케이드로 막겠습니다. 물론, 시민들이 불편하겠지만 민간 차량으로 전 교량을 메우게 해서 장애물로 활용하면, 제1공수여단의 도강을 막을 수 있지 않겠습니까? 그런데 제9공수여단이 출동한다면 어느 교량을 사용하겠습니까?" 그러자 정병주 장군은 "제1한강교가 좋지 않겠소?"라고 말했다. 이에 나는 "좋습니다. 그러면 윤흥기 장군의 제9공수여단이 제1한강교에 도착하면 윤 장군이 차에서 내려 한강 검문소까지 와서 육성으로 도착을 보고해달라 해주십시오. 확인 후 제1한강교의 바리케이드를 풀고, 통과시킨 다음 다시 차단하도록 하겠습니다"라고 약속했다. 그리고 곧 한강 상의 전 교량을 바리케이드로 막으라는 지시를 내렸다. 이때가 밤 10시경이었다.

그리고 나는 수도권 인근에 위치한 제26사단장에게 전화를 걸었다. 내가 육본 교육참모부 차장으로 들어오기 전에 사단장으로 근무한 부대이기도 했고, 얼마 전 제3군사령관에게 수도기계화사단과 함께 출동시켜 줄 것을 요청한 사단이다. 그리고 이

사단은 유사시 수경사령관이 배속받아 지휘할 수 있는 부대였다. 마침 나의 오랜 친구인 사단장 배정도(종합 6기) 소장이 자리에 있었다.

"배 장군! 출동 준비 다 되었소?" "군사령부의 지시에 따라 출동 준비는 마쳤는데, 도대체 어떻게 된 일이오?" 배 장군은 이때까지 무슨 영문인지도 모르고 있는 모양이었다. 나는 배 장군에게 보안사령관이 주동하여 참모총장을 불법으로 잡아갔고, 제1군단장과 수도군단장이 그쪽 편에 가담해 있으므로 병력을 빨리 동원해서 손쓰지 않으면 큰일이 날 거라는 말을 전했다. 이어 상부 명령이 떨어지면 사단 병력을 즉시 수경사령부 근처 장충동으로 출동할 수 있도록 준비해 줄 것을 부탁했다. "알았소. 당장 지원해 줄 테니 그리 알고 있소." 배 장군은 속 시원하게 응해 주었다.

이어 나는 수도기계화사단장 손길남(종합 29기) 소장에게 전화를 걸어 상부의 지시가 내려오면 지체없이 사단을 동대문운동장으로 출동시켜 줄 것을 당부했다. 그도 곧 조치를 취해 주겠다고 말했다. 이 사단 역시 비상시에 수경사령관이 동원할 수 있는 부대였다.

다음(10시 30분경)에는 제30사단장 박희모(갑종 9기) 소장에게 전화를 걸어 상황을 개괄해 설명했다. "박 장군! 조금 전 박희도 제1공수여단이 노량진 방면으로 진입해 들어오는 것을 한강 교량에 민간 차량으로 차단했더니 다시 돌아갔는데, 아마 수경사 관할 구역이 아닌 당신네 관내 행주대교로 향할 것 같소. 잘 차단해 주시오! 그리고 정승화 총장 불법 연행사건에 노태우 제9사단장이 가담해 있어요. 앞으로 9사단 병력이 출동하게 되면 그쪽으로 나올지 모르니 구파발의 대전차방벽에 연해서 부대를 배치하고 전차와 106밀리 무반동총과 로켓포를 동원해서 9사단의 병력 진출을 막아 줘야겠소." "알았어요." "내가 이건영 군사령관에게 얘기를 이미 했으니까 보안사령관과 한패인 황영시 군단장의 말이나 지시는 절대 듣지 말아야 합니다. 그 사람은 반란군 편이오." 나는 그렇게 당부하고 통화를 끝냈다.

행방 묘연했던
국방장관의 등장

"노 장군은 나와 함께 총리 공관으로 갈 것이 아니라 여기 남아서 상황을 파악하는 것이 좋겠어." 전두환 합수본부장은 육본 측에서 병력 동원을 준비하고 있다는 사실을 도청을 통해 알고 있었기 때문에 노태우 제9사단장을 남겨 놓은 뒤 유학성, 차규헌, 황영시, 백운택 등과 함께 30경비단장실을 나와 두 대의 승용차에 분승하고 총리 공관으로 향했다. 최규하 대통령에게 정승화 총장 연행 재가를 다시 받아내기 위함이었다.

이보다 앞서 총리 공관은 총리 공관 특별경호대원이 아닌 합동수사본부 병력에 의해서 경비가 강화되어 사실상 외부와 차단 상태에 있었다. 총리 공관 경비는 10·26 시해사건 이후 대통령 경호실이 제 기능을 못하고 있었기 때문에 육본 헌병감실에서 파견한 특별경호대가 맡고 있었던 것이다. 그런데 상황이 긴박하게 돌아가고 있는 것을 감지한 청와대 경호실의 작전담당관 고명승(육사 15기, 하나회) 대령은 육본 측 병력이 먼저 공관을 확보하기 전에 비상조치를 취해야겠다고 생각해서, 시내에 나가 있던 청와대 경호실장 직무대리인 정동호(육사 13기, 하나회) 준장에게 급히 전화를 걸었다. 총리 공관으로 돌아온 정동호 실장은 고명승 대령과 상의한 뒤 비서실에 들어가 있던 총리 공관 특별경호대장 구정길 중령을 불러내어 '보안사령관의 지시인데, 지금부터 공관 경호와 경호 임무 일체를 우리 경호실로 인계해 달라'고 했다.

구 중령은 이미 김진기 헌병감으로부터 총장이 납치되었다는 무전 연락을 받고 비상령을 내려 총리 공관 일대의 경비를 강화하고 있던 중이었다. 그런데 정동호와 고명승이 갑자기 나타나 그런 말을 하니 그들의 요구에 반대할 수밖에 없었다. 그러자 고명승은 경호실 병력으로 구 중령을 경비초소에 밀어 넣은 뒤 무장해제 하게 만들었고, 초소 안에 있던 헌병과 경찰관도 무장해제시켰다. 그러고는 총리 공관의 경비를 고 대령이 이끌고 온 청와대 경호실 병력으로 완전히 대체했다. 총리 공관이 합수부 병력에 의해 장악된 것이다. 이러한 상황에서 전두환 합수본부장 일행이 총리 공관에 도착했고, 정동호 경호실장이 이들을 공관 안으로 안내했다. 정동호 실장은 장세동 대령으로부터 사전 연락을 받고 대기하고 있었다.

이때 공관 접견실에는 오후 7시부터 신현학 국무총리가 와 있었다. 그는 이날 국회에서 총리 인준을 받았기 때문에 13일 발표 예정인 조각 명단을 대통령과 최종 협의하고 있었다고 한다. 이러한 가운데 접견실로 들어선 전두환 합수본부장은 동행한 장군들을 최규하 대통령에게 한 사람씩 소개했다. 소개가 끝나자 일행 중 최선임자인 유학성 장군이 먼저 입을 열고, 정승화 총장이 시해사건에 관련된 게 분명하니 연행할 수 있도록 각하께서 재가해 주십사 청했다. 이어 다른 장군들도 재가해 주지 않으면 군의 지휘체계가 무너진다느니 정 총장의 연행은 수도권에 있는 모든 지휘관들이 만장일치한 의견이라느니 돌아가면서 한마디씩 보탰다.

그러나 최규하 대통령은 총장 공관에서 발생한 총격 사건의 경우를 따지며 청승화 총장 연행에 대한 불쾌감을 표했다. 최 대통령은 시내에서 총격전이 벌어지고 있다는 보고를 받고 비서실에 경위를 알아보라고 지시한 덕분에 총장 공관에서 있었던 사건의 경위를 대강 알고 있었다. 그러고는 전두환에게 내막을 따져 물었다. 이에 전두환 합수본부장은 "제가 결재를 받으러 오면서 정승화 총장을 연행하라고 보냈습니다. 그 과정에서 서로 오해가 생겨 총격전이 발생한 것으로 알고 있습니다"라고 보고했다. 그러자 최규하 대통령은 몹시 불쾌한 표정을 지었다. "왜 대통령의 결재도 나기 전에 가서 그런 총격사건이 일어나게 했는가 이 말이오. 대통령의 재가 없이 먼저 그런 행동을 한 것은 위법이오. 더구나 이 결재는 전에도 말했지만, 정상적인 절차도 밟지 않고 곧장 내게 가져온 것이라 나로서는 결재할 수가 없어요. 당신들 위에는 국무위원인 국방장관이 엄연히 있는데, 내가 어떻게 당신들의 말만 듣고 국무회의에서 임명한 계엄사령관을 연행하게 둔단 말이오? 이건 나보고 법을 지키지 말라는 것과 같은 행위요. 그러니 국방장관의 의견과 사건 경위를 다 들어본 뒤 판단해서 결재할 것이니 장관을 찾아오도록 하시오."

최 대통령은 전두환 측의 요구를 계속 거절했다. 이에 유학성 중장 등 합수본부 측 장군들은 노재현 국방장관을 백방으로 찾았으나 노 장관의 소재는 좀처럼 알 수가 없었다. 노재현 장관은 이날 저녁 장관 공관 바로 이웃에 있는 총장 공관에서 총소리가 나자 부인과 아들 등 가족들을 데리고 담을 넘어 단국대학 체육관으로 가서 피신해 있었다고 한다. 여기서 노 장관은 간신히 합참 작전국장 이경율 소장과 통화가 이루어져 이 장군의 차를 불러 탔다. 그런데 국방부나 육본 등 군을 지휘할 수 있는 곳으로 곧장 가서 신속하게 대응할 생각은 않고, 체포당할 것을 우려한 나머지 강북 강변로를 동서로 배회하다가 여의도 소재인 이경율 장군의 집으로 가서 가족들을 내려놓고 김용휴 국방차관과 통화한 후 오후 10시경 느지막이 국방부에 나타났다.

국방부에 도착한 노 장관은 소수 정치군인들의 소행이라는 것을 알고 있으면서도 상황에 대처하지 않고, 공수부대가 곧 국방부를 점령하러 온다는 말에 국방부는 경계가 허술해서 불안하다며 실병력이 있는 수도경비사령부로 옮기자고 지시한 뒤 본인은 곧장 미 제8군 벙커로 숨어들었다. 얼마 후 다시 국방부로 돌아온 노 장관은 10시 45분경에 총리 공관에 전화를 걸어 최 대통령과 통화를 나눴다. "국방장관! 어떻게 된 일인지 빨리 와서 설명을 하시오. 시간이 없어요." "네. 그곳으로 곧 가겠습니다." 두 사람이 간단히 전화를 끝내자 옆에서 지켜보던 유학성 장군이 수화기를 넘겨받아 지금까지의 상황을 간략히 노 장관에게 설명한 다음, 급히 와달라는 당부를 하고 전화를 끊었다.

노 장관은 곧바로 삼청동 총리 공관으로 가려고 했다. 그러자 국방부 장군들이 지금 그곳으로 가면 합수본부 측의 요구를 수용하게 되니 가지 말라고 만류했다. 그 바람에 노 장관은 잠시 망설이고 있었다.

한편, 최 대통령으로부터 재가를 받아 내는 데 시간이 더 걸릴 거라고 판단한 전두환은 다른 장군들보다 먼저 총리 공관을 나와 보안사령부로 돌아왔다. 상황은 긴박하게 돌아가고 있었다. 보안사에는 전군의 움직임을 소상하게 알 수 있는 통신망이 갖추어져 있었기 때문에 육본 측에서 제9공수여단에 출동명령을 내렸고, 제26사단과 수도기계화사단 등이 대기하고 있다는 보고가 속속 들어오고 있던 것이다.

전두환 합수본부장은 장군들을 대동해 총리 공관으로 가기 전, 이미 병력을 동원해야겠다고 결심하고 제3공수여단장 최세창 준장과 제5공수여단장 장기오 준장에게 병력을 장악하고 있다가 유사시에 지체 없이 출동할 수 있도록 지시를 내렸었다. 그리고 합수본부 측은 육본 측의 병력 출동을 막는 데 온갖 방법을 다 동원했다. 즉, 보안사의 통신체계를 최대한으로 이용하여 육본의 명령을 받은 부대 지휘관과 참모들을 설득하고 부대 출동을 와해시켰다. 이 설득에는 하나회 조직과 육사 연줄이 결정적인 역할을 했다고 한다.

이때까지 노태우 제9사단장과 박준병 제20사단장은 30경비단에서 대기하고 있었고, 삼청동 총리 공관에서 나온 유학성, 황영시, 백운택 장군 등은 곧장 보안사로 가서 전두환 합수본부장과 합류했다.

4장

고립무원 속 수경사령관

수경사로 옮겨진
육본 지휘부

밤 10시경 한강에 있는 모든 교량을 바리케이드로 막으라는 지시를 하달하고 나서, 나는 병력 출동이 급해 다시 이건영 제3군사령관에게 전화를 걸었다. "사령관님! 26사단과 수도기계화사단의 출동은 어떻게 됐습니까? 몇 시간 전에 사단장들에게 전화를 걸었더니 출동 준비를 완료하고 명령을 기다리고 있다는 말을 들었는데, 명령만 내리시면 한 시간 내에 이곳에 도착할 수 있지 않습니까. 저놈들은 제1공수여단을 이동시키고 있고 전방 병력도 움직일 기미가 보이고 있습니다. 저들보다 먼저 병력을 도착시켜 주셔야 합니다. 그러니 빨리 출동 명령을 내려 주십시오." 애걸하듯 말했더니 사령관은 장관의 승인을 받는 대로 지원해 주겠다고 했다. "장 장군! 30사단과 33사단은 절대 움직이지 못하도록 했으니 안심하고, 26사단과 수도기계화사단을 서울로 출동시키는 문제는 장관님의 허가를 받은 다음 실시하겠으니 그리 알고 있어요." "사령관님! 지금 장관님은 계시지 않습니다. 아무리 찾아 봐도 행방을 알 길이 없습니다. 독단적으로 명령을 내려 주십시오." 그렇게 간청하고 전화를 끊은 순간, 제1한강교 쪽으로 오던 제1공수여단이 다리 위 민간 차량 때문에 김포 방향으로 회군했다는 보고를 받고 나는 한시름 놓았다.

그러나 어느 교량을 통하든 그들이 서울로 진입하는 것은 시간문제인 터라 그들이 어느 교량을 이용할 것인가를 박동원(육사 14기) 작전참모에게 검토시켰다. 잠시 후 작전참모는 "행주대교를 통과할 것 같습니다. 왜냐하면 그곳은 저희 수도경비사령부 책임 밖의 지역이고, 검문소도 설치되어 있지 않습니다"라고 보고했다. "그렇다면 수색 방면 아니면 구파발 쪽이 되겠지?" "아마 그렇게 될 것 같습니다." 이 위기 극복의 관건은 제26사단과 수도기계화사단의 조기 서울 출동에 있었다.

한편, 이보다 앞서 육본 B-2 벙커에서는 경복궁 30경비단에 모여 있는 합수본부 측 장군들에게 전화로 설득하는 작업이 이뤄졌다. 육본 측은 정승화 총장을 원상 회복시키지 않으면 병력을 동원해서 전원 체포하겠다고 강경하게 말했다. 그러자 그들은 정 총장 연행이 수사 과정에서 불가피한 조치였다며 육본 지휘부 측의 요구를 거절하고 나왔다. 이에 윤성민 차장은 적법절차도 없이 총장을 연행한 것은 불법 행위이니 조사할 일이 있으면 일단 석방한 뒤, 절차를 밟아서 하면 될 것 아니냐고 설득했으나 상대방은 이를 일축해 버렸다.

이처럼 합수본부 측에서 완강하게 나오자 육본 지휘부 측에서는 납치된 정 총장이 이미 살해당한 것이 아닌가 하는 의구심을 가졌다. 그제서야 육본 측은 전두환 일행의 조직적인 쿠데타라는 것을 실감하기 시작했다. 육본에서는 그들에게 육본으로 와서 경위를 설명할 것을 요구해 보았으나 되레 그들은 30경비단으로 와서 보면 상황을 이해할 수 있을 것이니 경복궁으로 오라고 했다.

이렇게 육본 측과 합수본부 측이 전화로 공방전을 벌이는 동안 육본 측에서는 잘못하다가는 유혈사태가 벌어질 수 있기에 충돌을 피하는 쪽으로 해결하자는 의견이 제기되었다. 이는 진압 실패의 결정적 원인이 되고 말았다. 이에 윤성민 차장은 합수본부 측에 서로 병력 출동을 자제하자고 말했다. "우리 서로 병력 동원은 자제하자. 만일 아군끼리 대규모 충돌을 발생시킨다면 김일성에서 밥상을 차려주는 꼴이 되지 않겠느냐. 그리고 자칫하면 서울 시내가 불바다가 되고 수많은 희생자가 날 것이 뻔하다. 나라가 망하기 전에 서로 병력 동원은 자제하자." 윤성민 참모차장은 이와 같은 협상 내용을 끝내 나에게 비밀에 부쳤는데, 그 의도를 아직도 잘 모르겠다.

합수본부는 육본 측 요구에 전적으로 동의하는 것처럼 기만했지만, 그 말에 응할 리가 없었다. 자신들의 계획이 실패로 돌아가면 운명이 어떻게 될지 알고 있었기 때문에 날이 새기 전 병력을 동원하여 육본 측을 제압하고 정 총장의 연행을 기정사실화하겠다는 결심을 굳힌 상태였다.

그리고 얼마 후 육본 벙커로 '제1공수여단이 육군본부를 공격 목표로 출동'했다는 급보가 들어왔다. 그러나 육본을 방어할 병력이 없었다. 육본이 병력을 지원받을 수 있는 부대는 수도경비사령부와 특전사령부이지만, 수경사의 주요 병력은 이미 합수본부 측으로 넘어가 버렸고, 특전사 역시 상당 부분 그쪽 편이었다.

특전사령관 정병주 장군이 자신의 지시 없이 병력을 움직이지 말라고 했으나 제1공수여단은 이를 묵살하고 30경비단에 가있던 박희도 여단장의 명령에 따라 오후 10시경 제1대대가 선두 부대로 출동했다. 이에 대해 합수본부 측은 육본에서 먼저 병력을 출동시켰기 때문에 이에 대항하기 위해 제1공수여단을 출동시켰다고 발표했다. 그러나 육본 측에서 제9공수여단을 출동시킨 것은 제1공수여단보다 두 시간 뒤인 밤 12시경이다. 앞에서도 기술했지만, 제9공수여단이 정병주 특전사령관으로부터 출동 명령을 받은 것은 10시경이었으나 사전 준비가 없었기 때문에 상당한 시간이 지체되었다. 반면 제1공수여단은 사전에 출동 준비를 모두 마치고 있다가 오후 9시 45분경 명령이 떨어지자마자 15분 후인 10시경 선두 대대가 출동했다.

여하간 제1공수여단이 육본을 공격 목표로 출동했다는 보고를 접한 B-2 벙커의 육본 지휘부는 자위책이 급선무였다. 윤성민 참모차장 주재로 긴급회의를 열었지만, 뾰족한 방도가 없었다. 유일한 길은 제1공수여단이 원대로 복귀하도록 종용하는 것뿐이었다. 이를 위해 육본 작전참모부 작전처장 이병구 준장은 여단장과 연락이 되었으니 출동하지 말고 원대로 복귀하라고 여단 상황실에 강력히 지시했다.

이에 따라 신월동까지 진출했던 공수여단은 상황실의 지시를 받고 부대로 복귀했다. 육본 지휘부는 불안을 잠시 해소했으나 그 병력이 언제 다시 출동할지 모를 일이었다. 게다가 전두환 합수본부장이 직접 전차를 앞세우고 육본으로 공격해 온다는 첩보도 입수되어 윤성민 차장은 다시 대책회의를 열었다.

이 자리에서 일부 장군들은 육본 B-2 벙커를 지키자고 내세웠지만, 대부분 전투 병력의 보호를 받을 수 있는 곳으로 옮겨야 한다고 주장했다. 보호받을 수 있는 부대는 수경사와 특전사뿐이었다. 특전사는 서울 시내에서 거리가 멀어 지휘를 하는 데 어려움이 있으니 수경사로 이동하자는 의견이 모아졌다. 육본 측이 전군의 지휘 통신망을 갖추고 있는 육본 벙커를 버리고 떠난 것은 큰 오판이었다.

이동 결정이 나자 육본 지휘부는 신속하게 수경사로 자리를 옮겼다. 육본 지휘부 장군들은 각자 자신의 승용차를 몰아 이동했는데, 수경사로 간 장군들은 윤성민(육사 9기) 참모차장, 천주원(육사 9기) 인사참모부장, 하소곤(갑종 1기) 작전참모부장, 황의철(육사 8기) 정보참모부장, 최항석(육사 10기) 교육참모부장, 안종훈(공병 3기) 군수참모부장, 정형택(육사 8기) 예비군 참모부장, 김시봉(육사 8기) 관리참모부장, 이정랑(통신 5기) 통신감, 신정수(육사 8기) 민사군정감, 김진기(갑종 6기) 헌병감 등 육본의 일반 참모와 일부 특별참모들이었다. 국방부 소속의 장군들은 국방부로 돌아갔으나 유일하게 합참본부장인 문홍구(육사 9기) 중장만이 육본 지휘부와 함께 수경사로 왔다. 그리고 육본 각 참모부 차장급 이하는 대부분 육본 벙커에 그대로 남았다.

수경사에 도착한 육본 지휘부는 우선 나의 집무실에 지휘부를 설치했으며, 나의 지휘부는 집무실과 붙어 있는 접견실을 사용하도록 했다. 그런데 육본 지휘부가 수경사로 이동해 오기 얼마 전, 그러니까 제3군사령관과 통화를 끝낸 후 누군가 급히 나에게 와서 슬며시 귀띔해 주었다. "사령관님! 사령부에 파견되어 있는 보안사 요원들이 지금 상황실을 드나들면서 사령관님의 작전 조치 사항들을 자꾸 엿듣고는 보안사령부에 보고하는 것 같습니다." 그 순간 나는 미리 보안 조치를 취하지 못한 나의 어리석음을 탓하고 "내가 그 점을 미처 생각지 못한 것이 큰 잘못인데, 지금 즉시 우리 사령부에 파견돼 있는 전 보안대원들을 감금시키고 철저히 감시하라!"라고 지시했다.

그리고 얼마 후 위병소로부터 육본 측 참모차장을 비롯한 수뇌부들이 정문에 도착했다는 보고가 들어왔다. 나는 참모장에게 참모차장 일행을 안내하도록 지시하는 한편, 제30사단장 박희모 장군에게 다시 전화를 걸었다. "박 장군! 당신도 이런 상황에서는 나의 지시를 받게끔 되어 있소. 지금 김포 방면 제1공수여단이 행주대교 쪽으로 갔으니 새벽 1시 이전에 구파발 또는 수색 쪽으로 갈 거요. 당신 사단도 방패사단(반란 진압 사단으로 유사시에는 수경사에 의명 배속된다)이니 철저하게 저지해 줘야 할 것이오." 박 장군은 사단장으로 부임한 지 얼마 되지 않아 이 조언이 큰 도움이 되었다고 했다. 내가 믿을 수 있을 정도로 복종 의사를 보였기에 나는 조금 안심했다.

육본 지휘부가 수경사로 이동해 있는 상황이기에 나는 지하 상황실에서 나와 그들이 모여 있는 2층 집무실로 올라갔다. 그리고 참모차장을 비롯하여 각 일반 참모부장, 합참본부장 등과 인사를 나눈 다음 그동안의 상황 진전과 문제점 등을 설명했다. 이때가 오후 10시 45분경이었다.

그런데 잠시 후 수경사 정문으로부터 전화가 걸려 왔다. 육본 보안대장 변규수(종합 8기) 준장이 수경사 정문에 와 있다는 보고였다. 이것은 나중에 안 사실이지만, 합수본부 측에 육본 지휘부가 수경사로 이동했다는 것을 알린 것도 변 장군이고, 그가 육본 지휘부보다 한발 늦게 수경사로 달려온 것도 육본 지휘부의 동태를 살펴 합수본부 측에 알리기 위해서였다.

나는 좀 전에 수경사에 파견되어 있는 보안사 요원들을 모두 감금하라고 조치한 바 있고, 그가 여기까지 뒤따라온 저의가 뻔히 읽혔기 때문에 당장 연금하라는 지시를 내리고 싶었다. 하지만 상대가 장군이라 참모차장에게 어쩌면 좋겠느냐고 물었다. "연금시키지요!" 참모차장이 일언지하에 지시를 내리자, 나도 그대로 위병장교에게 지시했다.

나중에 알게 됐지만, 그런 지시에 따라 헌병장교와 몇몇 헌병들이 지프차에 타고 있던 변 장군에게 달려들어 권총을 겨누고 하차시킨 다음 일행을 무장해제시키고 포박했다고 한다. 그러자 변 장군이 "이봐. 내 계급을 봐라. 내가 도망칠 신분이 아니지 않는가! 도대체 누가 구속영장도 없이 나를 이렇게 구금하라고 했는지 말해!" 하고 호통쳤고, 위병장교는 "상부 지시에 따른 겁니다"라고 답변했다고 한다.

변 장군은 다음날 새벽 상황이 종료될 때까지 수경사 헌병단 유치장에 갇혀 있다가 풀려난 것으로 알고 있다. 내 부하들이 변 장군을 예의 바르게 연금 조치하지 못한 것에 대해서는 진심으로 사과하고 싶다.

경복궁과 보안사를 목표로
출동 준비

12일 밤 11시경 정승화 참모총장의 수석부관 황원탁(육사 18기) 대령이 육본 지휘부와 함께 수경사로 옮겨와 있던 합참본부장 문홍구 중장에게 "장갑차와 전차 그리고 병력을 제게 조치해 주시면 제가 직접 인솔하여 서빙고로 쳐들어가서 총장님을 구출해 오겠습니다" 하고 결연한 어조로 말했다.

황 대령의 건의를 받은 문 장군은 내게 황 대령을 지원해 주라고 말했다. "좋습니다. 전차 2~3대 정도의 지원은 가능할 겁니다." 나는 그렇게 대답하고 나서 전차 상황을 알아보았으나 한 대밖에 준비가 안 된다는 것이었다. 이 사실을 황 대령에게 말하자 그는 한 대라도 좋으니 끌고 나가겠다고 했다. 황원탁 대령이 총장 구출 작전에 필요한 준비를 위해 바삐 뛰어다니고 있을 무렵,

문홍구 장군이 미 제8군 벙커에서 걸려 온 노재현 국방장관의 전화를 받았다. 노 장관이 한 말은 다음과 같았다.

"수경사에 모여 있는 장군들이 지금 병력 동원에 관해서 협의들을 하고 있는 모양인데. 절대로 병력을 동원하지 말아요. 전두환이와 전화 통화를 했는데 원만하게 타협이 될 것 같소. 박 대통령 시해사건에 관련된 정승화 장군 한 사람에 관한 문제라고 하니까 장군들에게 흥분하지 말고 있으라고 해요. 보안사령관은 무지한 인간이 아닌 것으로 알고 있으니까 내일 아침에는 아무 일도 없을 테니 그리 알고들 있어요." 국방장관은 그렇게 말하고는 전화를 끊었다.

이어 합참의장 김종환 대장, 이희성 중앙정보부장에게서도 같은 내용의 전화가 걸려 왔던 모양인데, 장군은 그러한 말을 나에게 전해 주지 않았다. 이런 사실은 먼 훗날 알게 되었는데, 그 당시 내가 장관과 통화를 할 수 있었다면 그날 밤의 상황은 어떤 방향으로든 변화가 있었을 거라 생각한다.

문 장군은 장관을 비롯하여 여러 곳에서 걸려 온 전화를 받고 나서 황 대령이 준비하고 있는 서빙고 전차 공격을 중지시켰다. 그 이유에 대해서는 나도 알 수 없었다. 사실, 나도 서빙고 공격에는 적극성을 보이지 않았다. 왜냐하면 정승화 총장이 서빙고에 감금되어 있지 않고 살해됐거나 외곽으로 빼돌려졌을 가능성을 염두에 두고 있었기 때문이다. 그리고 설사 서빙고에 감금되어 있다 하더라도 우리가 구출을 전개한다는 것을 알면 다른 곳으로 빼돌릴 게 뻔했기 때문이다. 그래서 나는 주모자들이 모여 있는 경복궁과 보안사령부를 공격해서 이들을 체포하는 것이 더 시급하다고 판단했다. 그뿐만 아니라 나의 휘하 병력과 전차 등 주력부대의 대부분이 합수본부 측에 가담해 버린 상황에서 그나마 남아 있는 병력을 분산시켜서는 안 된다고 판단했기 때문이다.

때마침 헌병감 김진기 장군이 내 방으로 들어왔다. 그는 매우 심각한 표정으로 내 귀에다 대고 "내게 헌병 1개 소대만 차출해 주시오. 그럼 내가 헌병들을 이끌고 삼청동 총리 공관으로 가서 대통령 각하를 모셔 오겠소"라고 말했다. 정말 이심전심으로 고마운 말이었다.

김 장군은 1953년부터 1954년까지 나와 함께 미 육군보병학교에서 유학을 했고, 그 후에도 각별한 우정을 나눈 사이였다. 나는 김 장군의 요구를 흔쾌히 수용하고 참모장 김기택 장군에게 헌병 1개 소대를 차출해서 김진기 장군에게 인계해 주도록 지시했다.

김 장군은 저쪽 상황을 알아보겠다고 하면서 밖으로 나갔다. 얼마 후 돌아온 그는 난색을 표했다. 총리 공관에 현재 정동호 경호실장대리와 고명승 경호실 작전과장 등이 지휘하는 청와대 경호실의 수 개 중대 병력이 출동해서 이중 삼중으로 배치되어 빈틈없는 경계를 하고 있을 뿐만 아니라 차량까지도 통제하고 있으므로 대통령을 모셔 오는 게 도저히 불가능하다는 것이었다.

대통령 구출 작전도 허사로 돌아가자, 나는 11시경 나의 비장한 결의와 최후의 작전 지시를 하달할 생각으로 참모장에게 사령부 내에 잔류하고 있는 모든 장교를 집결시켜 줄 것을 지시했다. 당시 사령부에서 근무하고 있는 장교의 수는 총 450여 명이었는데, 그중 390여 명 정도가 합수본부 측에 가담했으므로 사령부 기밀실에 모인 장교는 60여 명에 불과했다. 앞에서도 기술했지만, 이처럼 많은 장교가 합수본부 측과 한패가 된 것은 수경사 내에 뿌리 깊게 박힌 하나회 조직과 육사 선후배 동기생들의 연줄, 그리고 보안사 요원들의 설득에 의한 것이었다.

나는 남은 60여 명의 장교들에게 다음과 같이 비장한 결의를 전했다.

내 생명과 같이 사랑하는 동지 여러분!

여러 동지들이야말로 배신할 줄 모르는 참된 군인이오. 여러분이 우리 사령부를 대표하는 그야말로 충정심에 불타는 간부들이라는 것이 이제 바로 그 모습으로 서로에게 증명해 주고 있습니다. 조금 전까지 450여 명의 우리 사령부 전 장교들은 서로 형제처럼 정을 나누며 절차탁마(切磋琢磨) 하면서 일단 유사시엔 일기당천의 전투력으로 생사를 초월하여 주어진 사명 완수를 위해 그동안 우리 모두가 같은 솥밥을 먹으면서 또한 같은 내무반 같은 관사에서 기거 숙식을 함께하며 전투복을 땀으로 범벅을 만들어 온 전우들입니다.

그런데 이러한 국가 초비상 시국에 수도의 치안, 질서 유지와 국민들에 의한 진정한 민주정부 수립을 위해서 최대한으로 협력하고 본연의 임무로 조속히 복귀해야 할 우리 수도경비사령부가 수도의 계엄 사무까지 관장하고 있는 차제에 여기 모인 60여 명의 종지 외의 390여 명의 장교들이 경복궁 30경비단에서 국가 반란을 모의하는 그 무리들과 함께 작당하여 여기 있는 사령관 이하 사령부에 남아 있는 우리들에게 총부리를 겨누고 있다니 이 얼마나 통탄스러운 일이오.

모든 것이 다 이 사령관의 지휘 능력과 덕이 부족한 소치이며, 또한 내가 취임한 지 불과 24일밖에 안 되어 미처 이런 암적 요소들을 사전에 제거하지 못한 것이 전적으로 나의 책임임을 이해해 주길 바라면서 다음과 같은 가슴 아픈 최후의 명령을 하달하니, 모두 천지신명께 맹세라고 맡은 바 소임을 완수해 줄 것을 바랍니다.

나는 그렇게 말하고 나서 다음과 같은 사항을 하달했다.

첫째, 제30경비단장, 제33경비단장, 그리고 헌병단장 등을 발견 즉시 체포 또는 사살하라.
둘째, 현재 30경비단에서 반란을 모의하는 자들의 명단을 공개하니 발견 즉시 체포 또는 사살하라.

셋째, 여기 없는 동료 장교들에 대해서는 최선을 다하여 설득시켜 본대로 귀대시켜라. 그러면 모든것을 불문에 부치지만 끝까지 역모에 가담하겠다면 그도 가차없이 사살하라.

넷째, 외곽 검문소는 출입을 철저히 통제하고 검문검색을 강화하며 수상한 자는 별도 조사 후 조치하라.

다섯째, 방송국 및 각 검문소 병력을 증강하라.

여섯째, 현재 반란군에 가담하고 있는 청와대 뒷산 팔각정 주변에 배치된 병력을 제33경비단 부단장이 가서 설득하여 은밀히 사령부로 철수시키도록 노력하라.

일곱째, 사령부에 남아 있는 전차 4대(기타 대대 주력인 32대는 반란군 측에 가담), TOW(대전차 유도탄), 3.5인치 로켓포 등 가용한 모든 화포는 탄약상자를 개방하여 완전히 차량에 탑재하고 모든 포는 경복궁을 조준하라.

이상과 같은 나의 작전 명령에 따라 작전참모 박 대령은 상황실장 김진선 중령을 비롯한 검문소반, 방공반, 경비반 등의 소령급 반장들 그리고 야포단 부단장 이승남(육사 18기) 중령 등을 한자리에 모아 놓고 사령관이 내린 작전 명령을 구체화한 다음 각 예하 부대에 하달했다. 그리고 박 대령은 야포단에도 전화를 걸어 출동 대기를 지시했다.

나는 전투태세 명령을 내린 다음 육본 지휘부가 있는 2층으로 올라갔다. 윤성민 참모차장과 마지막 담판을 하기 위해서였다. "참모차장님! 지금 시간이 자정이 다 되어갑니다. 그런데 육본 지휘부가 이곳으로 옮겨 와서 지금까지 단 한 가지의 상황도 유리하게 만든 것이 없습니다. 전화만 가지고 국방부, 3군 사령관, 심지어는 반란군 두목들과 통화를 하셨지만 얻은 결과가 뭐 있습니까? 이젠 시간적인 여유도 없습니다. 그리고 지금 우리 수경사의 기능도 완전히 마비 상태일 뿐더러 저놈들이 동원한 병력이 서울 시내로 진입할 때도 머지않았습니다."

나는 윤성민 차장에게 그렇게 말하고 나서 나의 참모장인 김기택 장군에게 출동 지시를 내렸다. 전두환 일당의 반란 군부가 정권을 장악하면 역사는 또다시 후퇴할 것이 뻔했다. 이를 막기 위해서라도 나는 30경비단에 도사리고 있는 그들과 대결할 수밖에 없었다.

"조금 전에 기밀실에서 지시한 대로 전차를 비롯해서 행정병들을 포함한 병력들을 즉시 전투조로 편성하라. 목표는 경복궁의 30경비단과 보안사령부다. 공격개시선은 퇴계로 아스토리아 호텔 앞이다. 즉시 공격개시선 상으로 모든 부대를 전개하라. 출발은 내가 선도하며 중앙청 부근에다 적절한 진지를 점령한 다음, 전차포, TOW, 106밀리 무반동총, 3.5인치 로켓포로 두 목표에 대해 동시 집중사격하여 수백 발의 포탄을 집중시킨 후 일제히 돌격을 감행해 역모자들을 사살 또는 포획하고 반란을 진압한다. 즉시 본 명령을 시달하고 출동을 대기하라." 그러한 명령을 하달하자 윤성민 참모차장의 낯빛이 흑갈색으로 변했다. 그는 "여보게, 장 장군! 조금만 더 기다려요. 최후로 제1, 제2, 제3군 사령관에게 병력 출동 협조를 구해 볼 테니까"라고 말하고는 이건영 제3군사령관과 통화를 나눴다. 나는 옆자리에서 내용을 엿듣고 있었는데, 두 사람의 대화가 석연치 않아 수화기를 받아 들고 다짜고짜 따져 물었다. "아니, 사령관님! 제26사단과 수도기계화 사단의 출동은 도대체 어떻게 되었습니까?" 그러자 이건영 장군은 "여보 장 장군! 지금 야전군 부대를 동원하면 김일성의 남침 가능성을 배제할 수 없는 형편 아닌가? 그리고 부대 출동은 상부의 허락이 있어야 할 것 아냐?"라고 말했다. 이것은 국방부장관의 허락도 없어 부대를 출동시키기 곤란하다는 입장 표명이었다. 그렇게밖에 할 수 없는 그의 입장을 이해하면서도 나로서는 서운한 감정이 앞섰다. 나는 이것으로 이건영 제3군사령관과의 통화를 끝냈고 이후에 다시 전화를 걸지 못했다.

윤성민 차장은 계속하여 김학원 제1군사령관, 진종채 제2군사령관과 통화를 가졌으나 모두 여의치 않았다. 설사 제1, 제2군사령관이 윤성민 차장의 요청을 수락했다 하더라도 거리와 시간상으로도 맞지 않았을 뿐 아니라 특히 2군사령관은 출동 가능한 병력도 전혀 없는 실정이었다.

이처럼 고립무원 상태에 놓인 나는 울분이 차올라 땅이라도 치며 통곡하고 싶은 심정이었다. 그러나 이 중요한 때에 그러한 모습을 남에게 보일 수 없어 계속 결연한 자세를 취해 나갔다.

이것은 후에 안 일이지만, 내가 전방부대의 병력을 동원하기 위해 제3군사령관을 비롯한 특전사령관, 각 사단장들과 통화할 때마다 보안사령부에서는 이를 도청했고, 사단과 군사령부에 파견된 보안대장들과 참모급 하나회 회원들에게 지시를 내려 온갖 방법으로 병력 동원을 방해하고 있었다. 즉, 그들은 해당 지휘관들에게 쿠데타 성공 가능성을 허위로 보고하여 지휘관들의 결심을 흐리게 만들면서 쿠데타 성공을 위해 유리한 방향으로 유도해 나갔던 것이다.

반란군 측 제1공수여단
병력 출동

육본 작전참모부 작전처장 이병구 준장이 제9공수여단에 출동 준비를 시사한 때는 전군에 비상령이 하달되고 얼마 후인 오후 10시경이었다. 정병주 특전사령관이 병력들에게 실탄을 지급하고 육본으로 출동하라는 지시를 내린 것은 그 직후였다.

그러나 제9공수여단은 밤 11시 30분이 지난 후에도 출동하지 못하고 있었다. 병력을 수송할 차량이 없었기 때문이다. 이때 제9공수여단은 1개 대대가 충남 서산으로 야외훈련을 나가 있었고, 여단에 남은 차량은 5분 대기조인 1개 대대만 실을 수 있었다. 여단에서는 육본에 차량 지원을 요청했고, 육본에서는 제1공수여단 상황실에다 제9공수여단에 차량을 지원해 주라고 지시했다. 육본은 전두환 측에 가담하고 있는 제1공수여단의 출동을 막아보려는 의도였으나 제1공수여단이 이에 응할 리 없었다. 이 과정에 상당한 시간이 지체되자 육본은 뒤늦게 제3군수지원사령부에 차량 지원을 지시했다. 그러나 이러한 사실을 안 전두환 측은 제3군수지원사령부에 차량을 지원하지 못하도록 압력을 가해 이마저도 불투명해졌다.

나는 그동안 여기저기에 병력지원을 요청하는 전화를 걸었다. 처음에는 병력을 지원해 주겠다고 응했던 지휘관들은 시간이 지나자, 상부의 지시가 없다는 핑계로 곤란하다고 태도를 바꿨다. 아예 내 전화를 거부하려고 자리를 피한 지휘관도 있었다.

게다가 밤 10시에 병력 출동을 명령했다는 제9공수여단조차 올 기미가 보이지 않았다. 화가 난 나는 특전사령관에게 전화를 걸었다. "선배님! 큰일입니다. 지금 제1공수여단이 서울로 진공한다는데 아무도 병력을 지원해 주지 않으니 이제 어떻게 하죠? 선배님이 보내 준다고 한 9공수여단도 아직 아무런 소식이 없었요." "장 장군, 걱정 말아. 내가 곧 9공수여단을 보낼 테니까." "자신 있어서 하는 말입니까?" "제9공수여단장은 믿을 수 있으니까 걱정할 필요 없어." 제9공수여단장 윤흥기 준장은 육사 출신도 하나회 회원도 아닌 갑종 출신이기 때문에 특전사령관은 그를 믿을 수 있다고 판단한 것이다. "그럼 제 애를 태우지 마시고 한시라도 빨리 출동시켜 주십시오." 나의 전화를 받은 정병주 장군은 곧바로 윤 장군에게 출동을 독촉한 모양이었다.

하여 윤흥기 여단장은 밤 11시 40분경에 비로소 제5대대를 이끌고 출동했다. 합수본부에서는 연락망을 통해 제9공수여단이 출동했다는 사실을 즉각 알아차렸다. 제9공수여단의 출동은 사태를 역전시킬 만한 위급 상황이었기 때문에 그들은 무척 당황했다. 더구나 통행금지 시간이 다가올 때라 출동부대가 막힘 없이 달릴 경우, 40~50분이면 서울로 진입할 수 있었다. 제9공수여단이 서울에 진입할 경우 30경비단 병력과 청와대 경호실 병력으로 맞선다 해도 일당백 공수부대의 적수가 될 리 없었다.

전두환 합수본부장도 박희도 제1공수여단장에게 병력 동원을 지시하고 부대로 돌려보냈으나 아직 그가 부대에 도착하지 못한 상태였다. 전두환은 어떤 수를 써서라도 제9공수여단의 출동을 중도에 막고 서울 진입을 지연시켜야 했다.

윤흥기 제9공수여단장이 5분 대기조인 제5대대 병력을 이끌고 부대 정문을 나설 때부터 제9공수여단 상황실에는 정체불명의 전화가 걸려 오기 시작했다. 누구냐 물어도 신분을 밝히지 않은 채 출동 병력을 빨리 돌리라고 호통쳤다. 이에 당황한 상황장교는 나중에 책임 문제가 불거질까 염려하여 상대방의 신원도 확인하지 않고, 부대에 있는 참모장에게 보고도 하지 않은 채 출동 중인 여단장에게 빨리 병력을 데리고 부대로 돌아오라고 무전 연락을 했다. 무전을 받은 윤흥기 여단장은 진위를 따지기 위해 정병주 특전사령관에게 전화를 걸었으나 연결이 되지 않았다. 이때 최세창 제3공수여단장이 전두환의 지시에 따라 정병주 사령관을 체포하기 위해 여단 병력을 이끌고 사령부를 공격하고 있었기 때문이다.

이러한 상황을 전혀 모르는 윤흥기 여단장은 병력들을 현지에 대기시킨 채 사령부로 돌아와서 참모장과 상황장교에게 따져 물었다. 그런데 때마침 윤성민 참모차장으로부터 병력을 복귀하라는 지시가 하달되었다. 윤성민 차장은 제9공수여단 병력이 출동한 사실을 모르고 있다가 합수본부 측 장군들로부터 거센 항의를 받았다. 윤성민 차장과 합수본부가 서로 병력을 출동시키지 말자고 임의로 합의했었기 때문이다. 합수본부 측에서는 병력을 출동시키지 않기로 한 약속을 육본 측에서 먼저 파기했다고 격렬하게 항의했다. 그러나 윤성민 차장은 이러한 협상 내용과 제9공수여단 복귀 지시를 극비에 부치고 나에게 일언반구 하지 않았다.

이때까지 제9공수여단이 무엇 때문에 출동하는지 확실한 상황을 모른 채 정병주 특전사령관의 지시에 따라 움직이던 윤흥기 여단장은 출동을 포기하고 도중에 대기시킨 병력도 모두 부대로 복귀하도록 했다. 이러한 일련의 실책들이 전두환 일당으로 하여금 선제공격할 수 있는 시운(時運)을 만들어 준, 쿠데타 성공의 결정적 요인이 되었다.

합수본부 측은 육본이 병력 출동 중지 약속을 어겼다며 윤성민 참모차장에게 강력히 항의했지만, 이보다도 앞서 박희도 제1공수여단장에게 이미 병력 출동 지시를 내리고 있었다. 제1공수여단은 밤 10시경 박희도 여단장의 유선 지시에 따라 제1대대가 신월동까지 진출했으나 육본의 강력한 지시를 받고 원대 복귀한 일이 있었다. 그러나 이로부터 한 시간 후인 밤 11시경 30경비단에 남아 있던 박희도 여단장은 전두환으로부터 직접 병력을 출동시켜 국방부와 육본을 점령하라는 지시를 받고 여단으로 돌아갔다.

박희도 여단장이 여단본부에 도착한 것은 자정쯤이었다. 한 시간이나 걸린 것은 제2한강교가 바리케이드로 완전히 차단되어 있었고, 서울 시내 전 수경사 검문소에 전두환 일당들에 대한 체포 지시가 내려져 있었기 때문이었다. 제2한강교를 도강할 수 없었던 박희도 여단장은 코스를 바꿔 행주대교로 건너갔다. 행주대교 역시 제30사단장이 합수본부 측에 설득당하지 않았다면 완전히 차단되어 있었을 것이다.

박희도 장군이 여단본부에 도착했을 때, 이순길 특전사부사령관, 강리건 인사참모, 홍덕현 교육발전처장 세 명이 제1공수여단의 출동을 막으라는 정병주 특전사령관의 지시를 받고 나와 있었다. "사령관님의 지시에 따라 병력 출동을 할 수 없으니 어떻게 할까요?" 부사령관 이순길 준장이 이렇게 말하자 박희도 여단장은 일언지하에 거절했다. "내가 하는 일을 가로막지 마십쇼. 나는 보안사령관의 명령으로 국방부와 육본을 장악하기 위해 출동해야 합니다." "박 장군이 내 말을 믿을 수 없다면, 참모차장이나 사령관님께 전화를 걸어 봐요." "그분들은 지금쯤 체포되고 없을 텐데 누구에게 전화를 겁니까." 박희도 여단장은 부사령관의 만류를 단호히 거절하고는 각 대대장과 참모를 집합시키라고 지시했다.

여단장의 도착을 기다리고 있던 대대장들과 참모들이 한자리에 모였다. 박희도 여단장은 제1대대는 육본 본부사령실 및 B-2 벙커를 점령하고, 제2대대는 육본 본청을 점령, 제5대대는 국방부를 점령하라는 작전 명령을 내렸다. 그리고 제6대대는 통로 확보 및 예비대 임무를 수행하라고 했다. 아울러 그는 이동 중 긴급을 제외한 모든 무선을 침묵하고, 여단장 육성 지시만 따를 것을 강조했다.

박희도 여단장의 1호차를 선두로, 제1공수여단 병력이 출동을 개시한 것은 12월 13일 0시 10분이었다. 이들의 경로는 부대, 개화동, 행주대교, 능곡, 수색, 연희동 로터리, 삼각지 로터리를 경유하는 것이었다.

진압군 측 야포단
서울 진입 실패

수경사 야포단은 박 대통령 시해사건이 발생하기 4개월 전인 7월 1일 김포에 새롭게 창설된 부대다. 대통령 경호실장 차지철은 무장세력의 청와대 기습 위험이 있다며 경호에 별 필요도 없는 155밀리, 105밀리 곡사포와 병력 1,500여 명을 수경사 예하 부대로 배치했다.

한편, 수경사 작전참모로부터 부대를 출동할 수 있도록 대기시켜 놓으라는 지시를 받은 야포단장 구명회(포간 57기) 대령은 즉시 작전과장 서종표(육사 25기) 소령을 본인 집무실로 불렀다. "이건 사령부의 작전 명령인데, 본부 행정병과 경비병을 제외한 모든 병력과 포를 출동시킬 수 있도록 예비 명령을 각 대에 하달하게." 그런 단장의 지시에 작전과장 서 소령은 약간 당황하는 기색을 보였다. 그는 몇 분 전 합수본부 측으로부터 장태완 장군이 병력 동원을 지시하더라도 이에 응하지 말고 사태가 수습될 때까지 기다리라는 전화를 받았기 때문이다. 합수본부 측은 야포단에 출동 준비를 하라고 지시한 것을 도청한 뒤 육사 출신 서 소령에게 전화를 건 모양이었다.

하지만 하나회 회원이 아니었던 서 소령은 수경사령관과 야포단장의 지시를 따르는 것이 옳다고 판단하고 "알겠습니다"라고 대답했다. "작전과장! 지금 어떤 상황에 있는지 알겠지만, 사령부에서 출동 대기 명령이 떨어진 거야. 지금 사령부에 가 있는 부단장으로부터 상세한 상황 보고가 들어오겠지만, 합수부 측에서 먼저 손들고 나오지 않는 한 사령관님은 무력 진압을 하겠다는 입장이니까, 그리 알고 빨리 출동 태세를 취할 수 있도록 예령을 내리게." "네! 지시대로 하겠습니다!" 서 소령은 급히 자기 사무실로 돌아갔다.

야포단장 구명회 대령은 내가 연희동 요정에서 사령부로 향하던 차 안에서 내린 지휘관 소집 명령을 밤 8시가 좀 지나서 전달받은 것 같다. 내가 사령부에 도착해 보니 5개 단장 중 황동환 방공포병단장만 상황실에 나와 있고, 나머지 4개 단장은 보이지 않았다. 이에 나는 단장들을 조속히 집합시키라고 참모장에게 지시했다. 참모장은 단장들의 위치를 파악한 뒤 내게 보고했다. "구명회 야포단장은 부대를 출발하여 사령부로 오는 중이라고 합니다." 보고를 받은 나는 야포단장은 사령부에 있을 것이 아니라 야포단에 남아서 부대를 장악하고 있다가 유사시 내 명령에 따라 신속하게 움직여 주는 것이 좋을 것 같다고 판단했다.

"여기서 야포단과의 거리도 있으니까 단장은 부대로 돌아가서 병력과 포를 장악하고 있는 것이 좋을 듯하오. 빨리 무전으로 그리 전하고 단장 대신 부단장을 사령부로 보내라고 하시오." 참모장은 이런 지시를 즉시 무전으로 야포단장에게 전했다. 구명회 야포단장이 그 연락을 받은 것은 김포가도에 있는 인공폭포에 다다랐을 때였다. 구 대령은 영문을 모른 채 차를 돌려 부대로 복귀했다. 그리고 부단장 이 중령을 불러 "사령부에서 출동 대기를 하고 있으라는데, 무슨 일인지 모르겠지만 얼른 사령부로 가서 상황을 파악해 나에게 알려 주시오." 하여 사령부에 단장대리로 간 부단장 이 중령은 수시로 상황을 단장에게 알렸다.

구 대령은 9시 30분경 사령부에 도착한 부단장으로부터 첫 보고를 받았다. "사령관님께서 단장이 이탈한 부대에서는 부단장이, 부단장도 이탈했으면 작전주임이 부대지휘권을 행사하라고 명령을 내렸습니다. 여기 와보니 상황이 매우 심각합니다. 그러니 단장님께서도 여느 때보다 판단을 잘하셔야겠습니다." 보고를 받은 구 대령은 수경사 예하 부대 중 병력 수가 가장 많은 야포단을 이끌고 희생을 감내하더라도 반란군을 진압해야겠다고 결심했다.

그러던 중 밤 10시 30분경, 구명회 야포단장은 작전참모 박동원 대령으로부터 전화를 받았다. "야포단장! 빨리 움직여 줘야겠소. 경복궁 쪽에 30경비단과 청와대 경호실 병력이 있다고 합니다. 주모자들을 빨리 잡아야겠소. 그러니 지금 출동하지 않으면 안 되겠어." 두 사람은 1970년도에 육군대학 정규과정 동기생으로 이전부터 잘 아는 사이였다. 구명회 대령은 전화를 마친 즉시 작전과장 서 소령과 정보과장 박성빈(3사 2기) 소령을 호출했다.

"이제 곧 부대가 출동할 테니 작전과장은 병력을 연병장에 이동 대형으로 집결시켜 놓고, 정보과장은 선발 정찰대와 함께 사령부로 이동할 도로를 선정하고 부대를 선도하도록 해. 내 생각 같아서는 제2한강교 쪽으로 가는 것이 좋을 듯하니까 참고하도록!" 정보과장 박 소령은 지시를 받고 선발대로 출발했다.

부대가 이동 준비를 거의 마쳤을 때 박 소령이 무전으로 보고해 왔다. "단장님! 지금 저는 제2한강교 남측에 도착했습니다. 그러나 접근할 수가 없습니다. 교량 양쪽의 검문소에서 통행을 차단하고 있어 다리 안에 꽉 찬 차량들이 오도 가도 못하는 상태입니다." "그럼 제2한강교는 포기하고 지금 즉시 제1한강교 쪽으로 가서 그쪽 상황을 보고하라." 얼마 후 박 소령에게 다시 무전이 왔다. 제1한강교도 마찬가지인 상태라는 내용이었다. 바리케이드로 차량을 통제하고 있었을 뿐만 아니라 택시나 버스 등의 차량을 다리 양쪽에 가둔 채 장애물로 이용하고 있었기에 다른 차량들은 다리에 접근조차 할 수 없었다.

구 대령은 하는 수 없이 사령부에 그와 같은 사실을 보고했다. 사령부는 아직 행주대교가 뚫려 있으니 행주대교를 이용하라 전했고, 구 대령은 박 소령에게 행주대교로 가서 상황을 보고하라고 지시했다. 그러나 행주대교에 도착한 박 소령에게서 걸려 온 무전은 생각지도 못한 내용이었다. "지금 박희도 제1공수여단장이 직접 공수여단 병력을 이끌고 행주대교를 건너고 있습니다." 보고를 받은 구명회 야포단장은 경복궁에 있다고 알려진 박희도 여단장이 직접 자기 여단을 이끌고 서울로 진입하고 있다는 것은 수경사 측과 합수부 측의 전투가 개시된 것과 다름없다고 생각했다.

그는 이 사실을 즉시 사령부에 보고했다. "이봐, 작전참모. 큰일 났네. 지금 우리 정보과장의 보고에 따르면 박희도 1공수여단장이 병력을 이끌고 행주대교를 건너고 있다는 거야. 우리가 이용해야 할 행주대교를 1공수여단이 먼저 장악하고 있어서 우리는 병력 수송이 불가능하니 이걸 어쩌나?" 그 연락을 받은 작전참모 박동원 대령은 즉시 나에게 와서 보고했다. 그 말을 듣고 상심했지만, 일분일초를 다투는 상황 속에 망설이고 있을 때가 아니었다.

"그렇다면 야포단은 현 위치에서 모든 포를 경복궁의 30경비단에 조준하고 다음 명령을 대기하고 있으라 해." 작전참모는 사령관의 그런 명령을 구 대령에게 전했다. "사령관님 명령이니까 모든 포를 경복궁에 조준해 두겠지만, 포격은 어려워. 박 대령도 잘 알고 있듯이 야포는 피아가 완전히 떨어져 있지 않은 시가 전에서는 무용지물이야. 더구나 30경비단을 목표로 표적 사격을 하려면 우선 관측 사격이 이루어져야 하는데, 그럼 광화문 일대가 쑥대밭이 됨은 물론 민간인의 피해가 말도 못할 정도로 클 거요. 그러니 포격은 불가능하고 대신 조명탄을 준비해 두겠소." 이와 같은 상황 속에서 야포단의 서울 진입도 실패로 끝났다.

구 대령은 포격 대신 조명탄을 준비해 두겠다고 했지만, 조명탄도 도심지 상공으로 발사할 경우 추진 장치가 쏟아져 내려 행인이 살상되기 쉽고, 민가의 지붕이 뚫릴 위험이 있어 이마저도 대기 상태에 있었다.

반란군 측 정병주
특전사령관 체포

정병주 장군이 연희동 요정에 나와 함께 있다가 총장 공관 총격 사건을 보고받고 황급히 귀대하여 사령부에 도착한 게 밤 9시 무렵이었다. 이미 육군에서 '진돗개 하나'가 발령되었고, 총장 공관의 사태도 알고 있었기 때문에 정병주 장군은 줄곧 집무실에 머물러 있었다. 그가 체포될 때까지 나와는 두세 번 전화 통화를 갖기도 했다.

밤 11시경, 여단본부에 위치해 있던 최세창 제3공수여단장은 전두환으로부터 정병주 특전사령관을 체포하라는 지시를 받았다. 특전사령관을 내버려두면 언제 제9공수여단 병력을 출동시킬지 몰라 불안했기에 그를 제거하려고 한 것 같다.

최세창 여단장은 이날 초저녁에 경복궁 '생일찬지(12·12 거사의 암호명)' 모임에 참석했다가 육본에서 전군에 비상을 내리자 병력 장악을 위해 부대로 돌아왔던 것인데, 이때 전두환은 최 여단장과 특전사 보안부대장 김정용 대령에게 정병주 특전사령관 체포를 지시했다고 한다.

전두환의 전화를 받은 최세창 여단장은 특전사령부 인근에 있는 제3공수여단 예하 제15대대장 박종규(육사 23기) 중령을 불러 정병주 특전사령관을 체포하라는 지시를 내렸다. 박 중령은 즉시 M16 소총으로 무장한 공수대원 10명을 이끌고 특전사령부로 진입했다. 이들은 건물 1층으로 들어서면서 사령관실이 있는 2층을 향해 약 20발의 위협사격을 가하며 중앙계단을 통해 2층으로 올라갔다. 저항하는 자가 있을 시 사살하라는 지시를 받았으나 아무도 저항하는 자가 없었다고 한다. 사령부 상황실에는 실장을 비롯하여 상황장교들이 있었고, 일반참모 및 특별참모들도 각각 자신의 집무실에서 대기하고 있었다. 그러나 수십 발의 위협사격이 가해졌는데도 누구 하나 내다보는 자가 없었다. 후에 밝혀지기로, 이날 밤 특전사령부의 주요 참모들은 사전에 특전사령관 체포 지시가 있다는 귀띔을 미리 받았다고 한다.

박 중령 일행은 누구의 저지도 받지 않고 신속하게 사령관 집무실까지 들어갔으나 내실로 통하는 문이 굳게 잠겨 있었다. 이들은 시건장치를 파괴하기 위해 문고리를 향해 집중사격했다. 그러자 이에 맞서 안에서 몇 발의 총탄이 날아 왔다. 이로 인해 박 중령의 대원 몇 명이 팔 등에 부상을 당하자, 특공대원들은 다시 내부를 향해 집중사격을 가했다. 안에서는 더 이상 저항하는 총탄이 날아오지 않았다. 찰나를 틈타 특공대원들이 문을 밀어젖히고 안으로 진입하니 비서실장 김오랑(육사 25기) 소령이 내실로 통하는 바닥에 쓰러져 있었고, 그 옆에는 권총 한 자루가 놓여 있었다. 특공대원들이 집중사격을 가할 때 저항했던 것은 김 소령이었고, 그들이 두 번째 집중사격을 할 때 총탄에 맞고 쓰러진 듯했다.

다시 한 장교가 내실 문고리를 향해 집중사격을 했고, 권총소리가 한 번 울리더니 이내 잠잠해졌다. 그 순간 박 중령이 내실문을 걷어차고 안으로 들어가니 정병주 사령관이 왼팔에 총상을 입은 채 쓰러져 있었다. 박 중령은 정병주 사령관을 일으켜 세운다음, 피를 흘리며 쓰러져 있는 김오랑 소령을 그대로 지나친 채밖으로 끌고 나와 사령부 현관 앞에 대기하고 있던 지프차에 사령관을 태우고 사령부 영내를 빠져 나갔다.

이처럼 박 중령 일행이 사령관을 연행해 간 뒤 김 소령이 쓰러져 있다는 말을 듣고 제일 먼저 현장으로 달려간 사람은 정 사령관의 부관 장범주(육사 30기) 대위였다. 김 소령은 피를 많이흘렸지만, 아직 맥박이 희미하게 뛰고 있었다. 장 대위는 즉시 김 소령을 사령부 의무대로 옮겼으나 끝내 사망했다.

김 소령은 정 사령관을 체포해 간 박종규 중령과 육사 선후배관계였을 뿐 아니라 영내 관사 아파트에 살면서 가족 간에도 내왕이 잦은 사이였다고 한다. 김 소령이 죽은 후 부인은 이날의 충격과 실의를 딛고 사회봉사활동을 해오다가 1990년도에 12·12 군사반란 주동자들을 상대로 손해배상 청구 소송을 했다. 그러나 어떤 이유에서인지 갑자기 소송을 포기해, 외압이 있었던 것 아니냐는 의혹이 일기도 했다. 이듬해 6월, 부인은 신경안정제를 과다 복용한 후 자비원 건물 옥상에서 추락해 시신으로 발견되었다. 이러한 죽음으로 사회가 다시 한번 충격에 빠진 적이 있다.

한편, 정병주 특전사령관을 체포하여 지프차에 태운 박종규 중령은 그를 보안사 서빙고 분실로 연행했다. 그러나 정 사령관은 과다한 출혈로 쇼크를 보였고, 보안사 본청 내에 있는 국군병원 서울지구로 옮겨져 응급처치를 받고 의식을 되찾았다. 여기서 그는 부관 김오랑 소령이 숨졌다는 사실을 알게 되었다. 정병주 장군은 1980년 1월, 입원해 있던 병원에서 예편 원서를 쓰고 육군소장으로 31년의 군 생활을 마쳤다.

그로부터 몇 년 후 그를 만났는데, 12·12 군사반란 당시 가장 가슴 아팠던 건 자신이 아끼던 세 명의 여단장에게 배반당한 사실이라고 말했다. "최세창, 박희도, 장기오 등은 내가 특전사령관 당시 승진, 보직 문제 등에서 모두 나의 은혜를 입었던 부하였는데, 그들이 날 그렇게 배반할 줄은 몰랐어. 열 길 물속은 알아도 한 길 사람속은 모른다는 것을 그때 실감했지."

정 장군의 말에 따르면, 1974년 특전사령관으로 부임한 뒤 자신의 체포 작전을 직접 지휘한 최세창 중령을 사령부로 전입시켜 작전참모로 데리고 있었을 뿐 아니라 대령 진급과 준장 진급에도 많은 힘을 써 줬다고 한다. 박희도 준장을 제1공수여단장으로 끌어오는 데 결정적인 역할을 한 것도 바로 자신이며, 이때 전두환 계열에서는 육사 11기인 백운택 준장을 여단장으로 밀고 있었다고 한다. 특히, 1978년 충남 광천 지역으로 침투한 3인조 무장공비가 한강 하류의 제1공수여단 경계 지역을 뚫고 북으로 탈출한 사실이 밝혀졌을 때, 박 준장은 이에 책임을 지고 전역해야 할 위기에 놓여 있었다. 이때도 정 장군이 당시 참모총장이던 이세호 장군을 설득해 무마해 주기까지 했다는 것이다.

또 제5공수여단장이었던 장기오는 육사 12기생으로, 동기 중 마지막으로 겨우 별을 달았는데, 이때 정 장군의 입김이 크게 작용했으며 이를 안 장기오가 자신을 찾아와서 특별한 충성을 맹세한 일도 있었다고 한다. 그뿐만 아니라 그날 장군 진급자로 발표된 작전참모 신우식 대령도, 자신이 끌려가는 것을 알면서도 외면했다는 사실에 분개했다. "이러니 세상에 믿을 놈이 없어!" 정 장군은 그렇게 말하고는 오장이 뒤집히는 듯한 한숨을 푹 내쉬었다.

그러고 몇 년이 흐른 1987년 7월 8일 밤, 나는 갑자기 심장마비 증세를 일으켜 인근 강남성모병원에 입원하여 간신히 죽음을 면했다. 그러나 담당의사는 미국에서 수술받을 것을 권했다. 나는 그 말을 듣고 일주일만 여유를 달라고 했다. 수술을 받는다 한들 100퍼센트 산다는 보장이 없었기 때문이다. 내가 갑자기 죽는다면, 12·12 군사반란에 대한 역사의 실상을 영영 남길 수 없을 것이다. 하여 나는 유언을 쓰는 심정으로 이 책의 원고를 써내려갔다.

그로부터 2~3일 후, 내가 입원했다는 소식을 들은 정병주 장군이 문병을 왔다. 그는 내가 이 원고를 쓰고 있다는 사실을 무척이나 반가워하며, 12·12 군사반란의 진상규명에 도움이 될 만한 사항들을 조언해 주겠노라고 했다.

그 당시도 5공 치하였기 때문에 감시의 눈길이 우리 몇 사람을 여전히 뒤쫓고 있었으므로, 극히 말조심해야 했다. 그런데 정장군은 문병을 다녀간 지 수일 후 나에게 편지 한 통을 인편에 보내왔다. 편지에는 두 사람이 역사의 증인으로 건강하게 오래 살아야 한다는 당부와 함께, 12·12 군사반란의 진상규명에 도움이 될 만한 사항이 담겼다. 편지의 내용은 다음과 같다.

장태완 장군에게

오늘 장 장군을 방문한 후 보다 건강하게 살아보겠다는 생각에서 보양탕집을 찾아가 두꺼비(진로소주) 두 마리를 잡아먹고 동생에게 이 편지를 씁니다.

동생이 나보고 형님이라 하니까 동생이라 하기가 무척 부끄럽습니다만 장 장군의 충정을 이해하기 위해서라도…….

심장병이라고 하면 무척 겁을 먹고 있는 것이 일반적인 상식인데 내가 문병을 갔을 때 의사가 퇴원하면 금연과 금주를 하고 절대 안정이 필요하다고 지시한 것을 동생과 함께 들었지만, 동생이 그렇게 실천하고 있을 것으로 믿고 다시 찾지 않았으나 그날 막상 동생을 문병해 보고 나는 너무나 놀랐습니다. 역사의 증언을 위해 수백 페이지에 달하는 12·12 진상을 언제 멎을지 모르는 자기의 심장 상태를 잊은 채 글을 쓰고 있는 것을 보고 크게 걱정이 되어 그때는 차마 말을 못하고 지금 글로 써 보내니 참고하시기 바랍니다.

동생의 육신은 자기 의사대로 얼마든지 할 수 있지만, 그러나 지금은 역사의 증인이라는 것을 명심하시고 그 증언이 끝날 때까지 건강하셔야 하고 모든 사리를 꾀스럽게 처리하시길 부탁드립니다. 그리고 동생의 건강뿐만 아니라 부인의 건강도 돌보아 주십시오. 이것은 인간 정병주가 바라는 동생에 대한 희망입니다. 지금 동생이 취하는 길을 현명한 것이 아니라 만용의 길입니다.

여기에 보내드리는 소책자는 우리를 위한 것보다는 자기(전두환 일당)들을 미화하기 위한 것이라 사건 내용에 있어서 다소 견해차이는 있으나 각자의 부분만 알고 있는 우리에게 참고가 될 것입니다.

특히, 이 책자에서는 사람(군인)이 어떻게 희생되었는지에 대해서는 언급이 없다는 것에 관심을 가져야 할 것이고, 이를 위해서 자료가 더 수집돼야 할 것이나 전부 함구들을 하고 있으니 이를 보완하는 데 앞장서서 활약해야 할 동생이 병중에 계시기 때문에 무척 초조합니다.

내가 자료수집을 위해서 협조해 주실 분들을 조심스럽게 접촉하던 중 이러한 책자(전금성 작가가 쓴 전두환의 전기 『황강에서 북악까지』의 초안)를 얻어낼 수 있었던 것이지만, 그것도 전부는 아니고 관계되는 사건만 얻어냈습니다. 이 책자는 많은 사람들이 뜻을 가지고 읽고들 있었으나 최근에는 무슨 이유인지 출판이 중단되었습니다.

장 장군이 추가로 서술해야 할 점을 아래 정리합니다.

─ 차규헌이 30경비단에 있으면서 내게 전화한 부분. 차규헌이 특전사령관인 나에게 '이리로 오라'고 하기에 '비상이 걸렸는데 지휘관이 어디로 가느냐' 하면서 거기가 대체 어디냐고 물었더니 30경비단장실이라고 했던 말.

─ 제9공수여단장과 통화 중 윤흥기 준장이 '제9사단장 노태우 장군이 우리 9공수여단을 움직여달라고 하는데 어떻게 할까요?'라고 묻기에 '말도 안 된다'고 하면서 내 명령에만 따르라고 강력히 지시했고, 윤흥기 여단장은 끝까지 내 명령에 따랐다는 점.

─ 나는 조사 과정에서 이 문제 관해 무척 조심히 진술했는데, 이는 혹시나 윤 장군이 다칠까 신중을 기하기 위함이었다는 점.

─ 지금도 윤흥기 장군과 접촉하면서 당시의 상황, 그 후의 상황 등에 대해 조심스럽게 전해 듣고 있다는 점. 12·12 군사반란 이후 윤 장군은 한미연합사 작전처 차장으로 있다가 예편했으므로 자료수집에 많은 도움이 되고 있다는 것을 참고하시길 바랍니다.

다시 만나서 이야기할 기회를 가질 수 있도록 하고, 건강을 해치는 움직임은 삼가 해주실 것을 거듭 부탁드립니다. 대인관계와 대화도 서로 조심합니다. 목적하는 바가 성사될 때까지 부디 자중하시고 보안에 유의하시길 바랍니다. 그리고 지난번 심장병 수술을 위해 외국에 나가야 한다니 그때까지 자료수집에 열중합시다.

오늘은 이것으로 그치겠습니다. 그 책자는 필요할 때까지 참고하시고 돌려주십시오. 이 편지는 보시고 곧장 소각하십시오.

정병주 드림

그러나 정병주 장군은 분노를 참지 못하고 불우한 나날을 보내다가 1988년 10월 중순, 평소와 다름없이 집을 나간 뒤 소식이 끊겼다. 그로부터 4개월 후인 1989년 3월 초, 12·12 사태에 관한 증언도 해보지 못하고 경기도 어느 군부대의 빈 숙영지에서 목을 매 숨진 채로 발견되었다. 그는 한 통의 유서도 남기지 않은 채 타계하고 말았다.

심야에 열린
육본 참모회의

12월 13일 0시가 지나면서 상황은 합수본부 측에 유리하게 전개되어 갔다. 내게 잠시 기다려 보라고 한 뒤 한참 동안 각 군 사령관에게 전화를 걸어 본 윤성민 참모차장의 얼굴에는 절망이 가득했다. 한동안 생각에 잠겨 있던 그는 좌중의 참모들을 향해 입을 열었다. 그렇게 윤성민 참모차장의 주재로 육본 참모회의가 열렸다.

"내가 방금 제1, 제3군사령관과 통화를 했습니다. 제3군의 제26사단 및 수도기계화사단, 그리고 제1군의 제11사단 등 전방사단 병력들은 장관의 지시 없이는 움직일 수 없다고 합니다. 우리가 병력 동원 문제를 어떻게 타개할 것인지 참모들의 의견을 모아보겠소. 먼저 천 장군부터 말해 보시오." 그러자 인사참모부장 천주원 장군이 입을 열었다. "오늘 밤 전개되고 있는 상황을 보니 저쪽에서 5·16 쿠데타보다 훨씬 장기간, 그리고 아주 치밀하게 준비해 온 것 같습니다. 그런데 우리는 전혀 무방비 상태에서 기습을 당했고, 이제 저항해 봐야 소용 없을 것 같습니다."

나는 그 말을 듣고 화가 머리끝까지 치올랐다. "아니, 천 선배님! 말을 바로 하시오. 그래서 병력을 동원하지 말자는 말입니까?" 그러자 참모차장이 말을 가로막았다. "장 장군. 윽박지르지 말고 자유롭게 의견을 들어봅시다. 황 장군의 의견은 어떻소?" "병력을 동원할 수 있으면 해야지요. 그러나 현재 우리에게는 별다른 방법이 없습니다. 지금과 같은 상황에서는 병력을 동원하기가 어렵다고 봅니다." 정보참모부장 황의철 장군의 말에 이어 작전참모부장 하소곤 장군이 덧붙였다. "병력을 동원할 수 있다면 동원해야겠지요. 그러나 지금 하급 부대에 명령이 먹히질 않습니다. 우리가 여기서 명령을 내려 봤자 저쪽의 방해 공작으로 병력들이 움직이지 않을 겁니다." 하나같이 병력을 동원하기 어렵다는 입장이었다.

그러자 군수참모부장 안종훈 장군이 입을 열었다. "이번 쿠데타가 치밀하게, 그리고 오래전부터 계획된 것이어서 진압이 어렵다고 치더라도 우리는 국민의 군대요. 군의 사명에 따라야 할 고위 장성들이 저만 살겠다고 쿠데타군에 손을 들 수는 없지 않습니까? 군인은 사명과 명예를 지키기 위해 생사를 걸어야 한다고 생각합니다. 나는 장태완 장군의 병력 동원 요구에 이유는 필요하지 않다고 생각하면서 찬성합니다." 나는 안 장군의 그 말이 무척 고마웠다. 이어 민사군정감인 신정수 소장이 "쿠데타를 막아야 한다는 데는 이의가 없습니다. 그러나 박 대통령이 시해되어 어수선한 정국에 아군끼리 서로 충돌해서는 안 된다고 생각합니다"라고 의견을 냈다.

이처럼 참모회의에서 토론이 진지하게 진행되고 있는데, 바로 옆 남산기슭에 자리 잡고 있는 중앙정보부에서 내게 전화를 걸어왔다. 육군 참모차장으로 있다가 10·26 시해사건 이후 중앙정보부장서리가 된 이희성 장군의 전화였다. "여보게! 지금 당신 부대에서 뭐 하고 있소? 전차소리가 요란하던데 혹 저쪽(합수부)을 공격하려고 하는 것 아니오?" 무척 당황한 듯한 말투였다. 나는 분개했다. "아니, 부장님! 제가 초저녁부터 저놈들의 장난질로 참모총장님이 납치되고, 국방장관님은 행방불명이니 진압 부대를 동원해달라 부탁드렸을 때 부장님이 긍정적인 답변을 주시지 않으셨습니까? 왜 인제 와서 그런 섭섭한 말씀을 하십니까? 저놈들의 병력은 수개 사단의 전투력을 능가하는 각종 부대로 편성되어 있고, 서울로 진입하고 있다고 하는데, 저보고 이대로 앉아서 가만히 당하고만 있으란 말씀입니까? 도대체 부장님은 누구 편입니까?"

나는 그런 사람과 더 이상 말할 필요가 없어 수화기를 내려놓고 자리를 박차고 일어나 육본 측 참모들을 향해서 한마디 했다. "이젠 좋을 대로 하십시오. 나는 지금 전차를 몰고 가서 30경비단과 보안사를 모두 불바다로 만들어 놓고 최후의 돌격을 해보겠습니다." 나는 최후의 돌진밖에 답이 없다고 생각했다.

2층 사령관 집무실에서 아래층으로 뛰어내려와 대기하던 전투용 지프차에 올라탔다. 수경사 정문 입구에서 아스토리아호텔 쪽 도로를 따라 병력을 태운 트럭과 TOW 중대, 전차 네 대가 차례로 늘어서 대기하고 있었다. 트럭에 탑승해 있는 병력은 약 100명이었다. 행정병과 수송부 요원 및 취사병들까지 끌어모은 병력이었다.

나는 전차 네 대를 앞세워 경복궁으로 밀고 들어가 보안사 건물과 30경비단에 전차포, 106밀리 무반동총, TOW 미사일, 3.5인치 로켓포를 집중적으로 퍼부은 뒤 병력을 투입해 쿠데타 주모자들을 체포 또는 사살할 계획이었다. 내가 그들로부터 사살되는 한이 있어도 군과 국민에 대한 책임은 이 길밖에 없다고 생각했다. 북악산에 배치된 경계용 헬기를 동원해 보안사와 30경비단에 최루탄과 수류탄을 투하하는 것도 검토했으나 헬기 부대장이 밤이라 건물 접근이 어렵다고 하여 이 방법은 취소했다.

나의 TOW 중대 동원에 일부 참모들이 반대했었다. TOW 미사일은 발사된 후 탄두 꽁무니에 연결되어 있는 가는 유선으로 유도하여 목표물을 맞히도록 되어 있는데, 시가지에서는 장애물이 많아 그 유선이 끊어지기 쉽다. 이 경우 유도탄이 엉뚱한 곳에 떨어질 수 있다. 그러나 나는 TOW 중대 동원을 고수했다.

육탄전을 각오한 마당에 가능한 모든 화력을 동원해야 한다는 것이 내 의견이었다.

지프차에서 내린 나는 대열 후미에 위치한 병력 대열에서부터 전투 임무 숙지 상태와 장비를 점검하여 대열 선두로 나갔다. 그런데 나보다 앞서 대열을 확인하고 있던 비서실장 김수탁 중령이 헐레벌떡 뛰어왔다. 그러고는 나의 귀에 대고 다급하게 말했다. 전차 소리 때문에 말소리가 똑똑히 들리지 않았으나 이런 내용이었다. "사령관님! 제가 지금 저 앞의 전차소대 쪽에 갔더니 30경비단 편에 있는 전차대대 본부에서 사령관님을 사살하라는 무전이 계속해서 들어오고 있습니다. 빨리 자리를 피하셔서 사령부로 돌아가셔야겠습니다. 우리의 최후 공격 주력이 바로 저 전차 네 대뿐인데, 저놈들이 저러니 나머지 행정 병력만 가지고 어찌시겠습니까. 이제 모든 게 끝난 것 같습니다. 그러니 사무실로 올라가셔서 사후 정리를 하시는 편이 좋겠습니다." 김수탁 비서실장의 말을 듣고 나서 잠시 멍하니 서 있었다.

'이제 수도경비사령부는 내 부대도 아니고 내 부하들도 아니구나. 취임한 지 불과 24일밖에 안 되었지만, 그래도 나의 부대라고 믿었던 것부터 내 착각이었군. 군의 지휘체제를 송두리째 마비시킨 하나회란 사조직이 독버섯처럼 군 내부에 도사리고 있는한 이런 쿠데타가 반복될 게 아닌가!' 나는 이렇게 생각하면서 비서실장의 건의대로 집무실로 돌아갔다. 이때가 12월 13일 새벽 1시 30분경이었다.

그리고 나는 충격적인 두 가지 소식을 접했다. 하나는 제1공수여단이 국방부와 육군본부 등을 완전히 점령했다는 것이다. 이때 국방부 옥상에 배치되어 있던 수경사 방공포병단 벌컨포 1개 분대가 국방부로 접근해 오는 제1공수여단을 향해 무차별 사격하여 여러명이 사살된 것 같다는 보고였다. 나중에 알고 보니, 합수본부 측에서 국방부와 육군본부를 점령할 때 계엄군의 저항을 받지 않기 위해 국방부 보안사 파견대장에게 '제1공수여단이 비상계엄부대로 국방부와 육군본부 경계를 위해서 증원을 나오니 초소를 교대할 준비'를 하라고 사전 공작까지 끝냈는데, 국방부 옥상에 배치된 벌컨포에는 미처 전해지지 않았던 것이다.

이 불행하고도 긴 1979년 12월 12일 밤 8시부터 내가 작전 기능을 상실한 12월 13일 새벽 3시까지, 사단급 이상의 전투력을 보유하고 있는 수도경비사령부를 지휘하고 있는 나의 부하로서 반란군에 사격을 가한 것은, 발사 동기는 차치하고 오로지 국방부에 있던 벌컨포 하나뿐이었다.

전두환을 중심으로 한 하나회 사조직 관리자들은 12·12 군사반란 이전부터 상당한 시간에 걸쳐 군 인사 기강과 질서를 흐리면서 수도권에 있는 보안사, 수경사, 특전사, 청와대 경호실, 주요 부대의 지휘관과 핵심 참모들을 모두 하나회 회원으로 배치했다. 그리고 박 대통령을 비롯한 후원 세력의 비호하에 실질적인 군권을 치밀하게 장악해 오다가 10·26 시해사건이라는 뜻밖의 국가통치 기능 마비 사태를 맞이하게 되었다. 이 기회에 그들은 은밀히 추진해 온 정권 인수 또는 찬탈을 위해 선행 요건인 군권 장악 행동에 나선 것이다.

또 하나는 지난밤 11시 50분경 특전사령관 정병주 장군이 제3공수여단의 부하 장병들의 손에 이끌려 체포되고 비서실장 김오랑 소령이 총격전에서 전사했다는 슬픈 소식이었다. 그나마 나에게 힘이 되어주었던 정병주 사령관이 체포됐다는 보고를 접한 순간, 나는 사지가 모두 찢기는 듯한 절망감을 느꼈다.

5장

12·12 군사반란 그 이후

반란군 측 제1공수여단
서울 진입

12월 13일 0시 10분경, 박희도 여단장의 차를 선두로 여단본부를 출발한 제1공수여단의 차량 대열은 행주대교로 접어들었다. 성판을 단 박희도 여단장의 지프차는 개화 헌병초소에서 아무런 제지도 받지 않고 통과됐다. 그러나 뒤따라오던 병력 차량들은 헌병의 제지를 받고 움직이지 못했다. "야, 이놈들아! 계엄군의 추가 배치 명령을 받고 이동 중인 병력이야. 빨리 바리케이드 치우고 통과시켜!" 후속 차량이 멈춘 것을 본 박희도 여단장이 차를 돌려 초소로 가 헌병에게 소리쳤다. 헌병은 "그렇게는 안 됩니다. 군단 주번사령실에 일단 보고한 다음 통과시켜 드리겠습니다"라고 대답했다.

이 초소는 수경사 관할이 아니라 차규헌 장군의 수도군단 관할이었다. "그러면 늦어서 안 돼 이놈들아. 빨리 통과시켜!" 박희도 여단장이 다시 큰소리로 헌병을 힐책하자마자 공수부대 병력이 트럭에서 뛰어내려 바리케이드를 강제로 치우고 트럭을 움직이기 시작했다. 그러나 초소는 행주대교 북단에도 있었다. 이곳은 제30사단 관할 초소였다.

나는 이 일을 예견하고 제30사단장 박희모 장군에게 여러 차례 전화를 걸어 병력 동원 요청과 함께 쿠데타 측 병력이 행주대교와 구파발 지역을 통과할지 모르니 저지시켜 줄 것을 당부했다. 그리고 이건영 제3군사령관도 당초에 같은 지시를 내렸던 것으로 알고 있다.

그러나 보안사령부의 정도영 보안처장으로부터 정승화 총상 연행의 불가피함과 육본 측의 병력 동원 지시에 따르지 말라는 전화를 받은 사단장은 어떻게 대처해야 좋을지 판단을 내리지 못하고 있었다는 것이다. 그러다 그는 합수본부 측의 지시를 따르기로 하고 서울로 통하는 사단 관할 지역의 주요 통로는 물론, 각 초소에도 병력을 증강하지 않았던 것이다. 만약 내가 당부한 그대로 행주대교와 구파발 지역을 봉쇄해 주었더라면 제1공수여단과 제9사단, 제2기갑여단이 그리 쉽게 서울로 진입하지 못했을 것이다.

제1공수여단은 행주대교 북단에 있는 초소에서도 역시 제지를 받았다. "진돗개 하나 비상으로 긴급 출동하는 병력이다. 빨리 바리케이드 치워!" 박희도 여단장이 초병들에게 명령했다. 그러나 초병들은 사단에서 아무런 지시를 받지 못했다고 하면서 박희도 여단장의 지시에 따르지 않았다. 이에 화가 난 박희도는 각 대대장들에게 즉각 전 대원들에게 탄약을 지급하고 만일 저항하는 자가 있으면 사격하라고 지시했다. 그리고 개화 초소처럼 스스로 바리케이드를 치우고 20여 분 만에 모든 여단 병력이 행주대교를 통화했다. 이어 차량 대열은 능곡검문소에 도착했다. 이곳도 경계가 엄한 데다 끝내 공수단 측의 말을 들어주지 않자 초소 근무자들을 무장해제시키고 장애물을 제거한 뒤 통과했다. 이들은 수색검문소에서도 같은 수법으로 통과한 다음 곧장 육본과 국방부로 향했다.

한편, 보병 제9사단 참모장 구창회(육사 18기) 대령은 12일 밤 11시경, 30경비단장실에서 대기하고 있던 노태우 사단장으로부터 지금 즉시 제29연대를 중앙청 앞으로 출동시키라는 전화 연락을 받았다. 총리 공관에서 나와 유학성, 황영시, 차규헌 장군 등과 함께 합수본부에 가 있던 백운택 준장이 노태우 소장에게 요청했기 때문이다. 사단장의 전화를 받고 난 구 대령은 즉시 제29연대장 이필섭(육사 16기) 대령에게 지시를 전달했다. 그리고 이와 같은 시각 합수본부에 있던 제1군단장 황영시 중장은 이상규(육사 12기) 제2기갑여단장에게 직접 전화를 걸어 전차 1개 대대를 중앙청 앞으로 출동시키라고 지시했다.

그리고 이보다 조금 후에는 제30사단 90연대에 대한 출동 명령도 하달되었다. 합수본부 측에서는 박희모 사단장과 제90연대장 송응섭(육사 16기) 대령에게도 병력 동원을 지시했다.

제3군사령부 예하인 이 부대들은 합수본부 측의 지시를 받기 전에 이미 이건영 제3군사령관으로부터 자신의 육성 명령이 없는 한 절대 병력을 출동시키지 말라는 지시를 받은 상태였다. 그러나 이들 부대는 군사령관의 지시를 무시하고 제1군단장의 명령에 따랐다.

제29연대는 예비 연대 중 하나였으나 1개 대대가 한강 하류 지역의 경계 임무를 담당하고 있었다. 이 연대에 출동 명령을 지시한 연대장 이필섭 대령은 노태우 사단장의 두터운 신임을 받고 있었으며, 노태우 역시 그러한 연유로 제29연대를 동원한 것으로 알려졌다. 지시를 받은 제29연대는 출동 준비를 서둘렀다.

그리고 제9사단과 거의 같은 시각에 출동 지시를 받은 제2기갑여단장은 영내 대기하고 있던 제16차전차대대장 김호영 중령에게 즉각 출동 준비를 하라고 지시했다. 이에 따라 제16차전차대대는 무엇 때문에 출동하는 것인지 제대로 된 상황도 모르면서 포탄 탑재 작업에 들어갔고, 각 전차마다 10여 발의 포탄을 탑재한 뒤 서울을 향해 출동했다.

그런가 하면 같은 시각에 병력을 만재한 제29연대의 차량 대열도 연대를 떠나 서울로 진격을 서둘렀다. 이렇게 출동한 제29연대와 제16차전차대대는 일단 벽제에서 합류한 뒤 전차대대가 선두에 서서 서울로 진격해 들어왔다. 이 대열은 제1군단이 관할하고 있는 삼송리까지 별다른 어려움없이 통과했으나 수도경비사령부가 관할하고 있는 구파발 검문소만은 쉽게 통과할 수 없었다.

이곳을 지키고 있는 수경사 헌병들은 바리케이드와 쇠못이 솟은 철판을 깔아 놓고 방어선을 구축하고 있었다. 그뿐만 아니라 양쪽에 설치된 방벽 위에는 수십 정의 벌컨포가 배치되어 있었다. 기갑여단과 제9사단의 차량 대열은 이 앞에서 멈출 수밖에 없었다. 만일 밀어붙였다가는 벌컨포의 집중 사격을 받아 숱한 사상자를 낼 것이 뻔했다. 차량 대열은 여기서 우회할 수도 있었지만, 그런다면 지정된 시간 내에 지정된 장소에 도착할 수 없었다. 합수본부 측에서 새벽 3시까지 구파발 검문소를 통과하라는 지령을 내렸던 것이다.

하지만 수경사 헌병들은 승인 없는 병력과 장비의 통과를 완강하게 거부했다. 이에 황영시 제1군단장의 지시를 받고 있던 제1군단 헌병참모가 검문소장 김 중위에게 달려가 설득했고, 기갑여단의 전차대대가 마침내 구파발 검문소를 통과하기 시작했는데, 이때가 새벽 3시 15분경이었다고 한다. 뒤이어 제29연대 병력이 이곳을 통과하여 중앙청 앞으로 향했다. 그리고 얼마 후에는 제30사단 제90연대 병력도 송응섭 대령의 지휘하에 구파발을 통과하여 세검정, 북악터널을 거쳐 고려대학교 뒷산으로 집결했다. 이것은 의정부 쪽에서 서울로 진입하는 것을 저지하기 위한 조치였다고 한다.

이처럼 합수본부 측은 서부전선을 방어하는 핵심적인 전투

부대인 제9사단 제29연대와 제2기갑여단 1개 전차대대, 제30사단의 1개 연대 병력을 멋대로 동원했다. 국가의 안보보다 자신들의 정권 찬탈이 더욱 중요했던 것이다. 만일 북한이 12·12 사태의 공백을 이용하여 대규모 기계화부대로 전격전을 감행해 왔다면, 예비 병력 부족 등으로 서부전선에 심각한 타격을 입었을 것이다. 특히 서부전선의 이들 부대는 한미연합사의 작전 통제하에 있었으며, 작전상에 있어서도 매우 중요한 작전 개념을 지닌 부대였기 때문에 미군 측에서 이를 알고 강력하게 항의한 것으로 알고 있다.

반란군 측 육본·국방부
완전 장악

제1공수여단 병력이 삼각지로 진입하기 얼마 전, 그동안 미 제8군 벙커에서 두문불출하던 노재현 국방장관은 어느 정도 사태의 진상을 파악하게 되자 합참의장 김종환 대장과 함께 국방부 집무실로 돌아왔다.

그는 수습책을 강구하기 위해 제8군 사령부 내에 있는 연합사 부사령관 유병현 대장과 전두환 보안사령관에게 전화를 걸어서 빨리 국방부로 들어올 것을 지시했다. 이때 장관실에는 김용휴 국방차관, 방산차관보 이범준 중장, 777부대장 김용금 중장, 합참 작전국장 이경율 소장 등이 모여 있었다.

장관과 합참의 고위 장성들은 국방부로 오겠다고 약속한 전두환 보안사령관을 기다리고 있었다. 그러나 전두환은 도착할 시간이 지났는데도 나타나지 않았다. 그 와중에 삼청동 공관에서 최규하 대통령이 노재현 국방장관을 찾는 전화가 걸려 왔다. 노 장관은 급히 전화를 받았다. 국가의 운명이 걸린 비상사태에 군 통수권자인 대통령과 그로부터 통수권을 위임받아 실제로 지휘해야 할 국방장관 사이에 연락이 사태 발생 이후 6시간 만에 이루어진 것이다.

최 대통령은 즉시 공관으로 와서 상황을 설명할 것을 지시했고, 장관은 공관으로 떠날 준비를 했다. 바로 이때, 국방부 청사 옥상에서 벌컨포 사격 소리가 요란하게 울려퍼졌다. 새벽 1시 35분경의 일이다. 국방부 청사 점령을 담당한 제1공수여단 5대대가 국방부로 진입하기 위해 경비병들을 제압하고 바리케이드를 치우려고 하는데, 국방부 옥상에 있던 수경사 소속 벌컨포가 사격을 가한 것이다.

앞에서도 기술했지만, 이날 밤 국방부 청사 위의 벌컨포 진지는 공수부대 병력들이 접근해 올 경우 지상 저지 사격을 하라는 사령부의 지시를 받고 있었다. 그러나 이보다 앞서 국방부 보안부대장 김병두 대령은 전두환 보안사령관으로부터 제1공수여단 병력이 그곳에 도착하니 국방부와 육본에 연락하여 계엄군의 추가 배치 병력이라 둘러대고 쌍방 간 충돌이 없게 하라는 지시를 받았다. 김 대령은 즉시 육본 본부사령실과 국방부 당직실에 연락했으나 국방부 청사 옥상에 있는 벌컨포 1개 분대에 대해서는 신경을 쓰지 않았다. 이 초소가 방공용이고 지상 사격은 각도가 맞지 않으니 제1공수여단이 진입하는 데 지장이 없을 거라고 판단했던 것이다.

이에 대대장 박덕화 중령이 앞장서서 바리케이드를 제거하고 청사로 돌진했고, 일부 병력은 정문 헌병 19명의 무장을 해제하고 위병소에 감금한 후 정문 초소를 완전히 장악했다. 그러나 청사 안에 있던 경비병들이 청사 건물로 접근하는 공수부대 병력을 향해 산발적으로 총격을 가했다.

한편, 육본 본부사령실 쪽으로 진격하던 공수여단 제1대대는 본사 정문 초소에서 진입을 저지당했다. 여기서도 초소 경비병들의 무장을 해제한 다음 바리케이드를 제거하고 진입했다. 박희도 여단장은 제2대대 병력과 함께 본부사령실로 곧장 갔고, 제1대대 병력들은 육본 벙커를 점령하기 위해 접근했다. 그러자 벙커 안에서 총격을 가해 왔고, 공수부대 병력들도 응사를 했다. 이 교전에서 공수부대원 한 명이 총상을 당했다. 총격전 끝에 공수부대원들은 벙커 입구 근무자 네 명을 체포했으나 벙커 입구가 철제문으로 굳게 닫혀 있어서 안으로 들어갈 수 없었다. 그 사이에 제1대대의 나머지 병력들은 육본 본사 막사와 헌병대 막사를 점령하고 잔류 병력의 무장을 모두 해제시켰다. 그리하여 육본 본사 지역은 공수여단의 수중에 완전히 들어가고 말았다.

공수여단 제5대대가 국방부 정문 경비헌병들을 감금시키고 정문을 완전히 장악했을 때, 국방장관으로부터 국방부로 들어오라는 지시를 받은 유병현 한미연합사 부사령관이 대장 성판이 달린 승용차를 타고 정문 쪽으로 접근해 왔다. 그러자 공수부대 병력들이 '정지' 명령을 하면서 사격까지 가해 승용차를 세웠다.

유병현 장군은 총격을 가한 공수여단 병력들을 나무란 뒤 신분을 밝히고 장관의 명으로 왔다며 안으로 들어가야 한다고 했다. 공수대원들이 길을 열어주자 유 장군은 청사 정문까지 올라가 차에서 내린 뒤 2층에 있는 장관실로 올라갔다. 유 장군이 막 장관실로 들어갔을 무렵 제5대대 병력들이 국방부 청사 앞에서 1층 사무실 유리창을 향해 무차별 사격을 가했다. 청사 안에서도 몇 명의 헌병들이 총을 쏘면서 산발적인 저항을 했다.

여기서 제5대대장 이덕화 중령은 부대대장 최우영 소령에게 국방부 쪽의 벙커를 점령하라는 명령을 내렸다. 최 소령은 즉시 15지역대에 벙커 공격 명령을 하달했다. 15지역대는 건물을 돌아 뒤편 벙커 입구로 돌격했다. 벙커 입구에서 헌병 두 명이 응사하며 저항했고, 공수부대원들은 계속해서 사격했다. 헌병 하나가 벙커 쪽으로 뒷걸음을 치다 목 부분에 총을 맞고 즉사했다. 숨진 헌병은 국방부 헌병부대 소속 정선엽(헌병 374기) 병장이었다. (그는 다음날 새벽 벽제 화장터에서 정병주 특전사령관 체포 과정에서 사살된 특전사령관 비서실장 김오랑 소령과 한남동 총장 공관에서 숨진 33헌병대 소속 헌병병장 등과 화장된 뒤 국립묘지에 묻혔다. 12·12 군사반란 후 군 당국은 희생자가 김오랑 소령 한 명이라고 발표했으나 실제 희생자는 세 명이었다.)

잠시 후 최 소령은 청사 내로 진입을 시도했다. 그러자 청사 안에 있던 헌병들이 사격을 가해 왔다. 이때 공수여단 하사 한 명이 손에 총상을 당하고 중대장이 유리 파편에 얼굴을 맞아 피투성이가 되었다. 그러나 이들은 안으로 잠긴 현관문을 향해 M16로 집중 사격을 가해 파괴시킨 다음 청사 안으로 돌입했다. 일부 병력들은 사무실을 수색하면서 병력들의 무장을 해제시키고 일부 병력들은 2층 장관실로 뛰어 올라갔다.

장관실 내에 있는 부속실과 접견실에는 합참의장 김종환 대장, 한미연합사 부사령관 유병현 대장 등 국방부와 합참의 고위 장성 10여 명과 7~8명의 경비 헌병들이 남아 있었다. 공수여단 병력들은 안으로 걸어 잠근 부속실 문에다 집중 사격을 가했다. 이 총격으로 부속실에 걸려 있던 대형 거울이 총탄에 박살나고 부속실에 있던 장성들 머리 위로 총탄이 날아들었다.마침내 공수대원들은 군화발로 부속실 문을 부수고 안으로 뛰어들었다. 하지만 노재현 국방장관은 자리에 없었다. 그가 삼청동 총리 공관으로 떠날 채비를 할 때, 청사 밖에서 총소리가 나자 황급히 수행부관 한 명만 데리고 어디론가 몸을 피해 버린 것이다.

공수부대 병력들은 먼저 부속실에 있던 장성들과 헌병들을 무장해제시킨 다음 김종환, 유병현 대장이 있는 접견실로 뛰어들어 갔다. 이때 유 대장은 접견실로 뛰어든 대위급 장교에게 어디 예의도 없이 장관실에 총격을 가하느냐며 호통친 다음 너희 여단장이 어디 있는지 전화를 대라고 소리쳤다. 새벽 2시 50분경 유 대장과 박희도 여단장의 전화가 연결되었다.

유병현 대장은 왜 총격전을 벌이느냐고 나무란 뒤 총격전이 더 이상 확산되지 않도록 사태를 수습해야 하니 빨리 오라고 했다. 이때 박희도 여단장은 육본 본부사령실에서 본부사령 황관영 준장과 상황처리와 사태 수습 방법을 논의하고 있었다고 한다.

박희도 여단장은 국방장관실로 가기에 앞서 전두환 합수본부장에게 전화해 유병현 대장을 만나러 간다고 알렸다. 이때 전두환은 국방장관을 모시고 삼청동 공관으로 가기 전에 보안사에 들르라고 지시했다고 한다. 그는 국방부로 가서 김종환, 유병현 대장을 만났을 때, 김종환 대장이 북한을 눈앞에 두고 우리끼리 총질해서 되겠느냐고 나무라자 병력이 진주하게 된 불가피성을 설명하고 대통령의 결재를 얻어서 수습하면 될 것이니 빨리 장관을 찾아야 한다고 말했다고 한다. 그러나 노재현 국방장관의 행방은 여전히 묘연하여 찾을 길이 없었다. 삼청동 공관과 합수본부 측에서 국방장관을 찾기 위해 사방에 독촉 전화를 걸었다. 이때 유병현 대장은 북한의 동태를 살피겠다며 미8군 벙커로 돌아갔다.

김용휴 국방차관은 국방장관의 행방을 알기 위해 이리저리 연락을 돌리고 있는 박희도 여단장에게 말했다. "장관께서도 아까 보안사령관과 통화를 가진 뒤 합수본부 측의 조치를 이해하고 삼청동 공관으로 떠나려고 막 채비하던 중이었소. 때마침 총소리가 나서 몸을 피하신 것 같은데, 장관님만 찾으면 사태를 곧 수습할 수 있을 것이오." 이어 그는 장관이 멀리 가지 못하고 청사 내에 있을 테니 함께 찾아보자고 말했다.

김 차관은 박희도 여단장과 함께 장관을 찾기 위해 국방부 지하 벙커로 내려갔다. 내부를 이리저리 수색하며 찾아봤으나 허탕이었다. 국방부 보안부대장 김병두 대령도 공수부대 병력으로 수색조를 편성하여 장관 찾기에 나섰으나 이 역시 소용이 없었다. 이런 상황에 다급해진 것은 전두환 합수본부장이었다. 그는 박희도 여단장에게 빨리 찾으라고 독촉 전화를 걸면서 국방장관을 찾으면 자신이 직접 국방부로 모시러 가겠다는 말까지 했다고 한다.

이처럼 국방장관 찾기에 혈안이 되어 있을 때, 제1공수여단보다 한발 늦게 출동 명령을 받은 제5공수여단이 장기호 여단장의 지휘하에 성산대교를 건너 삼각지에 도착했다. 이때가 12월 13일 새벽 3시 30분이 조금 지난 뒤였다. 그러나 국방부와 육본이 이미 제1공수여단에 의해 완전히 장악되어 있었기 때문에 효창공원 쪽으로 이동하여 대기했다.

노 국방장관,
의문의 '상황 중지' 명령

내가 합수부 측에 대한 최후 돌격을 포기하고 집무실로 다시 돌아온 직후, 그렇게 애타게 찾았던 노재현 국방장관으로부터 전화가 걸려 왔다. 이때가 12월 13일 새벽 3시경이었다. 이미 반란군 부대에 의해 서울이 완전히 장악되고 있을 무렵이었다. 즉, 반란군은 망우리와 의정부 방면에서 반란군 진압을 위해 출동할지 모르는 제26사단 및 수도기계화사단의 서울 진입을 저지할 목적으로 제20사단과 수색에서 출동한 제30사단 예하 제90연대를 태릉과 고려대학교 뒷산에 배치했고, 제9사단에서 출동한 제29연대와 제2기갑여단의 1개 전차대대는 서울의 중심지인 중앙청 일대에, 30경비단과 33경비단 및 헌병단 등 3개 경비단은 경복궁에 집결시켜 기동타격대로 활용할 태세를 갖추고 있었다.

그런가 하면 강남에서 진입한 제1공수여단은 국방부와 육군본부에, 제3·제5공수여단은 장충동과 동국대학 일대에 배치하여 기동타격 및 경계 부대 임무를 부여하는 등 서울 일원을 완전히 장악하고 진압 부대의 예상 통로 차단을 거의 완료한 상태였다. 이러한 상황에서 걸려 온 전화라 나는 매우 비통한 심정으로 수화기를 들었다. "야 장태완! 넌 왜 자꾸 싸우려고만 하나!" 장관의 첫마디였다. "장관님! 무슨 말씀인지 모르겠지만, 제게 무슨 병력이 있어야 싸우지요. 저놈들이 언제 쳐들어올지 모르니 다만 자체 방어태세만 갖추고 있을 뿐입니다." "야. 말로 해, 말로!" "아니, 저놈들이 초소를 유린하면서 부대를 공격해 들어와도 말입니까?" 나는 더 이상 말할 필요가 없다고 느껴져 "그러시다면 지금부터 어떻게 하라는 지시를 장관님께서 내려주십시오. 지금이라도 지원 병력을 출동시켜 주시겠습니까?" "말로 하란 말이야. 피를 흘려서는 안 된단 말이야." "피 흘린 것도 없지만, 이젠 다 끝났습니다. 병력들이 다 저쪽으로 넘어가고 여기는 전투 병력이 없습니다. 지시를 내려주십시오. 하라는 대로 하겠습니다." "병력들을 철수시키고 상황을 끝내도록 해!" "알겠습니다. 그것이 장관님의 명령이시라면 그대로 따르겠습니다. 장관님! 제가 복명복창을 하겠습니다. 이 시간부로 상황을 끝내겠습니다!" 나는 그렇게 말하고 전화를 끊었다. 그리고 같은 방 안에 있던 참모차장과 육본 참모부장들을 향해서 12월 13일 03시부로 상황을 끝내겠다고 보고했다.

정승화 총장 공관에서 총격전이 시작된 이후 무려 8시간 동안이나 나타나지 않고 있던 노재현 국방장관이 사태가 합수본부 측으로 완전히 기운 때에 나타나서 상황중지 명령을 내리니, 나는 그의 저의에 큰 의문을 가지면서 복장이 터지는 아픔을 느꼈다. '이제 이것으로 모든 게 다 끝났구나.' 나는 한숨을 내쉬고는 임시 사무실로 쓰고 있던 접견실로 갔다. "참모장! 사령부에 남아 있는 전 참모들을 집합시키시오." 나는 김기택 준장에게 그리 지시하고 나서 잠시 나의 군 생활을 어떻게 끝마칠 것인지 생각했다.

곧 참모장을 비롯한 작전참모 박동원 대령, 인사참모 이진백 대령, 반공포단장 황동환 대령 등 몇 안 되는 참모들이 접견실로 모였다. "여러분들 오늘 밤 고생 많았고, 이제 9시간 동안의 상황은 모두 끝났소. 군인은 승부에 깨끗해야 하는 거요. 특히 오늘 밤에 있던 이 일은 먼 훗날 역사가 평가해 줄 것이고, 여러분들의 문제는 내가 전부 책임질 테니까 조금도 걱정하지 말아요. 여러분은 내 성격을 잘 알 테지만, 나의 면전에서 명령에 불복했다면 총살당했을 것이오. 그러니 사령관이 시키는 대로만 했다고 말하면 아무런 일이 없을 거요."

나는 그렇게 전하고, 국방장관의 지시로 상황을 종료하는 것이므로 오전 3시를 기해 일체의 전투 행위와 사격을 중지할 것을 지시했다. 특히 무장했던 병력들을 철수시킬 때 오발사고가 나지 않도록 하고, 전 한강 교량 상의 바리케이드는 새벽 4시 통금

해제 시간과 함께 철거하여 통행을 정상화시킬 것을 당부했다.

"내가 수경사령관으로 부임한 이후 극히 짧은 기간이었지만, 나에게서 기합도 많이 받았고, 일도 많이 하면서 고생이 많았습니다. 여러분들의 이해를 바라면서 내일이면 후임 사령관이 부임할 것이므로 잘 모시도록 당부합니다. 끝으로 여러분과 여러분의 가정, 그리고 전 부대 장병들의 건투와 행운을 빕니다."

나는 간단한 고별인사를 마치고 육본 지휘부가 머물러 있는 나의 집무실로 향했다. 그리고 윤성민 차장에게 "장관님 지시에 따라 12월 13일 오전 3시부로 일체의 전투 행위와 사격을 중지시키고 모든 부대를 원상으로 복귀 조치하도록 했습니다"라고 보고했다. 나의 보고를 받은 윤성민 차장은 곧 합수본부 측의 유학성 장군에게 전화를 걸어 상황종료 내용을 전했다.

잠시 후 오전 3시 10분경, 전두환 보안사령관이 윤성민 차장에게 전화를 걸어왔다. 언뜻 들으니 참모총장, 3군사령관, 수도경비사령관의 연행 조사를 노재현 국방장관이 승인하지 않고 있다는 말인 듯했다. 나는 그 말을 듣고 나서 내 집무실로 갔다. 아직 몇몇 참모들이 남아 있었다. "그동안 수고들이 많았는데 이젠 돌아가서 일들을 봐요." 그러나 참모들은 돌아가지 않고 침통한 표정으로 서 있었다.

반란 주도 세력의 등장과 함께 1979년 12월 13일의 여명이 아무 일도 없었던 듯 희미하게 밝아오고 있었다.

믿었던 부하 손에
서빙고로 압송

동서고금을 막론하고 국가 모반사건에서는 '이기면 충신이요, 지면 역적'이 되기 마련이다. 권력의 칼자루를 쥔 모반자들은 자신들의 부당했던 행위를 정당화할 힘을 갖지만, 패배한 쪽은 승자를 정당화시키기 위한 희생양으로 이용될 운명에서 벗어날 수 없다.

나는 접견실에 남아 있는 참모들에게 어서 돌아가 일을 보라고 말하고는, 합수본부 측에서 나를 체포하러 올 것이 뻔했기 때문에 이에 대비하고 있었다. 그러나 이보다 앞서 수경사 1층에 있는 정보실장실에서는 나의 체포를 담당하고 있던 헌병단 부단장 신윤희 중령이 각 헌병중대장들을 비밀리에 집합시키고 있었다. 몇 시간 전만 해도 이미 전두환 합수본부장은 최규하 대통령으로부터 정승화 총장의 연행 조사에 대한 승인을 얻어내지 못하고 있는 데다 육본 측에서 제9공수여단에 출동 명령을 하달한 상황이라 극도의 위기감을 느꼈다. 나를 체포하면 모든 상황이 수월하게 풀릴 거로 생각해서 이미 자정 전에 그곳에 가담해 있던 수경사 헌병단장 조홍 대령에게 수경사령관을 체포하라는 지시를 내렸던 것이다.

이에 조홍 대령은 이미 포섭한 상태에서 수경사에 남아 있던 신윤희 중령에게 나를 체포할 것을 전화로 지시했다. 신윤희 중령은 한남동 총장 공관에서 총격전이 발생한 직후 나의 지시에 따라 병력을 이끌고 긴급 출동까지 했던 장교였다. 그는 상황 초기에 정식 지휘계통의 지시에 충실히 따랐으나 시간이 지나면서 합수본부 측에 설득되어 자기 직속 지휘관을 체포하기 위한 준비까지 하고 있던 것이다.

그는 조홍 대령으로부터 지시를 받은 직후부터 나를 체포하기 위한 기회를 엿보고 있었다. 그러나 내가 그동안 보안사와 30경비단을 공격하기 위해 한창 병력과 장비를 동원하고 있던 터라 상황이 어떻게 뒤바뀔지 몰라 서툰 짓을 하지 않고 지켜보고 있던 것이다. 그러다가 모든 상황이 저쪽으로 유리하게 기울기 시작했고, 내가 모든 것을 포기하고 있는 지금이 체포할 수 있는 적기라 판단하고 전두환 보안사령관의 직계인 이진백 수경사 인사참모와 상의한 후 각 헌병중대장들을 소집시킨 것이다.

정보실장실에는 57중대장 한영수 대위, 53중대장 윤태이 대위, 10중대장 박대식 대위, 기동부대장 이재우 대위, 최순호 정보 실장 등이 모였다. "지금 시각이 12월 13일 오전 3시 정각이다. 우리는 보안사령관의 지시에 따라 수경사령부 평정에 나설 것이 므로 20분 이내에 사령관 체포 준비를 완료하라." 그는 이어 작전 요지를 하달했다. "57중대와 53중대는 용감한 헌병 20명씩 각각 선발하여 실탄 분배를 하며, 53중대는 사령부 건물 밖에서 대기하고 있다가 유사시 내부 지원 태세를 갖춘다. 57중대장은 20명의 병력을 4개조로 편성하여 각 조는 1층, 2층 복도 및 사령관실을 신속히 점령, 사령관의 무장을 해제시키고 체포하라. 여의치 않을 경우에는 즉각 사살하라. 그리고 기타 장군들은 무장해제만 시키고 차후 명령에 따르도록 하라." 이것이 바로 나에 대한 체포 계획이었다. 이때 나는 합수본부 측에서 요구해 온 몇 가지 사항을 작전참모인 박동원 대령으로부터 보고받고 있었다.

그 내용은 MBC 방송사옥에 경비차 나가 있는 수경사 경계 병력을 합수본부 측 병력으로 교체시키고 그밖에 서울 시내의 주요 시설에 배치되어 있는 경계 병력도 합수본부 측에서 동원한 병력으로 교체시키겠다는 통보였다. 나는 그 모든 것을 그쪽의 요구대로 해주라고 했다. 이어 지난밤에 육본 지휘부를 따라왔다가 감금된 육본 보안부대장 변규수 준장 등 보안사 요원들의 석방을 요구해 왔다. 나는 이 일도 요구하는 대로 들어주었다.

새벽 3시 40분경에 신윤희 중령이 헌병중대장과 대원 10명을 이끌고 2층 사령관실 복도로 올라왔다. 이때 사령관실 부속실에는 육본 참모들의 수행부관 10여 명이 모여서 서성대고 있었다. "모두 조용히 밖으로 나가들 있어!" 신 중령은 수행부관들에게 권총을 겨누고 나직한 목소리로 위협했다. 이와 동시에 헌병들은 수행부관들이 차고 있는 권총을 모두 빼앗고 밖으로 내몰았다.

나도 그랬지만, 이러한 사실을 전혀 모르고 있던 육본 지휘부 장군들은 나의 집무실에서 망연자실한 모습으로 앉아 있었다. 그런데 느닷없이 헌병 열 명이 문을 박차고 집무실 안으로 뛰어들었다. 헌병들은 망연하게 앉아 있던 장군들을 향해 M16 총구를 겨누었다.

이 일이 있기 바로 직전에 육본 작전참모부장 하소곤 소장이 무슨 일로 내가 있는 접견실로 들어섰다. 내가 참모들과 대화중인 것을 본 하 장군은 아무 말도 하지 않은 채 서 있다가 다시 문을 열고 집무실로 갔다. 육본 지휘부가 있는 집무실과 내가 있는 접견실은 문 하나 사이였다.

하 장군이 집무실로 들어서는 순간, 자기에게 총구를 겨누고 있는 헌병들을 보고 흠칫 놀라 순간적으로 허리에 차고 있는 권총에 손을 가져다 댔다. 이와 동시에 M16 총성이 실내를 뒤흔들었다. 나는 이 총소리에 놀라 앉아 있던 자리에서 벌떡 몸을 일으켰는데, 하 장군이 옆구리를 움켜쥐고 "야, 저놈들이 나를 쏜다!"고 하며 내가 있는 접견실로 들어오다가 이내 쓰러졌다. 그야말로 순식간의 일이었다.

그의 몸에서는 선지피가 쏟아져 나왔다. 나중에 안 일이지만, 헌병이 쏜 총알이 하 장군의 왼쪽 가슴을 뚫고 들어가 허파와 비장을 치고 등 뒤로 관통한 중상이었다고 한다. 이처럼 하 장군이 쓰러지자 육본 지휘부와 함께 있던 정승화 총장 수석부관 황원탁 대령이 재빠르게 권총을 뽑아 들고 헌병들을 겨누었다. 그러자 곁에 있던 합참본부장 문홍구 중장이 황 대령의 팔을 잡아 내린 뒤 황 대령의 권총을 빼앗아 한쪽으로 치우고 헌병들을 향해 소리쳤다. "야, 이놈들아! 우리는 비무장이야. 총구를 치우지 못해!"

나는 참모들에게 하소곤 장군을 빨리 병원으로 모셔가도록 지시하고 육본 지휘부가 있는 나의 집무실로 뛰어 들어갔다. 순간, 나의 눈에 띈 것은 내가 그동안 아끼던 헌병단 부단장 신윤희 중령의 모습이었다. '저놈도 나의 적으로 돌아섰군' 하는 생각과 함께 강한 배신감을 느껴 신 중령을 향해 소리쳤다. "야 이놈들아! 이게 도대체 무슨 짓이야? 연행해 가려면 나를 연행하든지 아니면 나를 쏠 일이지, 도대체 장군님들께 무슨 무례한 짓이야!" "사령관님. 죄송합니다." 신 중령은 그렇게 말하고는 고개를 숙였다. "이게 누구의 명령이야? 부단장은 도대체 누구의 명령을 받게 되어 있나?" "보안사령관님의 명령입니다. 용서해 주십시오. 이제부터 제가 사령관님을 모시겠습니다."

그 말에 나는 어이가 없었다. 나는 역적을 치다가 패하여 도리어 역적이 된 몸이었기에 전두환 일당에게 체포될 각오를 하고 있었지만, 내가 아끼던 부하의 손에 의해 체포되리라고는 미처 생각지 못했다. "나쁜 놈 같으니. 좋다! 전두환이한테 가자." 나는 그렇게 말하고 앞장서서 아래층 현관으로 내려갔다. 경호차까지 두 대의 차가 이미 대기하고 있었다. "타시지요. 제가 사령관님을 저희 보안사령관님이 계시는 곳까지 모시겠습니다." 나는 차에 올라탔고, 그렇게 말한 보안사 요원도 내 옆자리에 올라탔다. 두 대의 차는 번개처럼 빠르게 현관 앞을 빠져나갔다. 아마 이때가 12월 13일 오전 4시경이었을 것이다.

후에 안 일이지만, 내가 서빙고로 연행되어 간 후 수경사령관실의 육본 참모들은 아침까지 연금당해 있다가 문홍구 중장과 윤성민 참모차장만 서빙고로 연행되고 나머지 참모들은 각각 육본으로 돌아갔다고 한다. 그리고 제3군사령관 이건영 장군도 이날 새벽 국방부로 들어오라는 노재현 장관의 지시를 받고 아침에 국방부로 갔다가 바로 서빙고로 연행되었다.

쿠데타 군부의 군권 장악과
수뇌부 물갈이

12·12 군사반란은 우발적인 사건이 아니다. 거듭 말했듯 오래전부터 정권 찬탈을 목적으로 하나회를 중심으로 한 일부 정치군인들의 주도하에 치밀하게 계획된 쿠데타였다.

이 군사 쿠데타에서 득세의 자리에 오른 이들은 우선 군권을 장악하기 위해 일차적으로 군 수뇌부부터 물갈이를 시작했다. 첫 번째가 중앙정보부장서리인 이희성(육사 8기) 중장을 대장으로 승진시켜 정승화 육군 참모총장 후임으로 임명했다. 앞에서 기술했지만, 전두환 장군은 이희성 장군을 껄끄럽게 여겼다. 그러나 그날 밤 반란군 측에 동조한 대가로 총장이 되었다고들 한다. 애초 전두환 일당이 차기 참모총장으로 염두에 두고 있던 사람은 황영시 장군이었다. 그러나 그들 중에는 군단장을 얼마 전

에 마친 유학성(정훈 1기) 장군과 육사 8기인 차규헌 장군도 있는
데, 육사 10기인 황영시 장군이 총장이 될 경우 군의 신망을 얻기
가 어려울 것으로 판단했을 것이다. 그래서 기회주의적 중재 역
할을 잘한 이희성 장군을 총장으로 선택했다고 보는 시각도 있
다. 여하간 전두환 보안사령관과 호흡이 잘 맞지 않았던 이희성
장군을 총장에 임명한 그들은 참모총장을 감시하고 계엄 업무를
관장하여 실제적인 권한을 행사하기 위해 제1군단장인 황영시
장군을 참모차장으로 임명했다.

쿠데타의 핵심인물이었던 국방부 군수차관보인 유학성 장군
을 대장으로 승진시켜 제3군사령관에, 제9사단 노태우 장군을
수도경비사령관으로, 제50사단장 정호용 장군을 특전사령관에,
제71방위사단장 백운택 준장을 제9사단장으로 각각 임명했다.
이처럼 수도권 근위 부대가 쿠데타 주동자이자 하나회 핵심 멤
버로 모두 교체되었다. 아울러 국방장관도 교체되었다. 아군끼
리 대규모 충돌이 벌어져 나라의 존망이 어찌 될지 모르는 위급
한 상황에서 사태수습에 책임을 지고 나서야 할 장관이 적절한
조치도 취하지 않은 채 내내 피신하고 있으며 직무를 유기했기
에 교체는 당연한 수순이었다. 그러나 그들은 노 장관 후임으로
육군을 잘 모르는 전 공군참모총장 주영복 장군을 임명했다. 육
군에 대해 잘 모르는 사람을 앉혀 놓아야 활용하기 쉽기 때문이
었을 테다.

또한 육군본부의 요직도 쿠데타 핵심 요원들로 교체하기 위

해 수를 썼다. 12월 12일 밤 나의 집무실에 와 있던 육본 참모차장 윤성민 중장을 대장으로 승진시켜 제1군사령관으로, 인사참모부장 천주원 소장을 중장으로 진급시켜 국방연구원 원장으로, 군수참모부장 안종훈 소장을 중장으로 진급시켜 육군대학 총장으로 각각 임명하여 몰아냈다.

여기서 멈추지 않고, 전두환 보안사령관은 이희성 장군의 참모총장 취임으로 공석인 중앙정보부장 자리까지 겸직할 야심을 드러냈다. 그는 최규하 대통령에게 보안사령관이 중앙정보부장직을 겸무해야 10·26 사건 이후 기능이 마비된 정보부를 제대로 정상화시킬 수 있다며 겸직을 요청했다.

그러나 계엄하에서 3권을 형식적으로나마 장악하고 있던 이희성 참모총장은 전두환이 정보부장까지 겸직하려고 하는 의도를 알고 있었기 때문의 일국의 중요 정보기관들을 한 사람이 도맡는 것은 바람직하지 못하다고 하면서 이를 반대했다. 이희성 장군뿐만 아니라 신현학 국무총리도 이를 반대했다. 하지만 전두환은 끝내 자기 뜻을 관철해 중앙정보부장직을 겸직했다. 그의 권세로 안 되는 일이 없는 세상이 되었음을 짐작할 수 있다.

이로써 군 내의 계급 질서가 한꺼번에 무너져 버리고 말았다. 즉, 육사 8기 후미와 9기, 10기, 11기의 선두주자, 종합학교 출신 및 갑종, 배속장교 등 수많은 고참 소장급들이 군의 균형을 맞추기 위해 한꺼번에 퇴진당한 것이다. 이에 따라 12·12 군사반란 때 반란군 반대편에 섰거나 김재규, 정승화 계열로 지목된 소장 및 준장들은 참모총장으로부터 군에서 용퇴할 것을 종용받고, 30여 명의 장군들이 특별 보조금(잔여 군생활 1년당 500만 원씩 계산하여 지급)과 아무런 명분 없는 공로훈장을 쥐고 무더기로 숙군했다. 창군 이래 보기 드문 처사였다.

그리고 그들은 군의 요직을 하나회 회원들로 충당시키기 위해 군 인사법에 손을 대기 시작했다. 그리고 군은 젊어야 한다는 구실로 장군들의 계급 정년을 단축시키는 묘안까지 내놓았다. 이러한 개정안에 대해 많은 장성과 고위 장교가 전력 및 인력 손상이 크다며 반대했지만, 통할 리가 없었다.

이 군 인사법 개정 작업은 국보위(國保委) 발족과 함께 적극 추진되어 1980년 11월에 통과되었다. 이 인사법의 핵심인 계급 정년을 보면 이전에 6년이었던 중장이 4년, 7년이었던 소장이 5년, 8년이었던 준장이 5년으로 대폭 단축되었다. 이로 인해 당시 준장, 소장급에 있었던 6·25 참전 경험자인 비정규 육사 출신 장군들은 대부분 군복을 벗어야만 했다. 하여 12·12 군사반란 이후 1980년 말까지 육군의 전역 장군 수는 무려 96명이나 된다. 물론, 세대교체가 필요할 때도 있다. 하지만 그러한 6·25 참전 경험을 가지고 한국 방어 임무에 있어 핵심적 역할을 수행했던 장군들은 예편되고, 이후 군의 실세는 1955년 11월에 임관한 정규 육사 11기, 즉 전두환 소장을 비롯한 그 일당이 차지하게 되었다.

이 외에도 쿠데타 주도세력들은 대통령의 기능소관인 행정부의 장관 임명에까지 손을 뻗쳤다. 주영복 장군을 국방장관에 임명한 데 이어 합참의장인 김종환 대장을 예편시켜 내무부장관에, 5·18 민주화운동 진압 과정에서 합수본부 측의 요구를 거부하다가 전투병과 교육사령관직에서 해임되었던 윤흥정 중장을 체신부장관에, 국방차관이었던 김용휴 장군을 총무처장관에 각각 임명했다.

다음 단계는 예상한 대로 완전한 정권 찬탈을 위해, 최규하 대통령을 끌어내리기 위한 작전을 구상하고 서서히 행동으로 옮겨가기 시작했다. 이것은 예고되었던 사실이다. 쿠데타의 목적이 바로 여기에 있었기 때문이다.

12·12 군사반란의
작전 평가

12·12 군사반란 목표

1961년 5·16 직후 전두환 대위는 육군사관학교 생도들의 5·16 군사혁명 지지시위(당시 호칭)를 주선한 공로로 최고회의 민정비서관으로 정계에 발을 들여놓았다. 그 후 정치군인으로서 자신의 기반이 될 수 있는 '하나회'라는 군 내부 사조직을 조직, 3공화국 18년 동안 박정희 대통령의 비호하에 막강한 조직기반을 구축했다. 그리고 그 조직 구성원들로 하여금 정치·군부의 요직을 거치도록 하여 정치역량을 배양시켜 왔다. 또한 조직 구성원들의 정치적 야망도 허황하리만큼 부풀어 오르게 만들어 놓았다.

그러던 중 뜻하지 않았던 10·26 박 대통령 시해사건이 발생하자 때를 놓치지 않고 그들이 이제껏 축적해 온 조직력과 정치

역량을 이용하여 정권 쟁취의 목표를 달성하는 기회로 삼았던 것이다. 그리고 그들은 정권 쟁취의 제1단계 목표를 군권 장악에 두고 첫 과업으로 그들의 과업 수행에 장애 요소가 되는 육군 참모총장 겸 계엄사령관인 정승화 대장을 제거하기로 한 뒤, 약 40일에 걸쳐 주도면밀하게 계획을 수립했다. 강조하지만, 그들의 종국적인 목표는 국권 장악이었다.

당시 상황과 군사반란의 배경

일반적으로 '쿠데타'가 가능하기 위해서는 다음과 같은 다섯 가지 요소가 필요하다. 첫째, 군부 내에 상당한 영향력을 미칠 수 있는 사조직이 존재. 둘째, 대전복부대가 전복부대로 반역할 수 있는 여건. 셋째, 사회적 혼란이 극심한 시기 선택. 넷째, 국가의 통치 기능이 중단되거나 취약할 경우(정권 이양기 등). 다섯째, 기습과 속전속결이 가능할 때.

불행하게도 그 당시의 사회환경은 이 다섯 가지 조건을 모두 충족하고 있었다. 이러한 요소 중에서 군 내부의 사조직에 대한 정보와 이와 연계된 대전복부대들의 전복부대로의 반역 가능성에 대한 심층분석과 판단 기능은 보안사의 전행 업무 소관이었기 때문에 그들만이 할 수 있는 역할이었다. 그런데 바로 그 기능을 전담하고 있는 전두환 보안사령관 겸 합동수사본부장이 12·12 군사 쿠데타를 주도했으니 속수무책일 수밖에 없었다.

반란근거지(진압 목표)에 대한 정보

진압 목표에 대한 정보는 먼저 지형평가 5개 요소에 입각하여 군사적으로 심도 있게 분석되어야 하겠지만, 청와대, 30경비단, 보안사 일대의 자연 지형지물과 부가적인 인공 방어시설의 비중에 따라 피아 방책을 선택하는 데 있어서 고민이 필요할 것이다(기밀 보호상 세부 사항 생략).

그리고 진압 목표로 접근하는 데 영향을 미칠 수 있는 관측과 시계, 은폐, 엄폐, 장애물, 접근로 등을 면밀히 분석함으로써 진압 작전 방책의 도출이 가능할 것이다(기밀 보호상 세부 사항생략).

반란군의 병력

1979년 12월 12일 18시 현재 반란 근거지(진압 목표 지역)에 투입된 반란군의 집결 또는 배치 병력은 30 및 33경비단과 전차대대 및 기타 병력으로서 이를 정상적인 전투 상황에서 적용되는, 즉 방자에 비해 공자는 3배의 전투력을 소요로 하는 전술적 원칙 면에서 보더라도 반란 진압 작전에 소요되는 초기 병력은 보병 2개 사단과 전차 1개 여단 정도로 판단되었다. 그러나 그 후 그들은 특전사령부 1, 3, 5공수여단과 제9사단 제29연대, 제30사단 제90연대, 제1군단 예하 2기갑여단(결)이 중원부대로 추가 투입되었다.

그 외에도 증원 역량으로 서울 근교에 주둔하고 있던 제20사단(장 박준병 소장)과 제71방위사단(장 백운택 준장)을 고려한다면

모든 중원부대들이 투입되기 이전(특히 3개 공수여단)에 제26사
단과 수도기계화사단을 조기에 출동(노재현 국방장관의 건의에 의
한 최규하 대통령의 재가와 한미연합사령관의 사전 양해)시켜 진압하
는 것만이 취할 수 있었던 유일한 진압 방책이었다.

1979년 12월 12일 18시 현재 내가 활용할 수 있는 유일한 진
압 병력은 수경사령부 본부대의 행정 및 근무 병력과 헌병단 5분
대기 소대 등 혼성 2중대와 사령부에 잔류하고 있던 전차 1개 소
대가 전부였다.

반란군이 취할 수 있는 작전 방책

그들은 종심진지에서 완강하게 방어작전을 수행했을 것이며
시가지전투 등 특수전투의 이점(생략)을 최대로 활용했을 것이
다(기밀 보호상 세부 사항 생략).

가능했던 진압 작전 방책

목표 지역에 밀집되어 있는 민가 및 공공시설에 대한 인명 및
재산 피해를 극소화할 수 있는 당시의 작전 방책이란 목표 지역
외곽을 연해서 포위망을 구축하여 외부와 완전히 고립 차단(식
량, 급수, 전기, 통신, 탄약, 병력 등)시켜 투항을 권유하고 만일 특수
상황이 전개될 때는 시가지 공중 강습의 특수 작전으로 목표 지
역을 제압하고 주모자를 색출하는 전무후무한 작전 형태가 되지
않았을까 한다.

최고 통수권자가 결심했어야 할 사항

첫째, 국가의 헌정 수호와 군사반란 허용 여부에 대한 과다한 조기 판단과 결심.

둘째, 반란 진압을 위해서 보병 제26사단과 수도기계화사단의 조기 출동을 결심(한미 군사외교와 대북 남침 가능성 대한 판단과 결심).

셋째, 1,000만 시민의 생명 및 재산 보호와 연관된 작전 방책 결심.

이 세 가지 사항은 국방장관의 건의를 받아 오직 국군 최고 통수권자인 최규하 대통령만이 판단하고 결심했어야 할 사항이었다.

지휘 및 통제

위의 내용들을 보다 효율적으로 수행하기 위해서는, 12·12와 같은 군사반란이 발생했을 때 반란 진압 작전사령부는 대통령을 정점으로 하는 국가안전보장위원회가 되어야 할 것이며, 작전 실행 지휘관은 극히 제한된 작전실행 기능만을 수행해야 할 것이다.

작전 실행 지휘관의 융통성 남용(병력 화력 운용)은 1,000만 서울 시민의 생명과 재산에 심대한 피해를 가져올 수 있으므로 철저하게 통제되어야만 할 것이다.

그러나 1979년 12월 12일 당시의 진압군 측 지휘계통, 작전

실행 단위의 군 지휘체제는 하나회 사조직과 일부 보안사 요원들에 의해 완전히 마비(컴퓨터 바이러스처럼)된 상태였으며 그 이상의 통수계통 기능 수행 문제에 대해서는 진압 작전에 실패한 작전 실행 책임 지휘관이라는 죄인으로서는 뭐라 말할 수 있는 입장이 아닌 듯하다.

12·12 군사반란의 진상규명과 단죄의 당위성

세간에는 실정법에 따라 엄정하게 규명하고 일벌백계로 단죄하여 또다시 12·12 군사반란과 같은 사태가 재발하는 것을 방지해야 한다는 여론과 먼 훗날 역사의 심판에 맡기는 것이 옳다는 양론이 있는 것으로 안다.

여기서 우리는 보다 명확히 판단해야만 역사의 죄인이 되는 것을 면할 수 있다. 왜냐하면 12·12 군사반란은 현행 실정법상 군사 반란죄(군형법 5조), 내란죄(형법 87조)등을 너무도 명백히 위반했고, 전두환 일행은 중대한 범법행위를 저지른 국사범(國事犯)이다. 이를 제대로 벌하지 않고서는 다른 어떤 범죄도 다스릴 수 없다는 결론에 도달한다. 법치국가가 법치를 역사의 심판으로 미루는 것은 법치국가의 기능을 포기하는 것이며, 이는 곧 무법천지 또는 약육강식의 논리가 적용되는 열등국가임을 자인하는 것이다.

국헌을 중단시키고 국권을 찬탈한 12·12 군사반란을 오늘날의 실정법으로 엄정히 다스려서 참된 교훈을 현역 무장군부에 철저히 주지시켜서 예방적인 장치를 취해야 한다. 불과 지난 30여 년간 두 번이나 일어난 군사 쿠데타에 대해 생각해 볼 때, 반란부대와 진압부대 간부들의 이후를 제 눈으로 똑똑히 본 후배들에게 국가와 국민이 무엇을 더 요구할 수 있겠는가. 그러므로 반란이라는 대역죄가 단죄되지 않는 한 다시는 쿠데타가 일어나지 않을 거라고 감히 누가 장담할 수 있을 것이며, 역사 앞에 책임은 누가 진단 말인가.

12·12 군사반란에 대한 역사적 심판은 12·12 군사반란 직후부터 자연히 이루어지고 있으며, 완전한 역사적 심판의 종결은 공정한 사법처리에 의한 정확한 진상규명과 단죄로써 가능하다. 그런다면 다음과 같은 문제를 해결할 수 있을 것이다. 첫째, 일벌백계의 단죄로서 12·12 군사반란을 같은 비극을 미연에 방지한다. 둘째, 어떠한 명분과 이유에서든 비민주적 절차에 의한 정권찬탈은 국가 최고 범법행위로 간주하여 민주헌정을 수호한다는 역사의식을 심어준다. 셋째, 군 통수계통 확립과 전통성을 회복한다. 넷째, 법의 존엄성과 질서를 확립한다. 다섯째, 정확한 진상규명과 교훈을 도출하고 전파할 수 있다.

12·12 군사반란의 교훈

전쟁이나 대소 전투를 비롯하여 불행한 역사적 사건이 일어난 후 그 발생 원인과 성패에 관해 명확한 교훈을 도출하는 것은 예방 교육과 대책 마련에 있어 상식적이고 필수적인 과정이다. 그런 관점에서 볼 때 새로운 문민정부는 엄정한 진상규명으로 12·12 군사반란에 대한 교훈을 도출해 내어 다시는 이러한 악몽을 되풀이하지 않도록 해야 할 것이다.

그러한 국가적 차원의 진상규명에 참고가 되기를 바라며, 반란 진압에 실패한 죄인이자 사령관으로서 감히 몇 가지를 여기에 제시해 본다.

첫째, 군에서는 절대 존재할 수 없는 사조직을 들 수 있다. 1973년 4월, 세칭 윤필용 사건으로 당시 약 120명에 이르는 하나회 회원 중 31명이 제거되었지만, 전두환 준장을 포함한 나머지 90여 명의 회원들은 건재했다. 그 후 전두환 장군은 박 대통령의 비호하에 12·12 군사반란 전까지 하나회 회원들을 수도권의 대전복부대(보안사, 수경사, 특전사, 청와대 경호실, 기타 대전복부대로 지정된 수도권 사단들)의 중요 핵심 요직에 독점 보직시켜 두었다가 군사반란 개시와 동시에 전복부대로 전환시켜 반란 진압 기능을 완전 마비시켜 놓았다.

둘째, 대전복부대가 전복부대로 전환되는 것을 막을 수 있는 제도적 장치(편제, 기능, 배치·운용)가 미비했으며, 이 문제에 관해서는 앞으로 전문기구에 의한 충분한 재검토가 이루어져야 할 것이다.

셋째, 통수계통의 마비이다.

① 군 최고 통수권자인 최규하 대통령의 군 통수권 행사가 전혀 없었다. 대통령은 국가의 헌법을 수호하고 국토를 방위하는 헌법상의 의무를 지게 되어 있으며, 이를 위해 국군 통수권을 부여받고 있는 것이다. 12·12 군사반란은 국헌을 중단하는 군사반란 행위를 비롯해 국군 통수기능과 군령(軍令) 체계를 완전히 무너뜨린 중대한 범법행위임에도 불구하고 대통령은 12일 저녁 6시부터 다음 날 새벽 4시까지 10시간이 넘도록 반란 진압을 위한 아무런 조치도 취하지 않았다. 국방장관이 부재시 차관을 비롯하여 말단 간부에게도 명령할 수 있는 것이 군령체계의 특성이다.

② 노재현 국방장관의 임무 수행 포기다. 전장에서의 위기 극복을 위해서는 말단 병사보다 상위 지휘관일수록 더욱 헌신해야 하며, 장군의 목숨이 병사들의 목숨보다 소중한 것이 아니라 더욱 희생해야 하는 것이다. 그런 군대가 위기와 전쟁으로부터 승리한다는 것은 하나의 상식이자 철칙이다. 그러나 국방장관은 상황 발생과 함께 마지막까지 기회주의적으로 처신하여 군형법 24조의 직무유기죄와 동 30조의 군무이탈죄를 범한 것이 명백하다.

③ 수경사, 특전사, 3군사 및 그 예하 부대의 지휘계통은 하나회 회원과 보안사 요원들에 의해 컴퓨터 바이러스처럼 완전히 마비되고 말았다. 하나회 사조직의 지령은 마치 공산 지하조직같이 자유 민주진영에서는 찾아볼 수 없을 정도로 철저한 명령계통이었다. 제1공수여단장 박희도 장군과 제3공수여단장 최세창 장군은 10여 년 전부터 정병주 사령관이 특별히 보살피던 혈육과 같은 사이였다. 그러나 그날 밤, 두 장군은 정병주 사령관의 명령에 불복종했을 뿐만 아니라 최 장군은 사령관실을 무력으로 강점하여 사령관을 불법 체포하고, 그 과정에서 비서실장을 사살하고 사령관에 중상을 입혔다. 이는 살기에 찬 폐륜이자 금수(禽獸)와 같은 만행으로, 군의 기강을 파괴하는 대상관 살인 및 상해죄(군형법 52조)에 해당한다. 이 한 가지만 보더라도 그들 조직에는 군수계통보다 더욱 철저한 명령계통이 있었음을 알 수 있다.

넷째, 대전복 정보 기능 마비다. 대전복 정보 수집은 방대한 전문 정보조직만이 가능하기 때문에 보안사에서 전담하도록 되어 있고, 수경사는 경비 진압 기능만 가지고 있는 타격부대로서 모든 대전복 정보는 보안사로부터 받게 되어 있다. 그러나 반란 자체를 전두환 장군 휘하의 보안사가 주동했으므로 진압군은 정보 수집에 속수무책이었다.

다섯째, 10·26 시해사건 같은 비상시국하에서는 대전복부대 지휘관의 교체가 재고됐어야 한다. 때마침 전임 수경사령관이 육군 정기인사에 포함되어 제3군단장으로 영전됨에 따라 본인이 그 뒤를 이어 부임 24일 만에 반란을 겪게 된 것도 하나의 패인이다. 당시 수경사는 서울 일원에 수백 개소에 부대를 분산 배치하고 있었으며, 부대에 직접 방문하여 지휘관의 육성과 체온을 느끼게 하는 것은 부대 파악에 필수적 과정이었다. 당시 환경으로는 이 과정에만 최소 3개월이 소요될 것으로 판단했고, 이에 부임 즉일부터 줄곧 사무실에서 숙식하며 주간은 부대 순시, 야간은 회의 및 결재를 하는 등 여러모로 역부족인 상태였다.

여섯째, 정치군인들의 행포(行暴)다. 5·16 군사정변 이후 박정희 대통령의 친위 부대화된 보안사, 수경사, 특전사를 비롯한 청와대 경호실, 중앙정보부 등에 전두환을 위시한 하나회 회원 장교들이 깊숙이 뿌리 박혀 있었다. 이들은 핵심 요직에 보직되어 이 부대들을 정치부대화했고, 박 대통령의 정치기반을 공고히 구축해 줌과 동시에 대통령의 비호하에 세력을 확충했다. 이들은 군 내 불평등과 갈등을 조성하고 군의 가치관마저 흔들면서 급기야는 군사들로 하여금 임전필승의 야전군인이 되는 것보다 정치군인으로 출세하는 게 낫다는 그릇된 인식을 심어주었다. 군은 국가와 국민이 요구할 때 언제든지 자신의 하나뿐인 목숨을 초로처럼 바치는 것을 지고의 명예요, 가치관으로 여기고, 적과 싸워 이기는 것을 목표로 야전을 생활무대로 삼는 것이 정도(正道)이다. 그러나 정치군인들과 지망자들은 그 생활무대를 서울, 세칭 정치부대로 삼고 개인의 출세와 사리사욕 채우기에만 혈안이 되어 온갖 비리와 행포, 부정을 자행하며 선량한 동지들의 단결과 전력에 큰 손상을 입혔다. 또한 이들은 자신들의 생존을 공고히 하고 자위력을 확보하기 위해 중앙 정치부대와 수도권의 중요 보직을 독점하여 그들끼리만 인계인수하는 체제를 굳혀 갔다. 특히, 12·12 군사반란 이후에는 국가 최고통치자부터 민군(民軍)을 통틀어 모든 요직을 독점했으며 아직도 그 잔존 세력을 무시할 수 없는 형편이다.

국방장관과 3군 총장의 인사 전행(前行)을 견제하고 우수한 간부를 발탁하는 제도적 장치가 시급하다. 군 인사위원회에 노련한 원로(元老), 즉 예비역 및 현역과 임관 출신을 적절하게 편성하여 상호 보완 및 견제 기능을 갖게 하고, 공정한 진급 공석 배정과 심사가 이루어질 수 있도록 해야 한다. 그리고 근무고과 평정 점수는 적과 근거리에 있는 야전부대일수록 높게 평정되어야 할 것이며, 특히, 전문 특기 요원 외에 수도권 대전복부대 근무는

군 생활을 통틀어 1회 이상 보직하지 못하도록 제도적으로 금지
해야 할 것이다.

12·12 군사반란의
법률적 검토

① 1979년 12월 12일 18시 30분을 기해 삼청동 최규하 대통령 공관으로 전두환 합수본부장이 출발함과 동시에 한남동 정승화 육군 참모총장 및 계엄사령관 공관으로 무장 헌병 50명과 무장 수사관 8명을 인솔하여 보안사 인사처장 허삼수 대령(정보처장으로 가장)과 육군 범죄수사단장 우경윤 대령(합수부에 파견)이 공관 지역 경비초소를 무력 점령, 유린하여 공관으로 난입, 대통령의 사전 재가 없이 공관 근무병과 경비병을 총격으로 진압한 후 정승화 총장을 강제 연행하고, 최규하 대통령에게는 1차, 2차, 3차에 걸쳐 무려 10시간 동안 집단적으로 결재를 강요하여 사후에 득한 행위는

(1) 대통령과 계엄사령관에 대한 하극상의 죄(군형법 49조: 상관에 대한 집단폭행 및 협박)

(2) 대통령과 계엄사령관의 공관 근무자 및 경비병에 총격을 가하고 경비초소를 무력 점령, 폭행, 협박은 초병에 대한 집단 특수폭행, 협박, 치상의 죄(군형법 57조, 58조)

(3) 초병을 기만하여 초소를 통과하고 초병의 제지에 불응한 행위는 군형법 78조의 위령의 죄(초소 침범)

(4) 참모총장 및 계엄사령관을 무력으로 강제 납치 구금하여 국가비상계엄하의 군권을 장악하여 대통령을 위압하고, 모든 국가 헌법기관과 그 기능을 장악하여 실질적인 국권을 장악한 것은 군사반란죄(군형법 제5조)

② 1979년 12월 12일 18시 30분경, 전두환의 주도로 경복궁 내에 있는 수도경비사령부 제30경비단(당시 경비단장 장세동)에 노태우(제9사단장), 유학성(국방부 군수차관보), 차규헌(수도군단장), 황영시(제1군단장), 박희도(제1공수여단장), 최세창(제3공수여단장), 장기오(제5공수여단장), 백운택(71방위사단장), 박준병(제20사단장), 김진영(수도경비사령부 제33단장) 등이 모여 반란 행위의 중심을 만들고(암호명: 생일 잔치) 사전에 아무런 공식적인 승인이나 법적 절차(대통령, 국방부장관, 참모총장 및 계엄사령관)를 취하지 않은 행위는 군형법 제6조의 반란 목적의 군용물 탈취의 죄에 해당.

③ 당시는 비상계엄으로 장병의 외출 외박이 금지되었으나 이들은 상사의 승인 없이 자신들의 부대를 이탈하여 반란 모의에 참여하여 상관의 정당한 명령에 반항하고 복종하지 않은 자들로서 군형법 제44조의 항명의 죄와 동 45조의 집단항명의 죄에 해당.

④ 공식적 사전 승언이나 합법적 절차를 거치지 않고 전후방의 각 부대, 즉 보병 제9사단, 30사단, 20사단, 71방위사단, 제2기갑여단, 특전사령부 예하의 1·3·5공수여단, 수경사령부 예하의 제30·33경비단과 헌병단을 동원하여 국방부, 육군본부 및 계엄사령부, 수경사령부, 특전사령부를 위시하여 삼청동의 대통령공관, 방송국 등 비상계엄하의 수도 서울의 주요시설을 탈취 내지 강제 인수하여 실질적인 군권과 국가권력을 찬탈한 행위는

(1) 작당하여 병기를 휴대하고 반란을 행한 행위는 군형법 제5조 반란죄와

(2) 동 제6조의 반란목적의 군용물 탈취의 죄

(3) 대한민국의 군사상 이익을 해하고 적에게 군사상 이익을 공여한 행위는 군형법 14조 8항의 이적의 죄

(4) 지휘관이 정당한 이유 없이 부대를 인솔하여 수소를 이탈하거나 배치 구역에 임하지 않은 행위는 군형법 제27조 수소 이탈죄

(5) 계엄 지역에 있어서 지휘관이 권한을 남용하여 부득이한 사유 없이 부대를 진퇴시킨 행위는 지휘권 남용의 죄(군형법 제20조: 불법진퇴)

⑤ 전두환의 정병주 특전사령관 체포지시를 받은 3공수여단장 최세창이 예하 15대대장 박종규로 하여금 비서실장 김오랑 소령을 사살하고 정병주 사령관을 총격 상해하여 무력 체포 연행한 행위는
(1) 군형법 제52조 3항의 상관에 대한 중상해 죄
(2) 동 60조 4항의 직무 수행 중인 자에 대한 상해치사죄
(3) 하극상의 죄
(4) 군형법 5조의 반란의 죄

⑥ 전두환의 수경사령부 무력진압과 그곳에 있는 육본 수뇌부와 수경사령관 체포지시를 받은 수경사 헌병단장 조홍이 그의 부단장 신윤희 중령을 시켜 동 사령부를 무력 진압하는 과정에서 육본 작전참모부장 하소곤 장군을 중상해시키고 육본 수뇌부와 수경사령관을 체포 강제연행한 것은
(1) 군형법 제52조 3항의 상관에 대한 중상해 죄
(2) 하극상의 죄
(3) 군형법 5조의 반란의 죄

⑦ 법률적 종합 검토

위 각 행위에 대하여는 형법과 군형법의 수많은 조항이 해당될 것이나, 공소시효가 만료되지 아니한 것만 열거해도 다음과 같다.

12·12 주모자 등은 작당하여 병기를 휴대하고 반란을 한 수괴로, 모의에 참여하거나 지휘하거나 기타 필요한 임무에 종사하였거나 살상, 파괴 행위(군형법 제5조-반란죄)를 했고

반란을 목적으로 작당하고 정규군의 병기, 탄약 등을 탈취(군형법 제6조-반란 목적 군용물 탈취)하여

"대한민국의 군사상 이익을 해했고"(군형법 제14조 제8호-일반 이적)

계엄 지역에서 지휘관으로서 권한을 남용해 부대를 진퇴(군형법 제20조-불법진퇴)하게 하고

계엄 지역에서 지휘관으로서 정당한 이유 없이 수소를 이탈(군형법 제27조 제2호-지휘관의 수소 이탈)했으며

반란 과정에서 상관에게 중상해(군형법 제52조 3항, 제2호-상관에 대한 중상해)를 입혔으며

궁극적으로 정권을 장악할 목적으로 이러한 행위를 자행하여 국헌을 문란케 하고, 그 목적으로 살인을 하였던(형법 제87조-내란, 제88조-내란 목적 살인) 것이다.

특히 수도경비사령부 설치령에는 무장 병력과 탄약 적재 차량은 육군참모총장의 사전 승인 없이는 수도경비사령부 작전책

임 지역 내에 들어오지 못하게 되어 있으며 특히 당시 비상계엄 하에서는 모든 장병의 외출·외박이 금지된 상태이다.

이와 같이 이들이 지은 죄목들은 군형법 94개 조항 중에서 대부분이 극형에 해당되는 최고 범법행위로서 아직도 법정 유효 시한 내에 있다. 이들 중범죄들을 다스리지 않고서는 다른 어떤 범법자(예로서 탈영죄, 위령죄, 기타 경범죄 등)도 다스릴 수 없는 현행 군형법이 될 것이며 군형법 기능이 적용되지 않는 군대는 존재할 수 없다는 결론에 도달하게 된다.

뿐만 아니라 이들의 범죄행위 중 내란죄(형법 87조), 반란죄(군형법 5조 및 6조), 이적죄(군형법 14조 8항) 등외 국사범은 2중 3중으로 법적 단죄장치로서 "반국가적 행위에 대한 특별조치법" 으로 묶어 놓고 있다.

6장

시련의 감방 생활 2개월

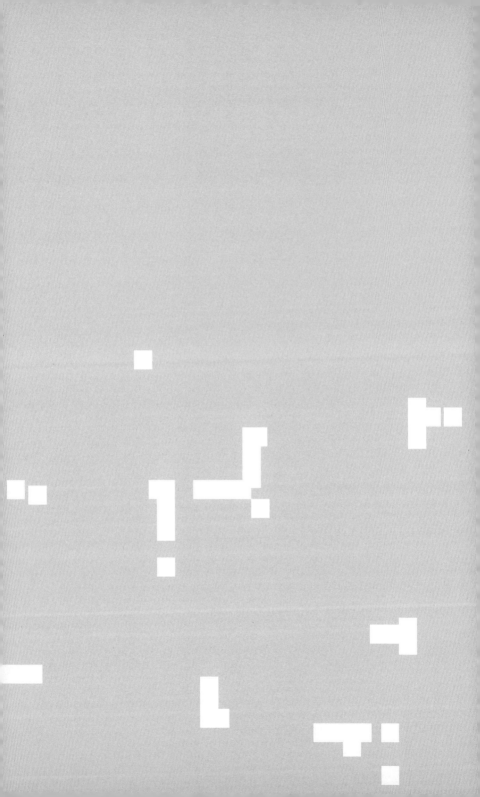

보안사 서빙고 특수수사대

차를 타고 연행되어 가는 동안, 온갖 생각들이 머릿속에 떠올랐다. 과연 보안사령관이 정승화 장군을 연행 조사로 그치고 석방할 것인가? 내가 수경사령관으로 부임한 후 예하 부대 실태 파악을 위한 순방을 뒤로 미루고 사령부 내의 동태부터 세밀하게 파악했더라면 이런 변란을 사전에 방지할 수 있었을까? 정승화 총장은 보안사를 위시한 수도권 부대에 하나회의 정치군인들이 포진해 있다는 사실을 알고 있었을 텐데, 어째서 이들의 인사 조치를 조기에 단행하지 못했던 것인가? 12·12 사태를 수습해야 할 노재현 국방장관이 처음부터 끝까지 피신만 하고 있었는데 과연 그 속사정은 무엇이었나 하는 끝도 없는 생각들로 머릿속이 터질 것만 같았다.

그런데 내가 그러한 생각에 빠져 있는 동안 달리고 있던 차가 이상하게도 내가 생각하고 있는 방향이 아닌 어떤 침침한 지하도로 들어가고 있었다. 그래서 나는 머릿속에 떠올랐던 여러 의문을 떨쳐 버리고 옆자리에 앉은 보안사 요원에게 다그쳐 물었다. "이봐! 보안사령관이 있는 곳으로 데려간다고 했는데, 지금 나를 어디로 데려가는 거야? 이 길은 너희 보안사령관이 있는 경복궁으로 가는 길이 아닌데…." "네! 저희 보안사령관님께서 사령관님을 조용히 만나 뵙고자 다른 곳으로 자리를 옮겨서 기다리고 계시기 때문에 그리로 가는 겁니다." "그래!" 나는 더 이상 묻지 않았다. 서빙고 분실로 연행되고 있다는 것을 알았기 때문이다.

잠시 후 내가 탄 차는 미 제8군 헬리콥터장 맞은편 아스팔트 도로 건너에 있는 으슥한 곳에 정차했다. 굳게 닫힌 커다란 철제 대문 앞이었다. 보안사 요원 한 명이 먼저 내려 보초와 귓속말을 주고받더니 육중한 철제문이 열렸다. 그러자 이번에는 경호차 한 대가 뒤로 합세하여 총 세 대의 차량이 안으로 들어갔다.

어느 건물 앞에 멈춰서자 기다리고 있던 사복 차림의 보안사 요원 하나가 말했다. "제가 안으로 모시겠습니다." 그의 뒤를 따라 안으로 들어서니, 나를 두 번째 방으로 안내했다. 5~7평 남짓한 방 안에는 아직 비닐도 채 벗기지 않은 보르네오 티크제 싱글 침대 하나가 놓여 있었다. 그리고 조그마한 철제 책상에 마주 보고 앉을 수 있는 두 개의 철제 의자가 놓여 있었다. 이 외에 실내에는 샤워기와 양변기, 그리고 조그마한 욕조가 갖추어진 화장실이 마련돼 있었다. 순간 '아, 바로 여기가 그 악명 높은 빙고호텔이구나' 하는 생각이 들었다.

"당분간 제가 이 방에서 모시겠습니다. 불편한 것이 있으시면 말씀해 주십시오. 제가 담당 수사관입니다. 앞으로 혹 잘못이 있더라도 이해해 주십시오." 나를 안내한 보안사 요원이 내게 말했다. '흥. 네놈들이 나를 이곳에서 조지겠다는 모양인데, 기왕 죽을 몸 네놈들 마음대로 해 봐라!' 이런 반발심이 가슴속에서 솟구쳐 올랐다. "사령관님, 담배 피우시죠?" 수사관이라는 자가 담배를 꺼내 내게 권했다.

담배 하나를 물고 단숨에 몇 모금 빨았더니 머리가 핑 돌면서 현기증이 일어났다. 당연한 일이었다. 4년 전에 담배를 끊었던데다가 지난밤에 오만 악을 다 쓰면서 악몽 같은 밤을 지새웠으니, 현기증이 일어나는 게 무리는 아니었다. 그래서 잠시 눈을 감고 정신을 가다듬었다. 눈을 떠보니 세탁도 제대로 하지 않은 허름한 작업복을 갖다 놓고 입으라고 했다. 단추도 몇 개 붙어 있지 않고 허리띠도 없는 것이었다.

정말 어이없었다. 내 나이 오십 평생 30년이나 군 생활을 하면서 생과 사를 초월하는 전투를 수없이 치르며 삶과 죽음에 대해 나름 생각을 많이 했다.

그런데 공교롭게도 12·12 군사반란 직전에 중동 지역에서 '파레비'란 왕조가 '호메이니'의 혁명정부에 의해 무너졌다. 이에 따라 '파레비' 왕조의 친위 장군들이 연일 처형되고 있었다. 내가 마지막으로 들은 12월 11일의 저녁 뉴스에 따르면 이날까지 처형된 이란 장군들의 수가 무려 72명이었다.

서빙고로 연행되어 오면서, 12·12 군사반란을 진압하려다 실패한 거의 유일한 사령관이었기 때문에 처형 제1호가 될 것을 각오했다. 이 사실을 알고 있던 다른 이들도 그렇게 생각하고 있었을 것이다.

수사관들은 빨리 옷을 갈아입으라고 독촉하고 있었다. 그러나 나는 여기서 죽는 한이 있더라도 역모 쿠데타를 막기 위해 끝까지 사력을 다했던 내 신조와 소식을 굽히지 않겠다고 다짐하면서, 줄곧 담배만 태우고 기합 섞인 큰기침을 하며 그들의 행동을 지켜만 보고 있었다.

날은 완전히 밝아 이른 아침이 되었다. 담배를 피우고 앉아 있는데, 식사당번병이 아침을 가지고 들어왔다. 나는 혼자 의자에 걸터앉은 채 내가 이 세상에 남기고 갈 수 있는 일들이 무엇인가를 마음속으로 생각해 보았다. 약 열 시간 만에 처음으로 가진 조용한 시간이라 그런지 몰라도, 격해 있던 마음이 가라앉고 한없이 약해진 듯했다.

가족들의 모습이 하나하나 눈앞에 떠올랐다. 홀로 계시는 아버님이 제일 먼저 생각났다. 언젠가 아버님께 재혼을 권하자 "그런 소리 말거라. 나는 네가 군에서 승승장구하는 것을 보는 게 내 여생의 희망이자 낙인데, 다 늙은 처지(당시 73세였으나 관악산 정상까지 단숨에 오르내리시는 건강한 체구였고 평생 유학에 전념)에 무슨 재혼을 해!"라고 말하셨다. 그런 아버님이 이 불효자가 먼저 세상을 떠났다는 소식을 접하시면 어떻게 될까.

그리고 이제 겨우 외국어대학 스페인어과 1학년생인 귀여운 딸 현리와 대학입시를 앞두고 공부에 전념하고 있는 아들 성호, 군인 특유의 가난과 역경 속에서 열일곱 번이나 넘게 이삿짐을 싸고 풀기에 바빴던 아내가 혼자서 연로한 아버님을 모시고 자식들의 뒷바라지까지 하면서 고생할 일을 생각하니 죽음이 원망스러웠다. 군인으로서 짧은 생이 될지라도 명예롭고 영광된 죽음을 맞겠다고 입버릇처럼 말해왔는데 이상했다. 나는 내가 마음이 약해진 탓이라고 생각했다.

그런 생각들을 털어버리기 위해 자리에서 일어나 창가에 다가갔다. 감방의 쇠창살 밖으로 아들이 다니고 있는 중경고등학교가 보였다. 나는 그 교사를 물끄러미 바라보면서 '아들 녀석은 지금 아비가 반란의 무리들을 치다가 역적이 되어 이곳에 갇힌 채 죽음을 기다리고 있다는 것도 모르고 공부에 열중하고 있겠지!' 생각했다. 그러자 나도 모르게 눈시울이 뜨거워지면서 굵은 눈물방울이 양볼을 타고 흘러내렸다.

이때, 밖에서 인기척이 들렸다. 부하들에게 잠자는 모습과 눈물을 보이지 않는다는 것은 지휘관의 불문율이었기 때문에, 나는 얼른 세면대로 가서 세수한 뒤 약해진 모습을 들키지 않으려고 일부러 군소리를 했다. "장태완이 죽을 때 죽더라도 할 건 해야지. 세수하는 기분은 밖이나 여기나 매한가지군." 그러나 그들은 내 말에 속지 않은 듯했다. 내가 출감(出監)할 때, 그동안 유난히 친해진 수사관이 작별 인사를 하면서 이런 말을 했다. "사령관님이 이곳에 들어오신 이후 눈물짓는 것을 두 번 봤습니다. 첫 번째는 이곳에 들어오시던 날 아침, 아드님이 다니는 중경고등학교를 바라보며 흘린 눈물이고, 두 번째는 전역서를 쓰실 때였습니다." "야! 이 사람아, 내가 언제 그랬어. 어디 가서 함부러 그런 소리 말아."

그들에게 눈물을 보이지 않으려고 세수까지 했는데, 이미 알고 있었다니. 그들이 수감되어 있는 나의 동태를 얼마나 세밀히 감시하고 있었는가를 알 수 있는 일이었다.

죽음을 각오한 심문 조사

얼마 후에 새로운 수사관 하나가 내 방에 들어왔다. 방금 전까지 가죽 잠바에다 가죽 장갑을 끼고 주변에서 서성대던 대여섯 명의 수사관들과는 근본적으로 다른 면을 보여주는 수사관이었다. 우선 생김새부터 겸손하고 얌전하게 생겼을 뿐 아니라 복장도 깨끗한 와이셔츠에 넥타이까지 맨 단정한 모습이었다.

그는 나에게 정중히 인사를 하고 나서 입을 열었다. "사령관님, 용서하십시오. 저희 수사관들도 처자식을 거느리고 있는 직업군인이고 수사가 저희의 본업입니다. 죄송합니다만 사령관님이 이곳에 계시는 동안에는 저를 좀 도와주셔야겠습니다. 우선 이곳에도 규칙이 있으니 지켜주시지요. 바로 옆방에는 김재규, 정승화 총장님도 계십니다. 누구나 이곳에 들어오면 옷을 갈

아입게 되어 있습니다. 사령관님께서 입고 계시는 군복은 나가
실 때 그대로 돌려드립니다. 그러니 옷을 갈아입어 주셨으면 합
니다." 수사관은 나에게 애원하듯 말했다. 나는 얌전한 수사관의
애원에 가까운 말을 거절할 수 없었다. "그럼 당신이 하라는 대로
하지." 나의 그런 말에 수사관은 어느 정도 마음이 놓인 듯 입가
에 미소를 흘렸고, 나로서는 이것이 수사관의 심문에 응하게 된
동기가 되었다.

여하간 나는 옷을 갈아입은 뒤 심문에 응했다. 심문조서를 할
때 으레 모두에서 하는 본적, 주소, 생년월일, 성명 등 신상에 관
한 질문이 끝나자 본격적인 심문에 들어갔다.

① 수경사령관 겸 수도 서울의 계엄사무소장이오.

② 작전 총사령관이오.

③ 모든 작전 명령과 전투 행위의 지시(발포명령 포함).

④ 진압 전투부대 요청 강요.

⑤ 반란 두목들에 대한 무조건 사살 및 체포 명령.

⑥ 1979년 12월 12일 밤 8시부터 12월 13일 새벽 4시까지
일체의 작전 및 전투 지휘.

등등 수사관이 묻는 대로 무조건 다 그렇다고 대답했다. 내가
고분고분 심문에 응한 것은 수사관이 신사적으로 대해 주었기
때문이다. 만일 내가 응하지 않으면, 강압적인 수사관으로 바뀔
것이므로 그 상황은 피하고 싶었다. 그리고 또 한 가지 이유를 대
자면, 이번 사건의 모든 책임은 나 혼자 져야지 다른 사람에게 책

임을 전가할 수 없는 형편이었다. 수도 서울에서의 반란 진압 책임은 수경사령관에게 있다. 사령관으로서 당연하게 져야 할 책임을 다른 사람과 나누고 싶지 않았다.

나는 이 기회에 수사관들에게도 할 말은 해야겠다고 생각했다. 그리하여 12·12 군사 역모를 꾀한 전두환, 노태우, 유학성, 차규헌, 황영시 장군 등을 비롯하여 그에 가담한 추종자들은 엄연한 반란자이며, 이들에게 적용되는 군형법 위반 사항 몇 가지를 다음과 같이 열거했다. 내가 이렇게 말할 수 있었던 것은, 불과 수일 전 수경사의 작전 통제를 경호실이 아니라 참모총장에게 받게끔 내 손으로 수경사 설치령을 개정하면서 법무참모와 함께 군관계법과 군형법을 공부했기 때문이다.

첫째, 반란죄. 둘째, 이적(利敵)의 죄. 셋째, 지휘권 남용의 죄. 넷째, 수소 이탈의 죄. 다섯째, 군무 이탈의 죄. 여섯째, 항명(抗命)의 죄. 일곱째, 모욕(侮辱)의 죄. 여덟째, 위령(違令)의 죄. 그리고 나는 이상과 같은 군형법을 무시하고 역모를 꾀한 자들을 진압하려고 한 나의 충정이 군형법 조항 중 어디에 위반되느냐고 반문했다. 그리고 수도경비사령관의 임무가 무엇인지 아느냐고 따져 물었다.

"오로지 나는 한 군인으로서 그리고 수경사 사령관 겸 서울의 수도계엄사무소장으로서 나의 책임을 다하려고 했던 것뿐인데, 이것을 죄가 되게끔 만들려면 군형법은 물론 형법까지 개정해야 할 거요. 만일 내가 당신 사령관인 전두환의 꾐에 빠져 그

쪽으로 가담했었다면, 이는 군형법의 국가반란 방조죄와 지휘권 남용의 죄, 근무태만의 죄 등 범법자가 되어 마땅히 감방에 수감돼야 하겠지." 수사관은 나의 말을 제지하지도 않고 그저 듣고만 있었다. 나는 다시 말을 이었다.

"수사관은 지금 내 말을 어떻게 받아들이고 있는지 몰라도 나는 수도경비사령관으로서 군사 쿠데타를 제압하지 못한 책임을 뼈저리게 느끼고 있소. 지금이라도 내가 요망하는 전투 병력을 누가 지원해 준다면 당신 사령관인 전두환을 위시한 모든 쿠데타 가담자를 체포해서 군형법과 계엄범에 따라 엄중 처단할 것이오. 그러니 나를 쿠데타 방해의 주범자로 빨리 총살하시오. 나는 이곳에 이미 죽음을 각오한 사람이오. 물론 당신들도 5·16 때처럼 혁명조치법을 제정해서 나를 이란 '파레비' 왕조의 장군들처럼 반혁명 제1호로 처단할 것이 아니오?" 수사관은 내가 하는 말을 열심히 받아서 기록했다. 그 말을 끝으로 조사관도 더 이상의 것을 묻지 않고 심문을 끝냈다.

그리고 여기서 이렇게 생각했다. 군형법은 쿠데타 주모자들에게 사형까지 선고할 수 있다. 지금 나는 그러한 사형수들에 의해 억울한 단죄를 받고 있다. 언제가 될지는 모르겠으나 범법자들에 의한 국가통치가 끝나는 날, 살아남은 12·12 사태의 피해자들은 원고가 되어 그들을 단죄하게 될 것이다. 내가 지금 죽어서 구천을 헤매더라도 그날이 오면 나의 원혼도 비로소 쿠데타 진압 실패에 대한 속죄를 받게 될 것이 아닌가 하고.

나중에 안 일이지만, 그들은 오히려 나에게 반란죄를 역으로 뒤집어씌우기 위해 검찰청 1급 검사들의 지원을 받아 심문할 준비까지 했었으나 쿠데타를 합법화할 법적조치가 없었기 때문에 반란죄를 씌우지 못했다는 것이다. 부대설치령을 개정할 때, 참모들에게만 맡기지 않고 바쁜 와중에도 직접 관여하여 군 관계법을 익힌 것이 큰 도움을 주었다. 쿠데타에 성공한 그들이 나를 살려둘 리 없다는 생각에 남은 생을 포기하고, 모든 책임은 나에게 있으며 지금이라도 병력이 주어진다면 쿠데타를 진입하러 가겠다고 솔직하게 말한 게 전화위복이 된 것 같기도 했다. 첫날 장시간에 걸친 심문을 끝낸 수사관은 사나흘 동안 나의 방에 나타나지 않았다.

이곳의 규칙을 보면 아무리 수사관이라 해도 수사를 위한 목적이 아니면 수감자 방에 멋대로 출입할 수 없었다. 식사당번병도 배식 시간 외에는 출입할 수 없었고, 위생병도 호출이 없는 한 출입할 수 없었다. 그리고 수사도 담당 수사관이 아닌 다른 수사관들의 출입은 엄격하게 통제되었다.

나는 이곳에 수감된 이후 사나흘 동안 그들이 배식해 주는 식사는 거의 먹지 않고 이따금 음료수만 마시면서 단식하다시피 했다. 그러나 마음속 깊숙이 담긴 울분이 아직 사그라지지 않았는지, 화장실에 가면 검은 혈변이 나와 변기 물을 붉게 물들였다.

원인이 무엇인지 알아보기 위해 군의관을 불렀더니 군의관 대신 위생병이 왔다. 상태를 보여주면서 원인을 물었으나 그가 알 리 없었다. 그래서 나는 위생병에게 약을 부탁했다. "군의관에게 말해서 원인이 뭔지 좀 알아봐." "네. 알겠습니다." 대답하고 나간 위생병은 네다섯 시간 뒤에 맨손으로 나타나서 "장군님! 화내지 마십시오. 군의관님 말씀은 장출혈이라고 하십니다. 그러니까 단식하시면 안 되고 식사하시랍니다" 하고 슬그머니 나가 버렸다.

이로부터 수일이 지난 후, 수사관이 조서를 받기 위해 내 방에 나타났다. 워낙 친절하고 예의를 갖출 줄 아는 수사관이라 나는 그를 반갑게 맞았다. "보아하니 나한테 무슨 조서를 또 받으려고 하는 것 같은데, 난 기왕 죽을 몸이라 당신이 조서를 꾸미는 데 순순히 응해 줄 테니까 내가 궁금해하는 점부터 먼저 알려 줄 수 없겠소?" 그러자 수사관은 매우 부드러운 표정으로 '말씀해 보시라'고 했다. "나 이 세상에서 더 살고 싶지 않아 빨리 죽고만 싶소. 그동안 당신도 오지 않아 혼자 지내면서 죽음에 대한 모든 준비를 나름대로 거의 끝냈소. 가족들에 관한 문제를 비롯해 전두환 같은 정치군인들에 대한 적개심, 12·12 군사반란 진압의 실패 원인에 대한 분석과 내게 등을 돌린 자들에 대한 원망과 저주, 그리고 지금껏 살아오면서 지은 여러 가지 죄 등 너무나 많은 것들을 생각해 봤지만 그런 생각 자체가 백해무익하다는 것을 깨달았소. 왜냐하면 지금 내 처지에서 무엇 한 가지라도 해결할 수 있는 게 없기 때문이오."

수사관은 진지한 표정으로 나의 말을 듣고 있었다. "지금까지 나는 자신교(自信教)로 살아왔었지만 이젠 인간 능력의 한계에 도달해 있음을 절실하게 깨닫게 되었소. 당번병에게 성경이나 불경책도 좋고 없으면 아무 종교서적도 좋으니 좀 들여보내 달라고 부탁한 지가 2~3일이 지났는데도 아무 소식이 없으니 도와주시오. 그리고 여하간 나는 여기서 얼마를 더 있어야 송치가 되는 거요?" 나는 수사관에게 단도직입적으로 물었다. 그러나 아무 말도 않기에 나는 다시 말을 이었다. "나를 죽이기 위해서 김재규처럼 재판을 오래 끌 필요는 없지 않겠소? 여기서 조서를 받으려고 하는 것도 내가 한 일, 안 한 일들을 가려내기 위해서 하는 모양인데, 나는 당초부터 내가 다 한 일이라고 분명히 말했고, 수사관은 그런 말을 전부 기록까지 했지 않소. 이제 무슨 조서 작성이 더 필요하고 또 재판 절차가 필요하오? 그러니 나에게는 변호사도 필요 없고, 이심 재판도 필요 없고, 단심 재판으로 족하니 빨리 좀 진행시켜 줄 것은 당부하오."

경어까지 써가며 애원하듯 말하자 수사관은 모처럼 무겁게 입을 열었다. "말씀 잘 들었습니다. 성경은 가족들에게 연락해 놓았으니까 곧 가져올 것입니다. 그리고 여기는 지금 정승화 장군, 이건영 장군, 문홍구 장군 등도 들어와 계시고, 정병주 장군과 하소곤 장군은 국군 통합병원에서 입원 가료 중에 있기 때문에 그분들과 함께 재판을 하려면 몇 달이 걸릴 것으로 생각합니다." "아니, 몇 달이 걸려?" "네, 그렇습니다." 수사관은 그렇게 대답하고 방을 나갔다.

이로부터 약 한 시간쯤 지나서 담당 수사관이 다시 내 방으로 들어와 김재규 사건과 관련성을 조사하기 시작했다. "사령관님! 김재규 장군을 잘 아시죠? 사령관님 고향이 인동이고 김재규 장군의 고향은 거기서 30리밖에 떨어져 있지 않은 선산인데요." 나는 그 말을 듣자 어이가 없었다. "여보시오! 자리에서 일어나 나와 같이 옆방으로 가지. 내가 김재규 장군 같은 높은 사람을 진작 알았더라면 팔자가 좀 달라졌을 거야. 같은 장군이니까 내 이름 석 자 정도는 알고 있을지 모르나 나와 같이 근무했거나 아니면 나의 군사 경력을 얼마만큼 알고 있는지 직접 김재규 장군에게 가서 물어봐요. 그리고 최근 2~3년 사이 나와 만난 사실이 있는가도 함께 말이오."

그렇게 말하자 수사관은 또 엉뚱한 말을 끄집어냈다. "지금 여기에 와 있는 다른 장군들은 다 김재규 장군으로부터 500만 원 이상씩 큰돈을 받았다고 하는데 사령관님께서는 얼마나 받으셨습니까?" "그래! 그렇다면 나는 아직 받지 못한 것이 아쉬운데, 죽기 전에 나도 500만 원이라는 거액의 돈을 좀 받도록 해줘요." 내 대답에 수사관은 더 이상 김재규 사건과 연관시켜 묻지 않았다. 내가 보기에 각각의 수사관들이 연관된 사건을 분담해서 조사하여 그 조사 결과를 일반 합동회의를 통해 세밀하게 검토하고 또 분석하기 때문에 웬만한 속임수는 통하지 않는 매우 수준 높은 수사를 하고 있는 것 같았다.

다음 날, 수사관은 다시 나를 찾아와서 집에서 보내 준 가톨릭 공동 번역 성서를 전해 주고 돌아갔다. 그동안 잊으려고 노력했던 가족들이 혹 소식을 전하는 쪽지라도 끼어 보냈을까 하여 2,500쪽이 넘는 듯 보이는 두터운 책장을 뒤져보고 또 뒤져보았으나 아무것도 없었다. 그만 나는 성경책을 덮어버렸다. 그리고 이날 밤은 가족들 생각으로 잠을 통 이룰 수 없었다.

이곳에서는 수감자들의 자살 또는 탈주를 방지하기 위해 밤에도 소등하는 법이 없으며, 조서받는 시간 외에는 항상 방문을 개방해 놓고 복도에서 순찰병이 방 안에 있는 수감자의 동태를 항시 감시하게끔 하고 있기에, 밤이 가장 지루하고 또 잡념이 많아진다. 독방이다 보니 외로움에 고통을 느낄 때도 많았다.

나는 가족들 생각과 조수처럼 밀려드는 잡념들을 떨쳐 버릴 수가 없어 침대에서 벌떡 일어나 책상으로 갔다. 그리고 성경을 펴놓고 읽기 시작했다. 먼동이 트고 날이 밝기 시작할 때까지 읽었다. 약 50쪽 이상을 읽었는데도 머릿속에 남은 것이라곤 하나도 없었으며, 그렇게 어렵고 싱거운 책을 읽어보기도 처음이었다. 그러나 언젠가 읽고 싶었기에 낮에도 읽다가 잠이 오면 자고, 잠이 깨면 다시 읽었다. 나는 책의 순서를 따르지 않고 읽고 싶은 곳을 찾아 그때그때 읽었다.

독서의 재미란 읽으면 읽을수록 체계가 잡히고, 그 책이 뜻하는 바를 인식할 수 있게 될 때까지 계속 읽게 되고, 다 읽어갈 무렵이면 뭔가 아쉬움이 들어야 생긴다. 하지만 이 성경책은 머리에 남는 것도 없고 독서의 체계도 잡히지 않는 것 같았다. 그러나 신약으로 넘어가니 구약보다 쉬운 것 같아 매력을 약간 느꼈다.

그런 생활도 일주일이 지났다. 읽고 있으면 짜증만 나던 성경책도 여전히 이해되지 않는 내용이 많았지만, 읽지 않을 때보다는 마음이 안정되었다. 수감 2개월 동안 성경을 아무 뜻도 모르고 두 번이나 읽었는데, 출감 후 개신교 2년, 가톨릭 9년의 신앙생활을 할 때보다 이때가 더 많이 읽은 것 같다. 알고 보니 나에게 성경책을 보내 준 가족이 바로 제수씨였다. 앞으로의 여생을 천주님께 인도해 준 길잡이인 제수씨께 나는 여러 번 마음속으로 감사를 드렸다.

수사관의
끈질긴 배후 수사

오래간만에 담당 수사관이 내 방을 찾아왔다. "여보, 오래간만인데 오늘은 무슨 일로 왔소? 이제 형장으로 끌려갈 때가 돼서 찾아온 거요?" 나는 반농담조로 그를 맞았다. 수사관의 말에 따르면, 아무리 흉악범이나 간첩일지라도 일주일에서 한 달 정도 조사하다 보면 그가 범한 죄는 밉지만, 인간적인 정이 무척 깊어진다고 한다. 특히 장기간 취급하는 간첩 사건을 담당하고 있다가 송치한 후 사형이 집행됐다는 소식을 들으면 며칠 잠을 제대로 이루지 못할 정도로 마음이 아프다는 것이다. 인지상정(人之常情)이라는 말은 바로 그러한 인간의 본성을 두고 하는 말 같다.

나도 이제는 담당 수사관과 미운 정 고운 정이 꽤 든 셈이었다. "사령관님! 오늘은 정승화 총장님과의 관계에 대해서 좀 말

쏨해 주십사 하고 왔습니다." 수사관의 첫마디였다. "여보, 그런 일이라면 총장님이 바로 이웃 방에 계시니까 거기 가서 물어보시오. 그분은 아직 나의 가족관계도 모르고 계실 거요." "그러나 사령관님의 말씀을 듣고 싶습니다." "그렇다면 말해 주지. (이 부분은 앞에서 기술한 내용과 중복되는 것임) 1968년 말 내가 한신 제1야전군 사령관에게 발탁되어 갔을 때 그분은 참모장으로서 사령부 내부 관리에 주력하셨고, 나는 작전처 차장 겸 검열단장으로 주로 예하 군단, 사단 지역에 상주하면서 검열을 했지. 검열이 끝나면 사령부로 돌아가서 약 일주일 동안 머물러 있으면서 전체 참모회의에 나가 검열 결과를 보고하고는 다음 검열 준비를 한 다음 다시 예하 부대 검열에 임하지. 그러나 지휘 검열은 부사령관 소관이기 때문에 참모장은 접촉할 기회도 별로 없었던 거야. 그나마도 그분은 내가 사령부로 간 지 3개월 만에 육본 관리참모부장으로 영전하셨기 때문에 내가 수도경비사령관으로 나올 때 그분은 겨우 나의 이름 석 자밖엔 모르고 있던 그런 관계요."

"알겠습니다. 그러나 정 총장 취임 후, 더구나 10·26 시해사건 후 비상시국하에 제일 중요한 요직에다 장 사령관님을 임명했다는 것은 누가 봐도 정 총장님과의 친분 관계를 먼저 생각해 보게 하는 문제 아닙니까? 저희 보안사령관님께서는 특히 이 점에 관해서 명확하게 조사하라는 엄명이십니다. 그러니 조그마한 관계까지도 솔직하게 말씀해 주십시오." 수사관은 매우 심각한 표정으로 말했다.

"그렇다면 솔직하게 말해 주지. 야전군에서 있었던 일은 이미 말했으니 생략하고, 내가 1979년 초에 육본 교육참모부 차장으로 있을 때 그분이 참모총장으로 부임해 오셨지. 그러나 그분이 총장으로 취임한 후 각 참모부 순시도 채 끝나기 전에 나는 국방부 장교교육제도 개선위원회 위원장으로 파견되어 육·해·공군 장교 10여 명과 함께 만 1년 동안 국방부에서 봉급을 받으며, 국방부 식당에서 식사까지 하면서 근무했는데 각 군 참모총장과 무슨 관계가 있었겠소? 기껏해야 각 군의 작전 아니면 교육 실무자들을 소집해서 개선방안검토회 내지 건의사항 등을 들었을 뿐이오. 그러다가 장관이 대통령께 빨리 보고드려야 한다고 재촉하기에 1979년 10월 초에 서둘러 연구보고서를 완료했던 것이지. 그런데 이때 부마(釜馬)사태가 발생하여 장관이 대통령에게 하기로 한 보고가 당분간 연기되자 우리 위원회는 해체되고 나는 육본으로 원대복귀 한 거야. 그리고 나는 총장님께 복귀 신고를 하면서 연구 내용을 간단히 보고드렸지. 그랬더니 총장님께서 매우 관심을 보이시면서 수일 내에 다시 보고받겠다고 하여 다음에 내가 직접 약 한 시간에 걸쳐 보고를 드린 거야. 그랬더니 매우 진지하게 들으신 후에 '장 장군! 필요하면 내가 육군 분야만이라도 대통령께 보고드리도록 하겠소' 하고 동석한 참모차장에게 좋은 연구 내용이니 육군 교육정책으로 채택 여부를 검토해 보라고 말씀하시더군. 나는 그런 말을 듣고 내 사무실로 돌아간 거야. 사실 그 연구소를 작성한 연구위원들은 각 군에서 차출된 우수한 장교들이었고, 그들은 선진국의 권위 있는 대학에서 박사학위를 취득한 그야말로 각 군에서는 가장 우수한 실력자들이 었소. 이들이 1년 동안 북한을 포함한 세계 각국의 군사교육제도 자료들을 수많이 수집해서 연구한 결과였던 것이오. (이것은 지금도 육군의 장기 교육정책 자료로 사용되고 있음). 이 한 시간의 연구 보고가 총장님께 내가 드린 첫 업무 보고이자 평가받는 기회였겠지. 그리고 이보다 더 중요한 것은 나의 전임인 전성기 장군이 육군 정기인사계획에 의거 군단장으로 영전하게 되자 그 후임 사령관을 물색하는 데 있어서 정 참모총장님이 가장 친밀한 관계에 있었던 이병형 장군(전 5군단장, 합참본부장, 2군사령관, 현 전쟁기념사업회장)에게 수경사령관 적임자가 있으면 추천해 달라고 부탁한 것으로 알고 있어요. 그분이 5군단장님으로 계실 때 내가 참모장으로 모신 일이 있고, 또 그분은 1953~1954년에 미국 보병학교 유학을 함께 갔던 연유로 그분이 나를 실제보다 좋게 추천해 주신 것으로 알고 있어요. 또 총장께서는 2군사령관이신 진종채 장군에게도 같은 말씀을 한 것으로 알고 있어요. 그분도 나를 실제 이상으로 잘 추천해 주신 걸로 알고 있어요. (윤필용 사건 후 진종채 장군이 수경사령관으로 부임해서 부족한 나를 참모장으로 써주셨기에 재임 2년 4개월 동안 줄곧 영내 생활을 하면서 성심껏 모셨다). 그리하여 총장님께서도 그런 점 등을 고려하여 나를 수경사령관으로 임명한 것이지 어떤 특별한 인간관계나 다른 사연으로 임명한 것으로는 절대 생각지 않아요." 나의 진술을 듣고 난 수사관은 알겠다는 듯 자리에서 일어났다.

그 당시 정승화 총장 휘하에 수많은 고급 장군이 있었다. 인제 와서 돌이켜 봐도 추천해 준 분들을 믿고 나처럼 부족한 사람을 그 중요한 직책에 발탁해 준 것을 보면 군을 공명정대하게 지휘하겠다는 그분의 신념을 엿볼 수 있다. 만일 그분이 나보다 더 능력 있는 장군을 발탁했었더라면 그런 불행이 일어나지 않았을 것 아닌가 하는 아쉬움과 무한한 죄책감마저 느끼게 된다.

그로부터 수일 후, 수사관이 뭔지는 몰라도 보자기에 싼 큰 보따리 하나를 들고 내 방으로 들어왔다. 나는 그 보따리를 보고 나에게서 무엇을 또 캐물으려고 저렇게 한 짐을 들고 오는 것일까? 도대체 전두환이가 나를 어떤 죄에다 얽어매서 악명 높은 죽음으로 몰아가려고 저러는 걸까? 하는 생각이 들었다. 그러나 나는 아무것도 모르는 척 짐짓 성경만 읽고 있었다. 수사관은 평상시처럼 조서 용지를 책상 위에 펴놓고 입을 열었다.

"사령관님! 오래되기는 했지만 혹 사단장 재임 시에 부대 운용상 부득이한 사정으로 공금을 유용한 사실을 기억하고 계십니까?" 참으로 어이가 없었다. 이제는 꼬투리를 잡아낼 것이 없으니까 사단장 당시의 경리 문제까지 캐고 드는구나, 하는 생각이 들어 잠시 수사관을 바라보고 나서 입을 열었다.

"이 사람아, 내가 사단장을 지낸 것은 1975년 7월에서 1978년 초까지고, 그때 사단장 판공비가 월 2만 원이었던 것이 내가 사단장을 끝낼 무렵에 가서 20만 원으로 인상된 것으로 알고 있어요. 원래 사단 살림살이는 사단장이 하는 것이 아니라 참모장이 하는 것 아닌가. 솔직하게 말해서 나는 한 달에 한 번 외출 나갈 때 5만 원 내지 10만 원 정도 가져다 쓴 것 외엔 없고, 부대 내에서는 가끔 사단장 공관에서 참모들이나 예하 지휘관들과 막걸리 파티를 한 일이 있지. 그런 걸 인제 와서 내가 어떻게 다 기억하고 있나. 그런 건 당시 참모장이나 경리참모를 불러서 물어보게."

그러자 수사관이 하는 말이 걸작이었다. 그는 자기가 들고 온 보따리를 가리키면서 "사령관님! 이 보따리가 바로 그 당시의 사단 경리장부입니다" 하고 말했다. 나는 그들의 끈질긴 수사에 놀랐다. "아니, 사단까지 가서 장부까지 뒤져 가지고 와서, 그래 털어 보니 먼지가 많이 나던가?" 내가 그렇게 되묻자 수사관은 대답 대신 빙긋 웃었다. 이후 그는 몇 가지 사항만 더 묻고 나서 그 무거운 보따리를 다시 들고 자리에서 일어섰다.

처음으로 들은
가족들의 소식

수사관에게 부탁할 것이 있어서 나가려고 하는 그를 다시 불렀다. "내가 수사관에게 부탁할 것이 있는데, 다름 아니라 오래전부터 위장병이 있어서 '암포젤'을 복용해 왔었는데 여기 와서 약을 먹지 못하니까 병이 부쩍 더 하군. 그래서 약을 좀 먹어야 할 텐데 미안하지만 우리 집에 연락해서 약을 들여보내 줄 수 없겠소? 내가 먹던 암포젤이 몇 병 남아 있는데…." "위장이 많이 나쁘십니까?" "내가 요즘 신경을 많이 써서 그런가는 몰라도 이따금 식사도 못할 지경이야." "알겠습니다. 가능하면 약을 가져가 드리도록 하겠습니다만, 이곳에 계시는 한 건강에 유의하셔야 합니다. 사령관님!" 수사관은 그렇게 말하고는 돌아갔다.

내가 서빙고 분실에 감금되면서부터 보안사령부에서는 사병

두 명을 일주일씩 교대로 우리 집에다 상주시켜 놓고 주야로 출입자와 가족들의 일일 동향을 감시하고 보안사에다 보고하고 있었다. 나는 수사관에게 부탁한 암포젤을 빨라야 일주일 후에나 받을 수 있을 것으로 생각하고 있었다. 그런데 바로 다음 날, 당번 한 명이 내 방으로 들어와 약간 당황하는 표정으로 주변을 살피면서 나에게 다가왔다. 그러고는 어제 수사관에게 부탁했던 암포젤 약병과 접은 종이쪽지 하나를 호주머니 속에서 꺼내주며 나직한 목소리로 말했다. "사령관님! 따님의 편지입니다. 조심하셔서 읽어보십시오."

나는 약도 약이었지만 딸이 보내 준 편지라는 말에 떨리는 손으로 얼른 받았다. 약과 편지를 나에게 전해 준 당번은 남들의 시선을 피하기 위해서 재빠르게 방을 나가버렸다. 그동안 가족들을 잊기 위해서 온갖 노력을 하며 성경 공부와 조사받는 일에만 열중해 오고 있던 차에 나의 귀여운 딸이 모처럼 쓴 편지를 받고 보니 가슴이 뭉클해지면서 너무나도 기쁜 마음에 두 눈에서 솟구친 눈물이 양 볼을 타고 흘러내렸다. 내가 감방 생활을 하면서 처음으로 가져본 기쁨이었다.

내가 구속되면서 가족들을 잊으려고 온갖 노력을 다해온 이유는, 비록 내가 정권을 찬탈한 전두환에 의해 구속되었지만, 그들과 맞서 싸우기 위해서는 우선 내 마음이 강해져야 했기 때문이다. 백제의 계백장군은 5,000명의 결사대를 이끌고 마지막 결전장으로 출전하면서 "내 처자가 적에게 잡혀 노비가 되어 욕을 보며 살기보다는 차라리 죽는 것만 못하다"며 손수 처자를 죽이고 결전장으로 향했다. 자신의 마음을 가족 때문에 나약하게 만들고 싶지 않았던 무신정신의 발로였던 것이다.

나는 딸의 편지를 읽고 또 읽었다. 그러는 사이에 핏줄의 소중함을 새삼스럽게 느껴 가족들을 위해 시간이 날 때마다 기도를 드렸다. 딸이 보내 준 편지 내용은 다음과 같았다.

아빠! 그동안 어떻게 지내고 계세요? 엄마는 고모가 늘 옆에 계셔서 잘 지내고 계세요.

성호와 저도 열심히 공부하고 있어요. 성호는 아무런 표시도 나타내지 않고 열심히 공부만 하고 있는 것이 기특해요.

삼촌이랑 숙모도 자주 오셔서 옛날 얘기도 하시고 가세요.

아빠! 나 지금 얼마나 아빠가 보고 싶은지 몰라요. 지금처럼 아빠의 딸로 태어난 것을 무척 자랑스럽게 느껴본 적이 없었어요. 막상 글을 쓰려하니 하고 싶었던 그 많던 말들이 빨리 떠오르지가 않네요.

아빠! 건강은 어떠세요? 우린 아빠가 건강하시기만 바라고 있습니다.

난 아빠의 의지가 얼마나 강한지 알아요. 우리 가족들도 아빠처럼 굳세고, 침착하게 참고 기다리고 있어요. 만나는 날 모두의 표정이 어떨까 생각하니 벌써부터 가슴이 두근거려요.

아빠! 제 책상앞에 걸린 아빠의 사진이 항상 저를 내려다 보고 있어요. 때문에 난 늘 아빠랑 함께 있어요. 우리 걱정은 조금도 하시지 마세요. 고모는 수완이 아주 좋으세요.

식사는 남기시지 마시고요. 약도 제때에 꼭 드시도록 하세요.

아빠! 엄마가 잘 하시는 말 있잖아요. "우리 아빠 파이팅! 우리 식구 파이팅!"

변함없는 아빠의 딸 현리

딸의 글을 받아 본 일주일 후에 같은 방법으로 아내의 편지가 전해졌다. 내용은 다음과 같다.

여보!

그 안에서 오래도록 계시느라 얼마나 갑갑하세요. 무어라 안부를 물어야 좋을지 말문이 막힙니다.

지루한 날들이 벌써 두 달이나 되었군요. 이 글이 당신 손에 들어갈지 의문이나 제발 받아보시길 바라면서 성호가 쓰고 있는 연습장에다 몇자 적습니다.

집에 식구들이 잘 있다면 거짓이겠으나 당신을 애타게 기다리다 보면 그럭저럭 하루해가 저물고 또 날이 밝습니다. 아침에 눈을 뜰 때면 꿈인가 하고 정신을 가다듬고 생각해 보면 갑갑한 현실이 가슴을 억누릅니다. 하나 당신과 힘을 합쳐 새로이 용기를 가지고 살아야겠다고 다짐합니다.

오늘 내일 나오신다는 뜬소문에 답답한 마음 가눌 데 없고 오늘도 기다리며 시간을 보냅니다.

부디 몸 편히 계시다가 나오세요. 그날이 오늘이길 빌면서 이만 맺습니다. 현리와 성호는 공부 잘하고 있어요.

1월 30일 오전

성호 모 드림

건강하세요. 성경 많이 읽으세요.

나는 아내의 편지를 받아 보고 처음으로 전두환이 박정희 장군의 5·16 군사정변 같이 혁명 간판을 내걸고 재판으로 사람들을 마구 처단하려는 것이 아니고, 현행법 테두리 내에서 사건들을 처리하려 한다는 것을 알았다. 그렇다면 나는 자신이 있다고 생각했다. 현행법상으로는 내가 죄인이 아니고 바로 그들이 죄인이기 때문이었다. 나는 여기서 버틸 수 있는 데까지 버텨보자는 오기가 생겼다.

전두환과의 만남
그리고 석방

아내가 보내 준 편지에서 나의 석방설을 알고 난 후, 여러 각도로 수사관들을 유도하여 일체 차단된 외부 소식을 알아보기 위해 노력했다. 이즈음 나는 서빙고 분실에 있는 여러 수사관과 서로 무관할 정도의 인간관계를 유지하고 있었다. 게다가 수사도 얼추 끝이 났는지 수사관들의 감방 출입도 거의 없었다.

다행스럽게도 박 대통령 당시 차지철 경호실장이 청와대의 경비 강화를 위해 수도경비사령부에서 엄선한 장병들로 33대(대장 최석립 중령)라는 새로운 부대를 창설했는데 이것은 내가 수경사령관으로 부임하기 직전의 일이었다. 이 33대는 경호실에 파견되었다가 10·26 시해사건 직후 합동수사본부에 배속되어 보안사령부 경비와 김재규 사건 관련자들의 가정 통제와 동향 파악 근무도 하고 경비 임무를 수행하는 등 잡다한 임무들을 맡고 있었다. 이 경비병들은 엄격하게 말하면 나의 부하인 셈이었다.

이 경비병들이 서빙고 분실에서 근무하면서 일주일씩 교대해 가며 우리 집에 감시 근무도 나가고 또 내가 있는 감방 근무도 하고 있다는 것을 가족의 편지를 통해 알게 되었다. 나는 기회가 있을 때마다 그들을 불러 심부름을 시키면서 외부의 정보도 수집해서 알려 줄 것을 부탁했다.

나는 그들이 수집하여 제공해 주는 정보를 하나하나 분석해 본 결과, 김재규의 공판을 완결하기 위해 정승화 총장만 기소하고, 본인과 이건영, 문홍구, 정병주, 하소곤 장군 등은 곧 석방될 것으로 예상했다.

그리고 수일이 지난 2월 초순, 우리를 석방할 것이니 예편서를 쓰라고 요구해 왔다.

나는 그 말을 듣고 수일 동안 고민을 했다. 석방해 주는 대신에 예편서를 쓰라고 하는 것은 천부당만부당한 일이었지만, 다른 한편으로, 마땅히 진압했어야 할 반란을 진압하지 못한 죄를 생각하면 국가와 국민 앞에 속죄를 빌어도 용서받지 못할 처지였기 때문에, 그들의 요구에 의해서가 아니라 국가와 민족 앞에 스스로 속죄하는 뜻에서 예편서를 미련 없이 쓰기로 했다. 나는 수사관을 불러 예편서는 쓰겠지만 전두환 장군을 만나기 전에는 여기서 한 발자국도 나가지 않겠다고 강경하게 말했다.

그랬더니 2월 5일 오후 4시경, 전두환 장군이 왔다는 수사관의 안내를 받아 2층에 있는 서빙고 분실장실로 올라갔다. 거기에는 합수본부 수사국장 이학봉 중령도 동석하고 있었다. 내가 면담실로 들어서자 전두환 장군이 자리에서 일어나 마중 나오면서 나의 손을 잡았다. "장 선배! 그동안 고생이 얼마나 많으셨습니까? 건강은 어떠십니까?" 그렇게 말하며 먼저 인사를 건네왔다. 70킬로그램에서 58킬로그램으로 빠져서 비쩍 마른 꼴을 보고 미안해하는 듯했다.

"나야 이래저래 죽을 놈인데 건강 같은 것이 문제겠소? 그런데 전 장군! 나는 수도경비사령관으로서 내 임무를 어떻게 수행했어야 하오?" 나는 할 말은 해야 했기에 그렇게 따져 물었다. 그러자 전 장군은 매우 어색한 표정을 하며 입을 열었다. "사실인즉, 정승화 장군이 김재규 사건과 관련이 있는데도 조사에 불응하셨기 때문에 군 발전을 위해서 건전한 뜻을 가진 황영시 장군, 차규헌 장군 그리고 유학성 장군을 모시고 정 총장님께 가서 총장직을 내놓고 약 6개월 정도 댁에서 쉬고 계시면 대사나 장관이나 또는 그보다 더한 자리를 보장해 드릴 것을 (여기서 쿠데타 계획이 사전에 치밀하게 짜였음을 짐작했음) 설득하려고 했었는데…, 오히려 이 세 분들이 정 총장님의 위압에 눌려서 목적을 달성하지 못할 경우에 대비해서 설득의 명수인 노태우 장군을 함께 보내려고 했던 겁니다. 그런데 총장님께서 완강하게 반대하는 바람에 그 내용이 장 선배에게 전달되어 사건이 그렇게 확대된 겁니다. 장 선배가 한강 교량을 막는 바람에 지금 금값이 얼마인 줄

압니까? 3만 원 하던 것이 7만 원으로 뛰었고, 국제 여론도 아주 좋지 않습니다." 전 장군은 말꼬리를 엉뚱한 금값으로 돌려 버렸다.

그러나 나는 그런 말에 개의치 않고 다시 다그쳐 물었다. "그렇다면 그런 사실을 왜 나에게 사전에 협조도 구하지 않았소? 아니면 그날 밤 연희동 요정으로 우릴 초대했었는데, 그 자리에서 우릴 연금시킬 수도 있었던 일이 아니오? 그 주연 장소에 당신네 부대원들을 위장 배치해 놓았다가 얼마든지 우릴 처치할 수 있지 않았소. 그런데도 내가 내 발로 지휘할 수 있는 부대로 가게 놔두었으니, 나로서는 의당 죽기 전까지 나의 기본 임무를 수행하는 게 당연한 일 아니오. 그리고 총장님을 연행해 갔다는 사실을 왜 처음부터 알려 주지 않았소?"

"장 선배님! 사실은 밑에 사람들이 장 선배를 사전에 연금하자는 것을 내가 야단을 쳤어요. 그 어른은 우리가 모시고 큰일을 함께할 분인데 그렇게 하면 되겠나? 하고 내가 책임지겠다고 했던 것인데, 그만 장 선배가 야단법석을 떠는 바람에 내가 얼마나 난처했는지 모릅니다. 장 선배가 그러지만 않았더라면 우리들은 그다음 날 장선배를 중장으로 진급시켜서 군단장으로 내보내려고 했습니다. 사정이 그렇게 된 것을 이해하시고 집에 가셔서 약 6개월 동안 쉬고 계시면 저희가 일자리를 마련해 드리겠습니다."

이토록 철저하게 계획한 모반을 까맣게 모르고 있던 나의 무지힘이 죽고 싶도록 후회가 되는 반면, 분이 치솟아 올랐다. "아니. 군인이 군 생활을 마치면 그것으로 그만이지 일자리는 무슨 일자리요. 그런데 정 총장님은 꼭 재판에 회부해서 형을 줄 생각이요?" "장 선배님! 그동안 돌아가고 있는 사정을 몰라서 그런 말을 하시는데, 지금 국내외적으로는 정 총장님에 대한 여론이 아주 나쁩니다. 그런데 장 선배는 왜 그런 것도 모르고 계세요."

전두환 장군의 말은 너무나 능청스러웠다. 그의 말이 어디까지 진실이고 어디까지 거짓인지 알 수 없어서 나는 더 이상의 대화를 않기로 했다. "자, 이제 그만둡시다. 모든것은 끝났소. 승부는 깨끗하게 합시다. 이 패장을 죽이지 않고 집으로 내보내 준다니 나가야지!" 나는 그 말을 남기고 자리에서 일어나 내 감방으로 돌아갔다.

수사관들이 예편서 용지를 가지고 이미 내 방에 와서 기다리고 있었다. "사령관님! 예편서를 써주셔야겠습니다." 한 수사관이 예편서를 내 앞으로 내밀었다. "뭐라고 쓰면 돼? 당신 부르는 대로 쓰겠소." 수사관을 바라보며 물었다. "네. 일신상의 사유로 인하여 예편을 상신합니다." "알았어!" 막상 펜을 들고 예편서를 쓰려고 하니 왈칵 울분이 다시 복받쳐 올랐다. 마음을 진정시킨 뒤 떨리는 손으로 예편서에다 몇 자를 적어 주었다.

그리고 수사관들이 물러간 뒤 나는 한동안 멍하게 서서 지난 과거를 회고해 보았다. 19세라는 어린 나이에 6·25 한국전쟁 발발로 조국이 누란의 위기에 처했을 때 오직 구국일념으로 군문에 투신하여 전쟁 3년간 무수한 사선을 넘고 오늘에 이르기까지 파란만장했던 군 생활을, 명예롭기는커녕 12·12 군사반란을 진압하지 못한 불충의 죄인이 되어 반란주모자들의 강압에 의해 30년 동안 몸담았던 군을 떠나야 한다니 억울하고 서운한 생각이 억장을 내리치는 것 같았다. 그리고 출감 후 만나보게 될 가족들의 모습을 그려보았다.

얼마 후에 수사관이 2개월 전 이곳으로 연행되어 올 때 입었던 소장 계급장의 군복(권총만 제외)을 가져왔다. 나는 군복으로 갈아입은 다음 착잡한 심정으로 감방을 나와 집으로 향했다. 1980년 2월 5일 오후 5시 경이었다.

저녁노을을 받으며 집에 도착하자 약 2개월 만에 감방에서 석방되어 나온 못난 패장인 나를, 아들딸과 아내, 누님 내외 그리고 장모님이 울음으로 맞아 주었다.

7장

아들을 가슴에 묻고

가택 연금과
아버님의 별세

1980년 3월 초, 감방에서 가택 연금 상태로 생활환경이 바뀌었다. 여기서 꼭 밝히고 싶은 것은 나는 국가와 민족과 역사 앞에 속죄받을 수 없는 죄인임을 자복한다. 이유야 어쨌든, 나는 국가가 맡겨 준 수도경비사령관과 비상계엄하의 수도계엄사무소장의 책무를 완수하지 못했다. 속죄를 비는 마음으로 가련한 생을 이어갈 뿐이다. 수도경비사령관 취임 24일 만에 겪은 사건이라는 점은 눈을 감는 순간까지 아쉬움으로 남아 괴로울 것이다.

1979년 12월 13일, 서빙고 보안사령부 특수수사대에 구속된 직후부터 나의 봉천동 집에는 두 명의 보안사령부(수도경비사령부에서 파견된 직속 부하) 요원이 자그마한 방 세 개밖에 없는 24평짜리 좁은 집에, 그것도 큰방에서 가장 근접한 딸의 방을 독점하고, 그 방에다 보안사령부와 직통으로 통할 수 있는 전화까지 가설해 놓은 뒤 출입인의 통제와 가족들의 동향을 감시하여 일일이 보안사령부에다 보고하고 있었다.

내가 서빙고에서 강제 연금을 당하던 2개월 동안 경황없고 난감했던 집안을 그나마 지탱해 준 건 나의 누님과 자형 내외의 지극한 보살핌이었다. 누님과 자형은 나의 결혼을 성사해 준 인연으로 우리의 결혼생활 20여 년 동안을 한결같이 보살펴 주고 도와 주었다. 그러한 관계로 누나와 자형이 12·12 군사반란 다음날 즉시 상경하여 내 집에서 상주하며 모든 가사를 처리해 주는 한편, 가족들을 위로해 주면서 용기를 잃지 않도록 해주었던 것이다. 그리하여 내가 서빙고 안에서 우려하고 있었던 집안 환경과는 달리 좋은 편에 있었다. 그야말로 이것은 동기간에 베풀 수 있는 정분과 지극한 정성 덕분이었다.

내가 서빙고에서 집으로 돌아온 후에도 합수부 요원들은 계속 상주해 있으면서 외부 출입을 통제하고 동향을 감시하면서 일거일동을 보안사에 보고하고 있었다. 내가 이발하러 갈 때나 목욕을 갈 때나 합수부 요원 한 명이 마치 그림자처럼 나의 곁을 잠시도 떨어져 있지 않았다. 더구나 이들은 장난도 요란하게 했고 소란스럽게 자주 전화를 걸어댔다. 고등학교 3학년으로 대학 입시를 준비하는 아들의 학업 방해가 이만저만이 아니었다.

몸이 무척 쇠약해진 상태에서 집에 돌아오니 긴장이 풀렸는지, 앉아 있다가 자리에서 일어설 때면 현기증이 일어나 여러 번 쓰러지기도 했다. 2개월 정도의 감방 생활로 이처럼 몸이 쇠약해진 것은 단식과 악풀이 분노, 심문 등으로 인한 정신적인 고통, 그리고 자살을 위한 여러 차례의 결의 다짐 등이 원인이었던 것 같다. 원기 회복을 위해 밖에 나가 산책이라도 하려면 어김없이 보안사 요원이 따라붙기 때문에 동네 사람들을 보기가 정말 민망할 지경이었다.

그러던 4월 17일 새벽 3시경, 대구에 살고 있는 형님으로부터 아버님이 임종 직전에 계신다는 전화를 받았다. 다급했지만 나는 자유의 몸이 아니고 감시를 받고 있었기 때문에 합동수사본부의 허락이 었어야만 대구로 내려갈 수가 있었다. 수사본부의 승인이 떨어진 뒤 나는 서둘러 대구로 향했다. 내려가는 길 머릿속에 오만가지 생각들이 떠올랐다.

앞에서도 잠깐 기술했지만 , 1950년의 6·25 동란으로 학생복에서 군복으로 갈아입고 육군종합학교에서 교육을 받은 후 육군소위로 임관되었다. 신임장교로서 내가 배치된 곳은 동부전선의 수도사단(장 송요찬 준장) 제26연대 2중대 3소대장이었다. 여기서 휴전 직전까지 연일 치열한 전투를 치러야 했던 나는 언제 전사할지 몰라 일부러 자식에 대한 부모님의 정을 끊어놓기 위해 소대장으로 부임한 이후 일절 편지를 드리지 않았다. 내가 자주 편지를 드리면 이것을 유일한 낙으로 삼고 계실 부모님 앞에, 어느 날 갑자기 아들의 전사통지서가 가면 어쩐단 말인가. 아들을 잃은 부모님의 충격은 곱절이 될 것이다. 부모님의 충격을 덜

어드리겠다는 어린 생각에 나온 불효심이었다.

자식이 편지 한 통 없었기에 어머님은 전쟁 3년 동안 밤마다 정한수를 떠 놓고 칠성님께 자식의 무운을 비셨다. 그러다 심장병을 얻곤 평생토록 고생하시다 자식의 장군 진급 발표 5개월을 남겨 놓고 67세의 나이로 세상을 떠나시고 말았다.

그 후 아버님은 대구에서 장군이 된 자식을 자랑하시면서 참모총장이 되는 것을 큰 소망으로 삼고 살아오셨고, 이따금 거나하게 취하시면 꼭 돌아가신 어머님을 생각하시면서 나의 장군진급을 기뻐하는 한시(漢詩)와 내가 승승장구하는 모습을 수필 형식의 글로 쓰셨는데 그것이 수백 편에 달했다. 그러던 아버님이 이제 임종을 앞두고 계신다니 이 불효자식의 눈에서는 계속 눈물이 흘러내렸다.

내가 대구에 도착해서 보니 나의 큰집으로 통하는 세 모퉁이의 길에는 안테나를 높이 단 대구 보안대의 차와 요원들이 와서 대기하고 있었다. 방 안으로 뛰어 들어갔더니 아버님께서는 똑똑한 눈빛으로 나를 바라보고 계셨다. "아버지! 이 불효막심한 태완이가 왔습니다. 용서하십시오. 아버님!" 그리 울부짖었지만, 이미 말문을 닫으신 아버님께서는 여전히 아무 말씀도 없으신 채 또렷한 눈빛으로 나를 바라만 보고 계셨다.

이 자리에서 금시초문의 말을 형님에게서 들었다. 대구 큰집에서는 내가 12·12 군사반란 당시 쿠데타군과 맞싸우다 패하여 감방에 들어가 있다는 사실을 숨겨 왔었다는 것이다. 그래서 아버님께서는 나의 불행한 생활을 모르고 계셨는데, 1979년 12월 24일 그러니까 12·12 군사반란으로부터 12일이 지난 이날 밤 우연히 텔레비전 방송을 보시다가 내가 쿠데타군에 체포·감금된 사실을 처음 아셨다는 것이다. 이날 방송 내용은 다음과 같다.

장태완 전 수도경비사령관은 정승화 전 육군참모총장과는 1970년 제1군 검열단장 당시 참모장으로 모시게 된 것을 계기로 1975년에서 1978년까지 제26사단장으로 재직 시에도 상호 밀접한 관계를 유지해 왔었다. 그러다가 1978년 8월 육본 교육참모부 차장 시에도 우수한 장군으로 총애를 받아오다가 박 대통령 시해사건 후인 1979년 11월에 수도경비사령관으로 발탁되자 신명을 다 바쳐 정승화 총장에게 충성을 다할 것을 결심하고, 일단 유사시엔 청와대 경호실장이 작전지시를 하게끔 되어 있는 수도경비사령부 지휘권을 참모총장이 하도록 규정을 개정하는 등 정승화 총장을 추종해 오던 자로서 12·12 사태 때는 정 총장을 구출한다는 구실로 전차부대 및 병력을 출동케 하고 발포명령까지 하달하는 한편, 이건영 제3군사령관에게 2개 사단을 지원 요청하는 등 조직적인 저항을 자행했다. (이 내용은 1979년 12월 25일 자 각 일간신문에 대서특필로 발표되었음).

아버님은 그런 내용의 방송을 들으시고 텔레비전을 방에서 내가라고 하신 다음, 문을 안에서 걸어 잠그고는 다음 날 아침부터 식사를 일체 거절하셨다. 매일 '대구막걸리'만 마시면서 외부와의 접촉을 끊고, "예부터 역모자들의 손에서 살아남을 수 없는 게 우리의 역사다. 그러니 내가 자식놈보다 먼저 세상을 떠나야 한다!"고 비통해하며 지내 오셨다는 것이다.

그러나 대구 큰집에서 이러한 사실을 나에게 알리지 않은 것은 나를 염려하여 가족회의에서 그렇게 결정했기 때문이라고 했다. 나는 그런 말을 듣고 나서 너무도 원통하고 분하고 슬펐다.

아버님은 내가 큰집에 도착한 지 20여 시간 만에 73세를 일기로 세상을 떠나셨다. 나는 심장의 박동이 멎은 아버님 가슴에 엎드려 한없이 통곡했다. 얼마나 많은 시간이 흐른 지 모르겠으나 가족들이 만류하는 바람에 허리를 펴고 이때까지 초점을 잃은 채 차마 못 감으신 아버님의 두 눈을 내 손으로 쓰다듬어서 감겨드리고는 "아버님! 이 불효막심한 자식 태완이를 원망해 주십시오. 그리고 천주님의 은총으로 어머님 곁으로 가셔서 이 세상에서 겪으신 모든 풍파와 고생을 떨쳐 버리시고 천국의 영생복락을 누려주십시오."

아버님 장례는 3일장으로 대구 북구 칠성동 성당에서 이문희(바오로) 주교님의 집전으로 장례미사를 마치고 선영인 경북 인동면 신동의 어머님 묘소 옆에 모셨다. 그리고 오늘날까지 이 불효자식의 가책과 용서를 빌며 천주님께 어머님과 더불어 천국에서 영생복락을 누리실 수 있도록 영혼 구원의 은총을 빌고 있다.

나는 장례를 치른 후 산에서 내려오며 부모님이 살아계실 적 자식으로서 받친 효도가 있었는지 아무리 생각해 봐도 기억에 남는 것이 하나도 없었다. 부모님께 효도 한 번 제대로 하지 못하고 내 나이 오십이 될 때까지 살아온 것이 너무도 한스러웠고 부모님께는 죄스럽기 그지없었다.

아버님 생전에 내게 여러 번 하셨던 말씀이 머릿속에 떠올랐다. 부혜생아(父兮生我) 모혜국아(母兮鞠我) 애애부모(哀哀父母) 생아구로(生我劬勞) 욕보지덕(欲報之德) 호천망극(昊天罔極)이로소이다. 아버님이 나를 낳으시고 어머님이 나를 기르셨으니 애달프고 애달프신 부모님이여, 나를 낳으시느라 수고 많으셨다. 그 은덕을 갚으려고 하니 하늘같이 크고 커서 갚을 길이 없구나. 이 가르침은 바로 이 불효자를 두고 하신 말씀임을 새삼스레 깨달았다.

서울집으로 돌아온 나는 지긋지긋한 연금 생활을 다시 계속했다. 이 연금 생활은 6개월이 지나서 겨우 형식적으로 해제되었다. 그동안 24시간 주기로 교대해 오던 합동수사본부 요원도 오지 않아 집안 사정은 많이 안정되었다. 즉 그들이 점유해 사용하던 방도 딸에게 다시 돌아갔고 아들의 대학 입시 준비도 장애가 없어졌다. 그러나 나에 대한 감시는 완전히 해제된 것이 아니었다.

그들은 우리 집 건너편에 있는 2층 집에 방을 얻어 놓고 우리 집을 내려다보면서 감시를 계속했으며, 때로는 고구마 장수, 군밤 장수를 매수하여 우리 집 대문 좌우 측에 좌판을 차려 놓게 하고 나에 대한 추가 정보를 획득하고 있었다. 이러한 사실을 알게 된 나는 집에서 책을 읽다가도 심기가 괴로워질 때면 차를 타고 시내 이곳저곳을 돌아다니다가 사람들의 왕래가 많은 곳에서 내려 운동 삼아 걷기도 했다. 이럴 때면 나를 미행하고 있는 보안사 요원도 고생하며 따라다녀야 했다. 때로는 그들이 따라다니는 것이 귀찮아서 쓸데없이 다방이나 음식점으로 들어가 누굴 기다리는 척하고 장시간 앉아 있기도 했다.

이러한 짓도 곧 싫증이 난 후부터는 전국의 명산이나 명소들을 찾아가기로 하고 한번 집을 떠나면 근 일주일 동안 돌아다녔다. 이러한 떠돌이로 전국에 안 가본 곳이 없을 정도였다.

난데없이 떠난
동해안 격전지 순례

1981년 12월 11일 밤 10시경, 집 안에 틀어박혀 있던 나는 갑자기 속이 답답해지면서 치밀어 오르는 분노를 참을 수가 없었다. 그래서 등산 행장으로 두툼하게 차려입고는 무턱대고 택시를 잡아탄 뒤 청량리역으로 향했다. 밤 11시에 출발하는 강릉행 열차를 탔다. 밤새도록 아무것도 보이지 않는 차창 밖을 내다보면서 뜬눈으로 밤을 새우니 다음 날 아침 강릉역에 도착했다.

역전에서 해장국으로 요기를 한 나는 곧 오죽헌(烏竹軒)으로 갔다. 이곳을 한 바퀴 둘러보고는 버스를 타고 주문진 북방의 남애(南涯)로 가서 해변으로 나가 검푸른 동해의 망망대해를 바라보았다.

1950년 12월에 육군소위로 임관되어 첫 보직을 받은 곳이 바로 이곳 동해안 지역을 담당하고 있던 수도사단 제26연대 2중대 3소대장이었다. 소대에 보직되어 있는 대원들 중에는 18세 청소년에서 42세 장년까지 있었다. 이 42세의 장년은 최해식이란 일등병이었는데, 최 일병은 고향인 포항에서 가족들과 함께 피난을 가다가 군에 현지 입대한 병사였다. 그런데 1951년 8월에 있던 향로봉전투를 앞두고 피난해 있는 가족들 생각에 견디지 못해 스스로 목숨을 끊었다.

나는 그러한 소대원들을 이끌고 속초와 삼척 간을 오르내리면서 무려 82회의 공방전(일명 스프링작전)을 치르며 많은 소대원을 잃었다. 유명을 달리한 옛 전우들의 명복을 빌고 나서, 내가 싸웠던 옛 격전지를 답사하면서 옛 전우들의 모습과 전투 상황 등을 회상해 보고 싶었다. 오전 11시경부터 그 옛날 진격도 하고 후퇴도 했던 그 길을 따라 발길을 옮겼다. 도로변에는 해안경비를 위한 초사와 막사가 있었다. 남대문시장에서 사 입은 5,000원짜리 청색 파카에 방한복, 룩색, 지도, 등산화 차림으로 내려가다 보니 여러 초소에서 검문을 당하게 되었다. 그때마다 장군 신분증이나 주민등록증(병역란에 계급이 기재되어 있음)을 내보이면 별 문제 없이 통과할 수 있었겠지만, 장군 신분을 알면 곧 상부에 보고할 테고 보안사령부에서 나의 소재를 파악할 수 있기에 이를 피하려고 일부러 "나 예비역 대령인데 옛 전투지역을 돌아보고 싶은 마음에서…. 갑자기 집을 나오는 바람에 주민등록증을 못 가지고 나왔는데 미안하군" 하고 사정하여 겨우겨우 초소를 통과하다 보니 행군 속도가 무척 지연됐다. 거기다 회상이 자꾸 끊어지는 바람에 흥미를 잃었지만, 계속 걸어나갔다. 날이 어둡기 전에 도착한 곳은 강릉비행장 부근에 있는 부락이었다.

동해안의 민박 대부분은 하절기를 위한 것이기에 겨울철엔 방치된 상태라 방 안에 들어가도 바깥 추위와 다름없이 냉랭했다. 그렇다고 무연탄을 사다가 피우는 것도 위험할 듯해 발만 씻고 양말을 갈아신은 다음 입은 옷 그대로 이불을 덮고 자리에 누웠다. 그러나 너무 추워 잠을 이룰 수가 없기에 막걸리 한 되를 단숨에 마시고 취기를 빌려 잠을 이루었다. 그러나 새벽 5시경이 되자 취기가 깨면서 살을 에는 추위가 엄습해 왔다. 더 이상 자리에 누워 있을 수가 없어서, 잠자는 집주인을 깨워 국밥 한 그릇으로 속을 덥히고는 다시 행군을 계속했다. 가슴 속에 뭉쳐서 맺힌 응어리와 한이 다 풀릴 때까지 해안선을 따라 지쳐 쓰러질 때까지 걸어보자는 심정이었다.

일주일이 지나 죽변 북방의 부구라는 어촌에 이르렀다. 여기서 서쪽 내륙으로 약 40리 길을 걸어 올라가니 덕구온천이란 미개발 온천이 있었다. 이곳은 울진·삼척 공비 침투 사건 이후 취약 지역으로 주민들이 모두 철거되어 인적이 전혀 없었다.

이 온천은 응봉산 계곡물이 수려하게 흘러내리는 중간지점에 있었는데, 마치 선녀들이 내려와서 목욕이라도 하고 있을 것 같은 곳이었다.

온천이라고 하지만 시멘트 벽돌로 벽을 쌓아 각각 5평 정도의 남녀탕을 겨우 구분해 놓았고, 슬레이트를 얹어놓은 지붕, 자물쇠도 망가져 없는 출입문, 출입구 앞에 돌담을 쌓아 만든 노천 탈의실, 이것이 온천 시설의 전부였다. 탕 안의 물은 겨우 체온 정도로 미지근한 편이었다.

온천 주변에 있던 숙박시설들은 다 철거되고 집터만 남아 있었기 때문에 나는 이 집터에다 천막을 치고 하룻밤을 쉬기로 했다.

추위로 거의 밤을 새우다시피 하고 새벽에 일어난 나는 몸을 녹이기 위해서 탕 안으로 들어갔다. 옷은 바깥 노천에다 벗어놓고, 노비로 가져간 돈 10여만 원이 든 지갑만 가지고 들어가 세면통에 넣어 둔 뒤 탕 속에 들어가 밤새 얼었던 몸을 녹이기 시작했다. 그러나 물이 뜨겁지 않아 땀이 날 때를 기다리며 한동안 앉아 있다가 탕 밖으로 시선을 돌려 보니 세면통에 넣어 두었던 돈(지폐)이 웬일인지 욕조 바깥쪽 물 위에 둥둥 떠다니고 있는 게 아닌가. 후다닥 탕에서 튀어나와 보니 내가 탕 안으로 들어갈 때 풍덩 뛰어드는 바람에 탕 속의 물이 넘치면서 목욕탕 가장자리에 올려놓았던 세면통이 바닥으로 떨어진 것이다. 돈이 지갑에서 빠져나와 일부는 여탕 쪽으로 흘러서 다시 계곡으로 흘러들었고, 일부는 여탕 내의 물 위에서 떠돌고 있었다.

이른 새벽이라 아직 사람이 없어서 천만다행이었다. 나는 벌거벗은 채 남탕의 돈부터 거둔 다음 여탕으로 뛰어 들어가 몇 장의 돈을 거두고는 밖으로 뛰어나가 계곡물에 떠내려가고 있는 몇 장의 돈을 더 회수했다. 돈이 모자라는 것 같아서 계곡 일대를 살펴봤으나 물결이 빨라서 이미 떠내려갔는지 보이지 않았다. 너무 한기가 들어 하는 수 없이 남탕으로 들어가 추위에 떨며 회수한 돈을 세어보니 7만 원밖에 되지 않았다.

사소한 실수로 본의 아니게 수만 원이라는 돈을 계곡의 용왕님께 고사드린 셈이다. 여하간 물에 젖은 지폐를 무릎 위에 올려놓고 수건으로 물기를 닦아내고 있는데 밖에서 인기척이 계곡의 물소리에 섞여서 들려왔다. 그러자 40대의 시골 사람 한 명이 옷을 입은 채 욕탕 문을 열고 나를 바라보는 것이 아닌가. 나도 젖은 지폐의 물을 닦다 말고 그 사람을 마주 바라보았다. 밖에는 두 사람이 더 있었다. 문을 열었던 사람은 아무 말도 없이 문을 닫고 돌아섰다.

순간, 나는 직감적으로 저 사람들이 나를 간첩으로 오인하고 신고하는 것이 아닌가 하는 생각이 들었다. 더구나 목욕한 후에 곧 출발할 생각에서 천막까지 완전히 철거해 놓았는데 저 사람들이 나를 등산객으로 인정해 줄 것 같지도 않았다. 그래서 나는 얼른 자리에서 일어나 욕탕 문을 열어보았다. 세 사람은 뭔가 수근댄 뒤 냇물을 건너 산을 내려가기 시작했다. 나는 그런 모양을 보고 다급한 마음에서 "여보시오! 같이 목욕하십시다. 날 수상한 사람으로 여기지 마시오. 나는 여행 온 사람입니다. 혹 나를 간첩으로 생각하신다면 내가 문을 닫고 있을 테니 밖에 있는 내 소지품들을 조사해 보십시오. 나는 돈지갑만 가지고 탕 안으로 들어

갔던 것인데 물이 넘쳐 돈이 다 젖었기 때문에 그 돈을 닦고 있던 겁니다. 그러니 염려 마시고 돌아오십시오!" 하고 통사정을 했다. 그러나 그들은 응하려 하지 않고 계속 자기들끼리 눈짓을 해 가면서 중얼대었다.

나는 하는 수 없이 욕탕 문을 닫고 젖은 돈을 지갑에 넣은 다음 밖으로 나가 부지런히 옷을 주워 입었다. 양말은 신지도 못한 채 룩색만 메고 그들의 뒤를 쫓아 내려갔다. 그들은 내가 따라오는 것을 보고는 걸음을 더욱 빨리해서 내려가고 있었다. 나는 힘 껏 뒤따라 가면서 "여보시오. 날 좀 봅시다. 오해 마시오. 만일 내가 진짜 간첩이라면 다른 방향으로 도망치든가, 아니면 무기로 당신들을 위협할 일이 아니오?" 하고 말하면서 거의 따라붙었을 때 그들은 비로소 발길을 멈췄다.

나는 얼른 주민등록증을 그들 앞으로 내밀었다. "나는 서울에서 내려온 등산객이요. 당신들 때문에 나는 목욕을 다 하진 못했지만, 이만 나는 내려갈 테니까 당신네들 올라 가서 목욕을 하세요." 나의 그런 말에 그들은 비로소 의심이 좀 풀리는지 "참, 우리는 선생이 간첩인 줄 알고 혼이 났습니다. 여하간 고맙습니다" 하고 그들은 다시 욕탕 쪽으로 올라갔고 나는 마을로 내려가서 아침을 먹었다. 양말을 신다 보니 발이 물에 불은 데다 맨발로 가죽 등산화를 신은 채 정신없이 뛴 바람에 오른발 뒷꿈치에 작은 상처가 나서 따끔했다. 이 상처는 앞으로의 행군에 큰 지장을 가져다주었다.

그 후 나는 계속해서 평해, 영덕, 포항, 구룡포를 거쳐 영일만의 토끼꼬리 상단부인 구만리(대포리)를 거쳐 감포읍을 4킬로미터 정도 남겨 놓고 걷고 있는데, 해안순찰 지프차가 지나가다가 다시 돌아와서는 나를 세워놓고 불심검문을 했다.

나는 전번처럼 사유를 말하면서 사정했으나 해병장교는 막무가내였다. 그도 그럴 것이 집을 떠난 지 2주가 넘도록 수염은 한 번도 깎지 않았고, 등산화 뒷굽 하나는 떨어져 나갔고, 다 헤진 지도를 연신 들여다보면서 걸어가고 있으니 멀리서부터 수상하게 여기고 있다가 가까이와서 확인하려고 하는 건데 내가 신분을 밝히지 않으니 더욱 의심할 수밖에 없지 않겠는가.

그 사이에 어둠이 깃들기 시작했다. 지프차에 타고 있던 중대장이 나를 중대본부로 연행하려고 하기에 하는 수 없이 신분증을 내보였다. 그랬더니 그는 해병대대에 보고를 했다. 이것이 사단장, 보안부대장 그리고 제2군사령관에게까지 단시간 내에 연락이 된 모양이었다. 얼마 후에 답신이 오기를 사단에서 곧 사람이 나와서 모 호텔로 모시겠다는 것이었다.

"이 사람아! 호텔에 가기 위해 여행을 나선 것이 아니네. 오랜 군 생활을 마치고 30년 전, 그 당시의 소대장으로 돌아가 옛 전우들을 회상하고 또 전사한 전우들의 명복을 빌어주면서 6·25 한국전쟁과 같은 비극이 이 땅 위에 다시 오지 않기를 기원하는 뜻에서 내 나이와 기력이 닿는 데까지 걸어가고 있는 중이네. 그런데 일이 이렇게 되었으니 그냥 돌아갈 테니까 자네 상관들에게 염려해 줘서 고맙다는 말을 꼭 전해 주길 바라네. 그리고 날 버스 정류장까지만 데려다주게." 그러던 중 포항행 막차 버스가 오기에 그들을 뿌리치고 차에 올라탔다. 그리고 포항을 거쳐 서울로 돌아오고 말았다.

가난하지만 단란했던
우리 가족

1959년 4월 29일, 육군 소령으로 전방 근무를 하고 있을 때 누님의 중신으로 아내 이병호와 결혼을 했다. 그는 남매 중 외동딸로 집안의 모든 귀여움을 독차지하며 자랐고 공부도 잘한 모양이었다. 그리하여 이화여대 약학과로 진학하려 했으나 딸을 혼자 서울에 보내면 버리게 된다는 부모님의 완고한 사상 때문에 대구로 붙들려 내려왔다. 이때는 이미 입학기가 지났던 것이지만 대구 신명여고 특대생으로 교사들의 추천을 받아 당시 개교한 효성여대 음악부 기악과에서 피아노를 전공한 후 고령고등학교 음악교사로 첫 발령을 받고 나서 얼마 후에 나와 결혼한 것이다.

주로 전방 생활을 하는 남편을 위해서 얼마 후에는 교사생활도 그만두었다. 이로부터 열일곱 번이나 전선을 옮겨 이사를 했던 고달픈 군인 가족의 생활이 시작된 셈이다. 그러던 1960년 12월 26일 새벽에 첫 딸 현리가 출생했고, 그 후 내가 미 육군정보학교 유학 중이던 1962년 10월 1일(국군의 날)에 둘째인 아들 성호를 출생했다는 소식을 듣고 무척 기뻐했다.

이처럼 아이들이 둘이나 되는데 1~2년 사이에 남편의 보직이 자주 변경되어 전방 지역으로만 전전하다 보니 아이들의 유치원 교육 등은 생각도 못 할 일이었다. 이때부터 아이들의 교육 문제가 걱정되기 시작했다.

나는 장군으로 진급하기 전까지도 집 한 채 마련하지 못해 관사 아니면 셋방살이를 전전하며 살았다. 그러다가 1971년 1월 1일 자 준장으로 진급하면서 제1군사령부 작전처 차장에서 육본 군사연구실장으로 발령을 받았다.

그야말로 오래간만에 하는 후방 생활이라 무척 기뻤으나 당장 문제가 되는 것은 서울에 살 집이 없었다. 아무리 생각해 봐도 해결책이 없었다. 아쉬운 대로 더부살이를 할 수 있는 친척이나 친지도 없었다. 이러한 입장에 놓이자 아내는 "여보! 남들은 소령, 중령만 되면 다 집을 마련하여 일찌감치 서울 생활을 준비해 놓고 있는데 당신처럼 장군이 될 때까지 집이 없어서 온가족이 당신만 따라다니며 전방에서 사는 사람이 누가 또 있어요? 우리밖에 없을 거예요" 하고 짜증을 부리는 바람에 나는 관사가 있는 전방에서 근무할 수 있는 자리가 있는지 물색해 보았다. 하지만 신참 준장이라 갈 자리가 없을 뿐 아니라 이미 상부의 재가로 인

사명령이 나온 뒤라 내 능력으로 이 명령을 취소시킨다는 것도 불가능했다.

그런데 이때 중령으로 예편한 동기생 윤기태 형이 나의 진급을 축하해 주기 위해 서울에서 원주로 나를 찾아주었다. 얼마나 고마운지, 그를 잡고 밤새도록 의논한 끝에 자신이 서울에 올라가는 대로 준비한 뒤 연락을 주겠다고 약속해 주었다. 그로부터 얼마 후 전세로는 50만 원, 사글세로는 보증금 10만 원에 월 3만 원이면 방 하나에 부엌을 같이 쓰는 셋집을 봉천동에 마련할 수 있다는 연락을 해왔다.

이 당시 군 장교에게는 10만 원씩 대부하여 분할 상환하는 제도가 있었기 때문에 서울로 이사할 수가 있게 되자 집안에서는 다시 나의 진급에 대한 기쁨이 일기 시작했다.

1971년 1월 중순에 우리 식구들은 동기생 윤기태 형이 주선해준 봉천동 셋집으로 이사를 했다. 집주인은 젊어서 과부가 되어 외아들을 키워놓고 천신만고 끝에 집을 마련했다는 할머니였다. 2층 양옥집이었다. 지금도 봉천동은 달동네로 이름난 곳이지만, 청계천 복개공사로 강제 이주된 철거민들이 마을을 만든 곳이기 때문에 대부분이 판잣집들이었다. 그런데 내가 세 든 집은 외형적으로 보기에는 양옥집이었기 때문에 속을 모르는 사람들은 그만하면 장군이 사는 집으로는 그럴듯하게 볼 정도였다.

그런데 한 가지 문제가 있었다. 육군본부의 일과 개시가 오전 8시이기에 집에서 오전 7시 이전에 출발해야 7시 30분까지 육본에 도착할 수 있었다. 그리고 이런 규칙적인 군 생활을 20년 동안 계속하는 통에 굳어진 습관은, 기상과 동시에 용변을 봐야 하는 버릇이었다. 그러나 완고 불통인 집주인 할머니는 아침마다 화장실 문을 꼭 잠궈 놓고 '고장'이라고 쓴 종이쪽지를 붙여 놓았다. 알고 보니 양변기를 설치해 놓은 화장실이라 남의 식구들이 쓰면 고장을 낼 것 같아서 자기 식구들만 사용하게 하려는 주인 할머니의 외고집 때문이었다. 그래서 주인 할머니는 세든 사람들이 전용으로 사용할 수 있는 간이변소를 집 앞 빈터에 마련해 놓았다. 용변을 보는 사람의 체면 같은 건 생각하지 않고, 급한 대로 처리하면 된다는 식이었다. 양쪽에다 말뚝을 세워놓고 앞면만 헌 가마니 쪽으로 대강 가린 다음 땅을 약 30센티미터 정도 파놓은 초간이 변소라 마음 놓고 사용할 수가 없어 웬만하면 참고 부대까지 가기 일쑤였다.

그러나 전날 밤에 과음했을 때나 배탈이 났을 때는 나도 어쩔 도리가 없었다. 장군 계급장을 단 정장에다 금테가 누렇게 박힌 요란한 장군모를 쓰고 막 집을 나섰을 때 갑자기 배가 뒤틀리면서 참을 수 없을 때가 더러 있다. 이럴 때는 염치나 체면을 불고하고 얼른 간이 변소로 가서 벼락치기로 용변을 봐야 했다. 달동네로 유명한 곳이라 비스듬히 구배를 이룬 산비탈에 총총하게 들어차 있는 여러 집에서 아침 짓는 아주머니들, 동네 아이들 그리고 일터로 나가는 인부들에게는 장군이 노천 간이변소(남들은 이것이 세사는 우리의 전용 변소로 생각하지 못하고 있었음)에서 용변

보는 모습이 큰 구경거리가 될 정도였다. 아마 그 부근에 살던 아낙네들 중 내 엉덩이를 보지 못한 사람은 거의 없을 것이다.

서울에서의 생활이 비록 그러했지만, 아이들은 잦았던 전학을 끝내고 봉천국민학교로 전학한 후부터 안정된 마음으로 학업에 열중하여 공부도 곧잘 했다.

육본 군사연구실장으로 부임한 지 11개월이 흐른 같은 해 11월 18일, 내가 군에서 가장 존경하는 제5군단장 이병형 장군님의 참모장으로 부름을 받고 다시 전방 근무를 하게 되었지만, 군 생활 중 처음으로 이삿짐을 꾸릴 필요가 없이 가족들을 서울에 남겨 두고 나 혼자 부임을 했다.

이후 한 달에 한 번씩 월급 때가 되면 가족들이 버스를 타고 찾아오는 것이 나의 전방 생활에 있어서 유일한 기쁨이었다. 그때마다 아내와 밤이 새도록 앉아서 아이들 자라고 있는 과정과 아이들의 학습 방법 등에 관해서 이야기를 나누는 것이 큰 즐거움이었다. 이로부터 몇 년 후에는 딸 현리가 중앙대학교 부속 고등학교에서 수석을 했다는 소식을 접하게 되었고, 그 후 아들 성호도 중경고등학교에서 우등생이며 특히 수학에 있어서는 항상 만점을 받는 수재라는 과분한 칭찬과 희소식을 학교장으로부터 들었다. 이처럼 아이들이 공부를 잘한다는 소식을 듣는 것이 고된 군인 생활 중에서 가장 큰 보람이 되었다.

한때, 나의 유일한 전우인 이필조 장군과 결혼생활을 하지 않고 독신생활을 하자고 약속한 일이 있었다. 다시 생각해 보니 어리석은 생각인 것 같아 내가 먼저 그 약속을 깨고 결혼했는데, 결혼하길 잘했구나 하는 생각을 자주 했다.

12·12 군사반란 이후 가택 연금을 당했다. 딸 현리는 이미 외국어대학교 스페인어과에 입학한 후였고, 아들 성호는 막바지에 접어든 대학 입시공부에 열중하고 있었다. 좁은 집안에 보안대원 두 명이 동거하고 있으면서 소란을 피우고 있는 바람에 아비로서 아들에게 무척 미안하고 안타까움을 느끼고 있었다.

그러나 아들 성호는 1981년에 예상했던 대로 서울대학교 자연대학에 좋은 성적으로 합격했다. 아버님 장례식을 치른 후 고향 사람들의 기대에 면목이 없고, 나의 초라한 신세가 부끄러워 한동안 고향에 내려가지 못했다. 아들의 합격 후 금의환향하는 기분으로 가족들을 데리고 고향에 내려가 우선 선조들의 묘소에 참배부터 하고 친척 집들을 두루 찾아다니며 인사를 올렸다. 모두 아비가 못다 이룬 소망을 아들이 기어코 이루어 줄 거라고 나를 위로해 주고 아들을 격려해 주었다. 고향 핏줄들의 고마운 성원이었다.

입학식 날에도 외할머니까지 다섯 명 가족이 참석하여 축하와 감사의 기도를 드렸다. 성호는 입학후 봉천동 집에서 학교까지 약 3킬로미터나 되는 거리를 눈이 오나 비가 오나 하루도 빠짐없이 도보로 등하교했다.

아침 6시면 일어나 7시가 되면 틀림없이 등교하여 자기 해당 수업만 수강하고 도서실로 가서 공부하다가 밤늦게 걸어서 집에 도착하여 누르는 벨소리는 통금 사이렌 소리와 거의 같은 시각이었다. 이때면 으레 제 어머니가 미리 밖에 나가 기다리고 있다가 함께 들어오거나 업고 들어오기도 하는데 이것은 토요일, 일요일 그리고 명절날 구분 없이 똑같은 아들의 일과였다.

그렇게 열심히 공부한 아들이 1학기를 마치고 가져온 성적표를 받아 보니 교련과목 하나만 B이고 나머지는 모두 A 학점이었다. 그리고 학년말 고사에서는 모두 A 학점을 받아 수석의 영광을 집 안에 가지고 들어왔다.

그러면서 겨울방학을 맞았다. 이때 온 가족이 모여 2학년 진학 시 선택해야 할 과 문제를 놓고 상의하던 끝에 성호는 스스로 화학과를 선택했다. 그 이유는 물리학은 너무 많은 사람들이 전공하고 있기에, 자신은 화학 분야로 나가 열심히 공부하여 노벨상에 한번 도전해 보겠다는 것이었다.

그렇게 과를 선택한 성호는 며칠 동안 여느 때와 마찬가지로 학교 도서관에 나가다가 1월 초부터는 학교에도 나가지 않았다. 그리고 그는 제 누나와 함께 가정의 앞날에 대해서, 특히 아비의 강렬한 성격, 현실과의 갈등, 그리고 이에 따른 집안 환경 등에 대해서 사나흘 동안 이야기를 나누었다. 그 후로는 조용히 지내고 싶다면서 제방에 들어앉아 수일 동안 일체 가족들과 대화는 물론 접촉까지 끊고 사색에 잠겨 있었다.

외아들의 가출과 죽음

1982년 1월 12일 아침 10시 40분경, 아들 성호는 큰방에서 『한국사』를 읽고 있던 나에게 "아버지, 다녀 오겠습니다" 여느 때처럼 인사하고 나가면서, 으레 대문까지 바래다주는 제 어머니의 젖가슴을 두어 번 만져 보고는 집을 나섰다.

이것이 그렇게 애지중지하며 사랑했던 아들의 마지막 인사가 될 줄 누가 알았겠는가. 밤 12시가 지나도록 기다렸으나 집을 나간 아들로부터는 아무 연락도 없었고 돌아오지도 않았다. 밤을 꼬박 새우면서 기다렸으나 여전히 돌아오지 않았다.

아들의 방으로 들어가서 책상 위를 보니 박도식 신부가 쓴 『무엇하는 사람들인가』라는 책이 펼쳐져 있었다. 책을 들여다보니 책장이 65쪽에 열려 있었으며, 거기에는 "호랑이를 잡으려면

산에 가야 하듯이 무한한 것을 찾으려면 무한하신 그 분에게 가야 합니다. 절대 무한하신 그분은 하느님뿐이십니다"라는 구절이 있었고, 그 구절 밑에는 선명하게 밑줄이 그어져 있었다.

순간, 나의 가슴이 철렁 내려앉았다. 그의 방에서 그 외에는 아무것도 찾아볼 수 없었다. 방학 중이라 서울은 물론 시골에 있는 아들 친구 집까지 연락해 봤으나 모두가 허탕이었다. 시일은 일주일, 열흘, 스무날, 속절없이 지나갔다. 피가 바싹바싹 마르는 나날이 계속되었다. 많은 친지들이 찾아와서 가족들을 안심시켜 주며 밤을 같이 지새워 주기도 했다. 어미는 하도 답답해서 점도 쳐보고 무당굿도 해 보는 등 별별 일들을 다 했다.

그러면서 아내는 내게 온갖 화풀이를 했다. "왜 아이들 마음 편할 날이 하루도 없게 만들었소. 그렇지 않아도 그 애는 '아버지는 군인으로서 자신의 책임완수를 위해 충정을 다한 것을 역사는 결코 외면하지 않을 테니 어머니가 아버지를 잘 위로해 드려요. 아버지가 불쌍해 죽겠어!' 하다가도 때로는 짜증을 부리면서 '약육강식과 부정부패가 판을 치는 이따위 세상 살면 뭐 해!' 하고 집안 환경에 민감했던 아이인데, 왜 당신은 아버지로서 희망을 심어주지 못하고 애가 집을 나가게 만들었어요!" 아비로서는 그 말을 듣기가 정말 죽음보다 더 괴로웠다.

이로부터 약 한 달이 지났을 무렵 가까운 친구들을 만나서 상의해 보니 민정당 사무총장인 권정달을 찾아가서 협조를 구해 보라는 것이었다. 그 애의 성격으로 볼 때, 신문에다 사진과 함께 광고를 내면 무슨 일을 저지를지 모르니 전국의 보안대와 경찰을 동원해서 찾아보는 방법밖에 없다는 결론에 이르렀다.

나는 죽어도 그를 찾아가고 싶지 않았지만, 아들을 위해서 떨어지지 않는 발걸음으로 권정달 총장을 찾아갔다. 그리고 사실 내용을 이야기하고 부탁했더니 "아이구 선배님! 왜 그런 중요한 집안일을 진작 말씀해 주시지 않습니까? 선배님을 존경하는 마음은 예나 지금이나 조금도 다르지 않습니다" 하고 즉석에서 치안본부장에게 24시간 내로 찾아서 결과를 보고하라는 지시를 하고는 나를 안심까지 시켜주었다. 민정당에서 나온 나는 내친 김에 박준병 보안사령관을 찾아가서 같은 부탁을 했다. 그도 권정달 총장과 같은 인사말을 하며 최선을 다해 협조해 주겠다고 했다.

집에 돌아와 보니 벌써 총경, 경감, 경위 등 3~4명의 경찰 간부급들이 와서 아이의 인적 사항과 사진을 가지고 갔다는 것이었다. 오후에 아이의 사진을 4만 매나 복사하여 전국 경찰에다 배포하여 수배 중이라는 연락이 와서, 다소 안심하면서 가족들과 함께 자식이 무사하기만을 기도했다.

다음날인 2월 9일 오후 4시경, 아내가 전화를 받다가 비명을 지르면서 쓰러지는 것이 아닌가. 가슴이 철렁하는 예감에 내가 수화기를 재빠르게 집어 들었다. 전화를 걸어온 곳은 서울대학교 당직실이었다. "무슨 일입니까?" 나는 다급한 마음에서 그렇게 물었다. "네! 장군님 자제분의 인적 사항을 학교로 문의해 왔기에 확인해 주었더니 경상북도 왜관읍에서 인동 쪽으로 약 1킬로미터쯤 더 가서 낙동강을 끼고 도는 길 위쪽 100미터 지점의 산기슭에서 자제분의 시체가 발견됐다고 합니다." 나는 그 연락을 받고, 순간 천지가 한꺼번에 무너져 내리는 듯이 눈앞이 암흑으로 변했다.

살아 있기만을 바랐던 아들이 죽다니…. 집안은 갑자기 발을 동동 구르는 대성통곡의 수라장으로 변해 버렸다. 나도 쓰러질 것만 같아 혀를 힘껏 깨물었다. 그러나 두 번 세 번 깨물어도 아픔은커녕 피만 흘러 입안을 메웠다.

잠시 후에 정신을 차리고 나서 대충 옷을 갈아입은 다음 비닐 물통에다 물을 가득 담아 가지고 차에 싣고는 형장으로 달려갔다. 이러한 와중에서도 아내는 이 추운 겨울에 아이를 담요에 고이 싸서 보듬어 오라고 담요를 내주었다. 나는 가슴이 터질 듯하고 입안이 말라붙을 때마다 비닐 물통을 들어 목을 적시면서 내달렸다. 현장에 도착한 것은 밤 8시경이었다.

현장에는 이미 경찰들이 나와서 시신을 거적으로 덮어놓고 그 앞에 향과 촛불 두 개를 켜놓고 있었다. 바람결에 펄럭대는 촛불이 마치 아비를 맞아 주는 자식의 영혼처럼 느껴져 슬픔이 왈칵 치올랐다.

나는 너무나도 어이가 없어 말없이 선 채 한동안 아들의 시신을 내려다보면서 눈물을 삼키고 있다가 가마니를 젖히고 아들의 시신을 끌어안고 솟구쳐 오르는 슬픔을 참을 수 없어 한없이 통곡을 했다.

그러다가 경찰관들의 체면을 생각해서 호주머니 지갑 속에 있던 10만 원짜리 수표 한 장(이 당시 아무런 직업도 없이 감시를 받는 상태에서 내가 한 달 동안 쓸 용돈)을 꺼내 경찰서장에게 내주면서 수고해 준 인사를 나눈 다음 아들의 시신을 안고 차에 올라탄 채 서울로 향했다.

마침 보름달이 떠 있어서 차 안에서도 아들의 얼굴 모습을 어렴풋하게나마 볼 수가 있었다. 만 한 달 동안 엄동설한의 강추위 속에서 낙동강의 매서운 강바람을 쐰 탓인지 전신은 돌덩이처럼 꽁꽁 얼어 있었다.

나는 얼어붙은 아들의 얼굴에다 내 얼굴을 비비대면서 흐르는 눈물로 씻겨 주었고, 입으로는 아들의 눈부터 빨아 녹였다. 얼마 동안 빨다 보니 아들의 눈 안에서 사탕만 한 모난 얼음 조각들이 내 입 안으로 들어왔다. 이것이 아들놈이 마지막 흘린 눈물일 거라 생각하고 그대로 삼켜버렸다. 그리고 계속해서 양 눈과 코와 입을 녹여 가는 동안 아들의 몸속에서는 여러 개의 얼음이 나왔고 그 얼음을 삼키고 또 삼키고 있는 사이에 천안 근처를 지나고 있었다.

나는 흉한 자식의 시신을 제 어미에게 보이지 않으려고 가슴, 배꼽 등을 계속 빨아주면서 얼음장 같은 시신을 녹였다. 그러다 보니 어느덧 차가 집 대문 앞에 도착했다.

이때가 2월 10일 새벽 1시경이었다. 차가 도착하자 온 집안

식구들이 대성통곡을 하며 뛰어나와 아들의 시신을 그의 공부 방으로 운구해다 안치했다. 그 순간, 아내는 실신 상태였고 나도 건넛방으로 가서 기진하여 쓰러지고 말았다. 시간이 가고 기운 이 좀 돌자, 양주 한 병을 다 들이켜고 다시 인사불성이 되고 말 았다.

아들을 가슴에 묻고

다음 날 아침부터 장례 준비를 위해 나의 전우인 김계일 장군(예편), 허만기 대령(예편), 윤태영 대령(예편) 세 사람과 상의를 가졌다. 나는 앞으로 우리 부부가 죽은 다음 자식 곁으로 가서 저승에서나마 아비로서 영구히 정을 함께 할 수 있는 공간을 잡아달라고 당부했다. 이에 따라 허만기, 윤태영 두 형은 묘터를 보러 나가고 김계일 장군 내외는 집안일을 돌봐주었다.

이리하여 독실한 영락교회 신자인 김계일 장군 내외의 권유로 기독교식 장례로 1982년 2월 11일 용인에 있는 공원묘지에다 묻었다. 그리고 그놈 곁에 당장이라도 함께 묻히고 싶은 우리 내외의 묘터도 함께 잡아놓았다.

우리 내외의 삶도 사랑하는 아들 성호가 세상을 떠난 1982년

1월 12일 함께 끝난 것이다. 이제 남은 인생은 더부살이 인생으로서, 우리 일가를 망쳐 놓은 12·12 쿠데타를 저주하면서 불쌍한 외동딸 현리 하나를 위해 모든 괴로움을 참고 살아갈 것을 아내와 함께 굳게 다짐하고, 성호 혼자 차디찬 무덤 속에 남겨 둔 채 떨어지지 않는 발길을 억지로 돌렸다.

이후부터 집안 꼴은 말이 아니었다. 아내는 몸져누워 버리고 말았다.

대문 소리만 나면 대문 안으로 들어서던 아들놈의 생전 모습이 눈에 선하게 들어왔다. 그럴 때면 아들놈의 공부방으로 건너가서 그놈을 마지막 보낼 때 하도 아쉬운 마음에서 아들놈의 머리털을 한 줌 가위로 잘라 봉투에 넣어서 내 안주머니에 고이 간직하고 있던 것을 어루만지다가 다시 볼에 비비대며 마치 미친 사람처럼 대화를 나누곤 했다.

그리고 미칠 정도로 아들놈 생각이 나면 밤이고 낮이고 때를 가리지 않은 채 묘지로 달려가서 대성통곡도 해 보고 그러다가 지쳐버리면 그놈 옆에 누워서 밤을 같이 새워본 일도 한 두번이 아니었다.

봄이 되자 나는 아들놈 묘소 주변에다 그놈이 평소에 좋아하던 진달래와 개나리꽃 등을 심어주고 잔디도 잘 가꾼 다음 묘비를 세웠다. 묘비 앞뒤에는 아래와 같은 묘지명을 새겼다.

고 장성호의 묘.

서울대학교 자연대학 1학년생. 모범 우등생.

여기 채 못다 핀 한 송이 꽃이 최고의 선을 위해 최대의 인고로 향학하다 수석의 영예를 안고 19년 4월의 짧은 인생을 마치고 고이 잠들다.

하나님! 저희들의 모든 죄를 용서하시옵고 저희 생명보다 더 소중한 성호를 그 크신 사랑의 품으로 인도하여 주셔서 영생토록 하여 주시옵기를 기도드리옵니다.

아빠 장태완

인고의 이승 공부, 천당에서 유학하여 하나님의 사랑 속에서 귀엽게 즐겁게 영생을 누리거라.

엄마 이병호

너 없는 하늘 아래 어찌 살거나! 사랑하는 내 동생 성호야, 안녕!

누나 장현리

1982. 2. 11.

그리고 무덤 앞에 놓은 제단에는 자식의 죽음에 대한 원통함과 모자의 영원한 정을 기리는 글을 새겼다.

아들아, 내 아들아! 내 아들 장성호야! 내 어느 날 네 곁에 와서 짧았던 이승의 못다 한 모자의 정 모두 풀어 보리.
꿈마다 너를 안고 얼굴을 비벼도 보고 손으로 쓸어도 보지만 애꿎은 꿈은 덧없이 크더구나. 우리 다시 만나 두 손목 잡고 놓지 말자.
홀연히 떠나버린 너를 잃고 애태우는 이 엄마는 어쩌라고.

그리고 아들놈이 마지막 간 곳에다 세울 비석도 준비하고 다음과 같은 비문을 작성해 놓았다.

고 장성호의 종착지. 서울대학교 자연대학 1학년생. 저 높은 곳 어디멘지 찾고 찾았으나 네 닿은 곳 찾은 곳이 바로 여기였던가? 엄마 아빠가 태어난 중간, 이곳을 찾아서 한 맺혀 못다 핀 20세의 젊은 나이, 푸른 강을 바라보며 못다 핀 꽃이 되어 이곳에 누워 서울대 수석 열매 여기에 뿌렸구나. 네 넋은 이곳에서 하나님의 은총 받아 죄 없고 한이 없는 천국에서 영생하거라.

1962. 10. 1.~1982. 1. 12.

본적: 경북 칠곡군 인동면 신동 520번지

아빠 장태완: 전 수도경비사령관으로 1979년 12월 12일의 군사 쿠데타를 진압하다 구속 예편되어 위로는 아버님, 아래로는 외아들 성호까지 잃게 된 죄인.

엄마: 이병호

누나: 장현리

저의 외아들이 한 많게 잠든 이곳을 고이 보살펴 주옵소서. 어버이의 간절한 하소연입니다.

그리고 한식날, 어린이날, 추석날, 설날 그리고 아들놈이 죽은 기일이 되면 아내와 함께 묘를 찾아가지만, 그 밖에도 마음이 울적해질 때면 서로가 속이고 아들의 묘에 가서 실컷 울고 묘를 가꾸면서 나날을 보내왔다.

남들은 자식의 묘를 자주 찾아가는 것을 말리기도 했지만, 우리처럼 험한 일을 당해 보지 못한 사람은 정말 우리의 애달픈 심정을 이해하지 못하는 것 같다. 물론 우리 부부를 위해서 진심으로 하는 권유이겠으나 때로는 원망스러울 때가 있기도 했다.

'부모보다 먼저 간 자식은 부모 가슴에 못을 박는다'는 옛말이 그렇게도 절실한 진리의 말씀인 줄은 미처 몰랐다. 아들놈의 죽음이 우리 내외의 가슴에 수만 개의 못을 박아 놓아 이제는 더 이상 못 박을 공간이 없는 형편임을 아무도 이해하지 못하고 있었다.

때로는 우리 내외가 당장 성호 곁에 묻히고도 싶었지만, 외국어대학 4학년생이자 단 하나뿐인 핏줄 딸 현리를 생각하면 그리할 수가 없었다. 하루하루가 죽음보다 더 괴로운 삶이었지만, 현리가 대학을 졸업하고 좋은 신랑 만나 시집가서 아이 낳고 제 가정을 위해 열심히 살 때까지만이라도 모든 고통을 참고 살아가기로 결심했다.

그러나 생때같은 자식을 잃은 슬픔, 유일한 희망이었던 외아들을 잃은 마음의 아픔은 쉽게 사그라지지 않았다. 이 세상을 살아가야 한다는 것이 그저 괴롭기만 했다. 우리 내외가 그러한 심경에 빠져 있는 것을 안 집안 동기들은 혹 우리 내외가 무슨 일을 저지를 것만 같아 교대로 찾아와서 우리를 위로하며 감시하느라 야단법석이었다.

아들을 묻고 2~3일이 지난 2월 15일, 생각지도 않게 이한동 민정당총재 비서실장과 만나게 되었다. 그는 위로의 말을 하고 나서 집안에 그냥 있으면 속만 상할 테니 직장에 나가서 근무하라고, 어느 정도 슬픔도 잊고 집안일도 수습할 수 있을 테니 일을 구하라고 권유했다. 후덕한 인상에다 자상한 위로와 권유였고 또한 서로 간에 아무런 맺힘이 없는 그에게 퍽 고마운 생각이 들었다.

풍비박산이 나버린 집안의 꼴이 누구 탓인가를 생각하니 울화가 울컥 치오르기도 했다. 그러나 가족들의 권유, 그리고 솔직히 그 당시 나로서는 직장이라도 나가는 것이 최선의 길인 것 같아 그 권유에 따르기로 했다. 그리고 그들이 주선해 주려고 하는 직장은 대단한 국영기업체도 아니고, 얼마 전에 새로 설립된 회사로서 증권회사의 전산 업무를 처리하는 조그만 회사의 사장 자리였다.

나는 일주일 이상 고민하던 끝에 가족회의의 결과에 따르기로 하고 2월 25일, 여의도에 있는 한국증권전산회사에 첫 출근을 했다. 이 회사는 당초 자본금 1억 원으로 증권거래소의 자회사로 창설되어 각 증권회사의 전산업무를 공동처리하며 연간 1억 8,000만 원의 매출을 올리고 있었다. 그리고 사원도 상무 1명, 부장 2명에 일반직원 82명에 불과했는데 그 당시는 나에 대해 많은 신경을 써서 배정해 준 것 같았다.

우선 나는 직원들에게 정을 붙여가면서 죽은 아들놈을 잊으려고 노력해 나갔다. 그리고 부임 수 주일 후에는 아비의 잘못으로 잃어버린 자식에 대해 못다 한 정을 직원들과 나누어야 하겠다는 생각에, 다음과 같은 사훈(社訓)을 며칠 동안 고심해 만들어 보았다.

사훈(社訓)

인화협동(人和協同)

천직성실(天職誠實)

직무전문가(職務專門家)

창의개발(創意開發)

사훈 해설

① 인화협동

심화(心和): 사람의 마음속에 근심, 걱정, 불안, 질투, 분노, 공포, 좌절감, 시기, 탐욕 등의 어두운 그림자가 드리울 때 인간은 결코 행복할 수 없으므로 먼저 자기 마음의 평화를 찾는 것이 행복한 인생을 위한 근본 과제입니다. 이를 위해서는 최소한도 밤에 잠자리에 들 때 지난 하루의 생활을 한 번쯤 자기 양심(선악, 정사正邪를 구별하는 도덕적 감각)에 호소해서 반성해 보는 자기 수양이 필요한 것입니다.

가화(家和): 심화를 얻은 연후에는 가정의 화목을 위해서 노력합시다. 평화로운 가정은 인생의 영원한 보금자리요, 즐거운 생명의 안식처가 될 것입니다. 옛말에 가화만사성(家和萬事成)이란 말이 있습니다. 즉 집안이 화목하면 소망하는 모든 일이 다 이루어진다는 진리의 말씀입니다. 따라서 여러분들은 한국증권전산주식회사 사원 신분 이전에 위의 인화, 가화를 이룩한 후에 회사원이 되어야 하겠습니다.

인화(人和): 심화, 가화의 튼튼한 바탕 위에서 타인과의 평화를 이룩하자는 뜻입니다. 인간이 만물의 영장이 될 수 있다는 것은 사회적 동물, 즉 사회공동체의 일원으로서 생활하며 그 공동체(부락, 학교, 직장 등)의 일원으로 훌륭한 적응 능력을 가졌다는 뜻입니다. 따라서 직장인으로서 상사, 동료, 부하직원 상호 간에는 자기 고집, 독선 대신에 양보, 희생, 이해 등의 미덕을 베풀어 인화의 반석을 구축해야 하겠습니다. 즉 한국증권전산주식회사 사원 상호 간에 튼튼한 인화의 반석을 구축하는 데 노력하자는 것입니다.

협동(協同): 위의 3화(三和)의 튼튼한 바탕 위에 우리 한국증권전산주식회의 공동 목표를 달성하기 위하여 전 직원이 마음과 힘을 합하여 힘차게 매진합시다.

② 천직성실

직업은 경제적 생계유지의 기본수단일 뿐 아니라 자기의 천분(天分)과 능력과 개성을 발휘하여 국가에 공헌하는 사회적인 역할 수행입니다. 따라서 직업은 생활의 등뼈요, 인생의 보람입니다. 이 세상에서 가장 행복한 사람은 자기의 직업에 대하여 천직사상(天職思想: 소명의식)을 갖는 사람일 것입니다. 즉 하늘이 나에게 맡긴 직분이요, 사명이므로 자기 직업에 대한 최대의 애정과 긍지와 성실로서 전력투구함으로써 성취감과 자부심을 갖는 곳에서 자기 행복을 찾아야 할 것입니다.

그렇다면 여러분!

우리의 천직(天職)은 한국증권전산주식회사가 아니겠습니까? 이 천직을 성실로서 수행해 나갑시다. 불성무물(不誠無物)이란 옛말을 되새겨 봅시다. 성실하지 못하면 제대로 되는 일이 없다는 뜻입니다. 자기 직업에 대한 불만, 수치감, 비성실 등으로 무능력자가 되는 것보다 더 불행하고 나아가서는 사회적으로 인정받지 못하여 불필요한 불구자가 되어서는 안 되겠습니다.

③ 직무전문가

사람은 자기가 하는 일에 권위자가 되고 도사(道士)가 되고 전문가가 되고 귀신이 되어야 합니다. 자기 직무에 대해서는 타의 추종을 불허하는 제1인자가 되는 것이 직업윤리의 기본명제의 하나입니다. 그렇게 되려면 자기 직무를 항상 연구하고 공부하며 땀(근면과 역행力行의 상징)과 피(용기와 결단의 상징)와 눈물(성실과 사랑의 상징)을 잊지 맙시다.

④ 창의개발

인간이 얼마나 위대하냐를 평가하는 척도는 무엇을 얼마나 창조하느냐에 의해서 결정된다고 합니다. 옛 중국 은(殷)나라 명군 탕왕(名君湯王)은 세숫대야에 일일신(一一新: 날마다 새로운 것)이란 세 글자를 조각해 놓고 세수할 때마다 그것을 보면서 나라 일을 훌륭히 다스려 나갔다고 합니다.

더욱이 우리 회사는 최신의 고도 정밀전자장비로 주임무를 수행하므로 고도의 창의력을 발휘하여 장비와 그의 조작 및 활용방안을 계속 연구하고 개발하여 선진국 대열의 전산업무 수준으로 향상시켜 국가에 봉사하도록 노력합시다.

이상과 같은 사문을 실천하는 데 모든 심혈을 경주하면서 되돌릴 수 없는 슬픔의 한을 풀어가며 가정을 수습해 나갔다. 다행히 회사의 영업실적도 신장하던 중 1986년에는 정부의 민영화 정책에 따라 25개 증권회사의 공동 전산처리 용역을 위한 순수 민간 회사로 전환되었다.

이렇게 지내 오는 동안 차츰 가정도 안정을 되찾아 갔다. 그리고 가정을 안정시켜 나가는 데 있어서 신앙생활을 빼놓을 수가 없었다. 우리 가정에 환난이 몰아닥쳤을 때 잠시도 우리 곁을 떠나지 않았던 김계일 형 내외분과 강신만 아우 내외분의 극진한 권유와 인도로 영락교회에 나가게 되었다. 그러나 개신교의 사자(死者)를 위한 기도에 아쉬움을 느낀 우리 부부는 교우들의 정성에 죄책감을 느끼면서도 부득이 천주교로 개종하지 않을 수가 없었다. 지금도 두 내외분을 대할 때마다 죄책을 느끼지만 오히려 그 죄책이 우리들의 정분을 더해 주는 것 같기도 하다.

12·12 당시 특전사령관이었던 정병주 형 내외분과 함께 이재전(10·26 당시 청와대 경호실차장, 내가 사단장 당시 군단장으로 모셨던 분) 장군의 권유로 명동성당에서 김수창 주임신부님의 지극한 인도를 받아 가톨릭에 입문했다. 그리고 이어 명동성당 교리반에 입교했으며 이때부터 이재전 장군 내외분은 우리의 대부(代父)가 되어 주었다. 이분들은 우리 내외가 정신적으로 방황하고 있는 것이 안타까웠던지 교리를 배우는 6개월 동안 거의 매일 같이 교리반에 참석하여 우리 내외의 용기를 북돋아 주기도 했다.

정말 놀라운 정성을 베풀어 주었던 것이다.

그리고 김수창 신부님은 나의 슬픔과 괴로움, 그리고 파란만장한 인생 역정을 너무나도 잘 알고 신앙으로 인도해 준 그때나 지금이나 또 앞으로도 나의 영원한 영적인 인도자요, 내세(來世)까지 맡기고 있는 신부님이다. 그리고 그로부터 6년 후 나와 함께 가톨릭에 입문하여 교리반에서 공부하고 사목 생활을 해왔던 정병주 선배가 세상을 떠났을 때 김수창 신부님께서 영결미사를 집전해 주셨기 때문에 앞으로 나의 영결미사도 그분이 해주실 것을 바라고 있다.

그리고 또 한 가지, 나는 6·25 한국전쟁 3년 동안 수도사단 제26연대에서 소대장과 중대장으로 근무하며 여러 전투를 치렀다. 전투를 치르는 동안 많은 부하가 나라와 겨레를 위해서 싸우다 유명을 달리했으며 이들은 모두 남의 집 귀한 자식들이었다. 그러나 그로부터 30여 년 동안 전쟁으로 아들을 잃은 그들 부모의 아픈 심경과 슬픔을 그리 깊게 헤아리지 못한 채 살아왔다는 것이 나의 솔직한 고백이다.

직접 다 큰 자식을 잃고 부모로서의 아픔과 슬픔을 겪고 나서야 그 당시 아들을 잃은 부모들의 아픔과 슬픔을 비로소 실감할 수 있었다. 그래서 나는 그동안 무심했던 잘못을 지금이라도 속죄해야 하겠다는 생각에, 그 당시 나와 생사고락을 함께하다 전사한 부하들의 유해가 안장된 곳을 확인하기 시작했다. 먼저 국립묘지로 달려가서 관리소장이자 군의 선배인 이주호(육사 4기)

장군을 찾아뵙고 나의 뜻을 말하자 즉각 협조해 주었던. 나의 기억으로는 전사자가 약 80명 정도로 알고 있는데 약 2개월여 동안에 걸친 이주호 소장의 특별 배려로 37위의 소재를 확인했다.

지금도 확인되지 않은 유해의 소재를 계속 찾고 있지만 나는 우선 확인된 영령들에 대해서 속죄하기 위해 매년 한 번씩 개별적인 위령제를 올려주고 있으며 현충일이 되면 어김없이 국립묘지를 찾아가 37위가 잠들어 있는 묘소를 돌며 한 송이 국화꽃을 영전에 바치고 있다. 이러한 일들을 갖기 시작하면서부터 아들을 잃은 아픔과 슬픔이나 혼자만의 비극처럼 느껴졌던 생각도 어느 정도 덜 수 있었다.

외동딸 현리의 결혼

안정은 쉽게 되찾을 수 없었다. 그러던 중 가까운 친지들이 집을 바꿔보라고 끈질기게 권유했다. 그리하여 아들놈과 같이 살던 집을 봉천성당에 팔고 반포에 있는 아파트로 이사를 했다. 그러나 또 하나의 문제가 우리 내외를 당황하게 만들어 놓았다. 동생 성호가 죽은 후, 딸 현리는 말도 없고 식사도 제대로 하지 않아 보기 흉할 정도로 야위어 갔다.

학교에다 문의해 보니 현리가 학교에 나오지 않는 날이 많다는 것이다. 하루는 밤 12시가 다 돼서 집에 돌아왔다. 저녁도 먹었다고 하면서 제 방으로 들어가 문을 잠그고는 나오지 않았다. 느낌이 이상해진 아내가 밖에서 열쇠를 열고 들어가 요즘의 심경을 물어보기도 하고 달래주기도 했으나 딸은 묵비권을 행사하기라도 하는 듯 아무런 대답도 하지 않았다.

그러다가 현리가 잠시 화장실에 간 사이에 아내가 가방을 뒤져 보니 50알에 가까운 수면제가 들어 있었다. 이를 본 제 어미는 놀란 나머지 화장실에서 돌아온 딸아이를 끌어 잡고 같이 죽자고 통곡을 하기 시작했다. 아들놈이 그렇게 죽었는데 딸자식마저 자살을 기도하려고 하니 단장이 끊어질 노릇이 아닌가. 모녀가 한참 동안 부여안고 울고 난 다음 현리가 고백의 말문을 열었다.

학교에 나가도 교수의 강의가 귀에 들어오지 않고, 친구들을 만나는 것도 싫어져 성호 곁으로 가고 싶은 생각뿐이었는데, 엄마 아빠를 생각하니 그런 불효를 이 딸자식마저 할 수가 없어 지금까지 버텨왔다는 것이다. 그러다가 오늘은 도저히 참을 수가 없어 성호 곁으로 가서 죽을 것을 생각하고 서울역으로 나갔는데, 불량배 같은 남자 두세 명이 제 뒤를 따르고 있길래 수원까지 전철을 타고 갔다가 죽으려고 했던 생각을 포기하고 다시 전철을 타고 올라왔다고 한다. 서울역에 도착하자마자 택시를 잡아 타고 집으로 왔는데, 아마 지금도 그 불량배들이 밖에 와있는 것 같다고 말했다. 여하간 딸의 뒤를 미행한 불량배들이 어떤 놈들인지는 몰라도 그자들이 딸의 생명을 구해준 은인인 것 같아 고마운 생각이 들기까지 했다.

이때까지 현리에게는 사랑을 나누는 그런 남자 친구도 없이 오직 저희 남매들끼리만 비둘기처럼 지내왔다는 것을 알고 있었기 때문에 우리 내외는 딸의 마음을 하루빨리 안정시켜 주기 위해서 결혼 상대자를 구해주기로 했다. 교회나 집안에서 좋은 남자를 골라 소개해 주었으나 현리가 쉽게 응하지 않았다. 이제는 이미 세상을 떠난 놈보다 현리가 집안의 걱정거리가 되기 시작했다. 현리가 등교할 때면 어미가 꼭 같이 가서 수업이 끝날 때까지 기다리고 있다가 데리고 오는 그런 생활이 계속되었다.

그러던 중 아내의 외가 오촌 숙부뻘 되는 분의 3남 3녀 중 막내아들인 박용찬(1961년 1월 19일 생)이란 학생이 우리 집을 방문했다. 현리와 동갑 나이로 서울대학교 공과대학 기계과 졸업반으로, 3학년 당시 제26회 행정고시 경제과에 합격했다고 한다. 졸업시험과 졸업논문 등을 다 끝낸 뒤 그동안 자주 찾아뵙지 못해 죄송하다는 인사를 하기 위해 내 집을 찾았던 것이다.

이 사람과 약 한 시간 동안 대화를 나누다 보니 먼 인척이긴 하나 현리와 자연스럽게 교제를 갖도록 만들어 줘야겠다는 생각이 들었다. 그래서 그 사람에게 현재의 집안 사정과 현리의 심경 등을 대충 이야기해 준 다음 돈 10만 원 정도를 꺼내주면서 당부했다.

"자네가 현리의 마음을 좀 돌려주게! 친구도 좋고, 경우에 따라선 우리 사이는 사돈의 팔촌 격이니까 결혼도 가능한 처지가 아닌가!" 그 후 두 사람은 가끔 전화도 하고 때로는 함께 만나서 외출도 하곤 했다. 그러다가 그 친구가 졸업하고 고시 시보교육을 받고 있던 1983년 8월에 간소한 예식으로 짝을 지어주어 가정의 안정을 조금은 되찾을 수 있게 되었다.

그 후 집에 데리고 있던 딸과 사위가 가급적이면 이른 시일 내에 자신들의 생활환경을 만들도록 해주어야겠다는 생각에서 17평짜리 집을 얻어 주었다. 그랬더니 1년이 채 안 되어 현리도 어느 정도 안정을 되찾은 듯했다.

그러던 1984년 12월 10일, 외손녀 박주연이 태어났다. 현리와 우리 내외는 새로 태어난 생명으로 인해 낙을 얻어 그동안의 괴로웠던 심경을 많이 덜 수 있었다. 그러던 얼마 후에 사위가 영국의 서식스대학원으로 유학하여 경제 및 산업정책 석사학위를 받고 귀국했다. 그는 과학기술처 기술협력 사무관으로부터 출발하여 기술정책실과 상공부 통상협력관실을 거쳐 공보관실에서 착실하게 근무하고 있는 한편, 우리 가족을 위해 아들, 사위, 남편 노릇 1인 3역을 너무나도 잘해주어 언제나 믿음직스럽고 고마우며 자랑스러울 정도다. 그리고 1991년 12월 12일에는 귀여운 둘째 외손녀 박지혜가 태어났다.

저주스럽기만 했던 생을 살아온 우리에게 주님께서 은총의 빛을 비춰주시니 오직 감사할 따름이다. 이제 남은 소원은 현리 내외와 귀여운 주연, 지혜 앞에 주님의 무한하신 축복과 가호가 함께하기를 바랄 뿐이다. 우리 내외는 주님께서 허락하시는 그날, 그토록 기다렸던 아들 성호의 곁으로 가서 영생을 얻을 그날을 위해 속죄하는 마음으로 살아가고 있을 뿐이다.

나를 괴롭히는
심근경색증

하나밖에 없는 딸자식마저 결혼시키고 나니 무슨 일인지 몰라도 사람 만나는 것이 점점 싫어졌다. 딸 현리와 사위 이외의 가족, 친척, 친구 할 것 없이 아무런 이유도 없으면서 그냥 만나고 싶지 않았다. 특히 학생들을 만날 때면 가슴이 뛰고 아찔함마저 느끼게 됐다.

그래서 길을 걸어갈 때는 눈을 반쯤 감고 다녔으며, 차를 타고 갈 때는 아예 눈을 감은 채 아무것도 보지 않고 죽은 자식 놈을 위한 기도만 드리면서 다녔다. 때로는 '내 생각이 왜 이렇게 편협해졌을까? 자기 아들을 죽인 자를 수양아들로 삼는 사람도 있다던데…. 하느님은 원수를 사랑하라고 말씀하셨지 않은가. 그렇다면 나는 아직 가짜 종교인인가? 하느님의 말씀대로 살다

보면 이 미움과 괴로움, 그리고 슬픔이 조금은 달라지려는가?'
그런 생각을 하면서도 실천하기란 어려웠다.

그리고 누구와도 말하기가 싫어졌다. 일종의 대화기피증인
것 같았다. 우리 나이쯤 되면 자기 자랑보다는 자식 자랑을 하기
마련인데, 이제 나에게는 자랑할 자식이 없기에 그런 게 아닌가
생각했다. 아들놈이 살아 있었을 때는 주책이 없을 정도로 자식
자랑을 많이 한 편에 속했다. 이것은 당연한 일인 것 같다. 우리
또래는 지는 해, 자식들은 한창 떠오르는 희망찬 아침 해에 비유
해 본다. 그래서 우리 연배들이 한자리에 모이면 대화가 자연히
자식들에 관한 화제로 돌아가고 그런 화제로 대화를 나누다 보
면 으레 자랑을 하게 되는데 이것은 누구도 말릴 수 없는 인간의
본능인 것 같다. 그런 본능을 잃어버린 나는 자연히 그런 자리에
낄 수 없는 실격자가 되고 말았으니 무슨 재미로 사람들과 만나
겠는가. 그러한 나를 위로해 준다고 모처럼 외지에서 찾아와서
는, 나의 심정은 아랑곳하지 않고 끝내는 자식 자랑을 하다가 돌
아가는 이들도 있다.

그리하여 사람들을 만나지 않고 대화 없는 처세의 방향을 찾
다 보니, 모든 모임을 자연히 기피하게 됐다. 남의 길흉 행사 외
에는 모임에 참석하지 않았다. 특히 남의 아들 장가보내는 결혼
식장에 갈 때는 마음이 이만저만 괴로운 것이 아니다. 그리하여
생각 끝에 결혼식 초청에는 아내와 동행하지 않고 혼자 가기로
했다. 아무래도 나보다 아내가 더 괴로울 것 같았다.

그리고 혼자만이 지낼 수 있는, 특히 사람들이 많이 모이지 않는 외진 낚시터를 주로 찾아다녔다. 명절이나 연휴 같은 때에는 아들의 묘를 둘러본 다음 혼자 차를 몰고 정처 없이 돌아다니기도 한다. 소백산 등의 화전민들이 사는 골짜기를 찾아가 시골 노인들과 토종닭을 잡아 놓고 막걸리나 소주를 들면서 연휴를 보내고는, 노인들에게 몇만 원을 용돈에 보태쓰라고 쥐어준 뒤 집으로 돌아오는 것이 나에게 편안을 가져다주었다.

아들놈을 잃고 난 후부터 우리 내외는 무서운 불면증에 시달리기 시작했다. 이것은 지금까지도 계속되어, 만 9년이 지나도록 수면제를 복용하지 않고서는 도저히 잠을 이루지 못했다. 인사불성이 될 정도로 술에 취하면 잠은 잘 수 있었으나 독한 술을 마신 탓에 잠에서 깨고 나면 속이 매스껍고 뒤틀리는 고통을 이틀이나 겪게 됐다. 그래서 주량을 줄여 봤으나 한두 잔의 술기운으로는 잠을 잘 수가 없었다. 의사들의 처방도 아무 소용이 없었다. 그리하여 수면제의 양을 점점 늘려가다가 지나칠 정도가 되면 약을 바꿔본다.

이처럼 약을 심하게 복용하니 낮에도 머리가 항상 몽롱해 있었다. 해외여행이라도 조금 나아질까 해서 나 혼자서 유럽을 향해 떠났다. 프랑스를 둘러보고 영국을 둘러보는 동안 아들의 모습이 자꾸 머릿속에 떠올랐다. '성호란 놈이 살아 있다면 지금쯤 이 나라에 와서 공부를 하고 있을 텐데…. 노벨상까지 욕심 내던 녀석인데, 그런 놈을 땅속에다 묻어두고 죄 많은 아비가 무엇 때문에 여기에 와 있는가? 내가 구경은 해서 뭣해! 아직 정신 못 차린 이 아비! 자식을 죽인 이 아비! 자식 생전에 여행 한 번 시켜주지 못한 이 못난 아비가 이제 와 혼자서 외국을 여행하다니…. 돌아가야지. 빨리 돌아가야지!' 그런 생각을 하면서 돌아다니니 무엇 한 가지라도 제대로 봐야겠다는 마음이 내키지 않아 중도에 귀국을 서둘렀다.

거대한 비행기를 타고 흰 솜이불 같은 구름이 바다를 이루는 하늘 위를 나르고 있을 때, 성호가 있을 천당과 가까운 거리에 있다는 생각이 문득 들어 기창(機窓) 밖으로 시선을 돌려 이곳저곳을 아무리 찾아봐도 아들놈의 모습은 보이지 않았다. '성호야! 지금 나는 구름 위의 하늘나라를 날면서 너를 찾아봐도 보이지 않으니 도대체 어딜 가야 이 아비가 널 만나볼 수 있느냐? 애를 태우고 있는 아비의 마음을 안다면 말을 좀 해 봐라, 성호야!'

'오, 하느님! 제가 어떻게 하면 나의 사랑하는 아들 성호의 곁으로 갈 수가 있습니까? 제가 주님의 말씀대로 살아가면 아들을 만나게 해주시겠습니까? 주님께서 그렇게 해주신다면 이 생명 다할 때까지 주님의 종이 되어 주님의 말씀대로 살아가오리다. 아멘.' 나는 두 눈을 감고 그렇게 마음속으로 기도를 되풀이했다. 그러나 아들의 모습은 구름 위에서도 찾아볼 수 없었고, 구름 위에 끝없이 펼쳐진 창공에서도 찾아볼 수 없었다. 나는 이러한 괴로움을 덜고 서울에 도착할 때까지 잠 속에 빠져볼 요량으로 기내에서 파는 양주 한 병을 사서 줄곧 마시고 술기운에 겨우 잠들어 버렸다.

앞서 말한 대로, 1986년 9월 사위가 영국 서식스대학원에 유학을 가게 되었다. 유학하는 남편을 따라 딸 현리와 우리의 모든 기쁨이 되어 주었던 재롱둥이 외손녀 주연도 떠났다. 이후 우리 내외는 아무 낙도 없는 삭막한 생활을 하게 되었다.

그런 데다 다음 해인 1987년 7월 3일, 아내가 영국 사위 집으로 잠시 떠났다. 당분간 혼자 아파트를 지키게 되어 아침은 회사에서 우유 한 잔으로 때우고, 점심은 회사 부설식당에서 때우고, 저녁은 회사 주변에 있는 식당에서 대충하고 집으로 돌아왔다.

그러던 중 7월 8일 퇴근 때에 갑자기 보리밥 생각이 간절하게 나서 운전기사 박재탁에게 "자네 보리쌀 좀 사오게. 그리고 상추와 쑥갓도 사다가 우리 낚시 가서 밥해 먹던 기분으로 보리밥 좀 해 먹어 보세. 보리쌀은 두 번 삶으면 밥이 될 것이니까. 그리고 상치와 쑥갓은 깨끗하게 씻어서 바가지에다 큼직큼직하게 썰어 놓고, 냄비에다가 된장에다 멸치를 넣어 끓이세. 그렇게 한 다음에 고추장에다 비빔밥을 만들어서 맛있게 먹어보세. 아주 별미가 될 거야" 하고 일러주었더니 박 기사는 자신 있게 만들어보겠노라고 말했다. 이 박재탁 기사는 내가 1978년 초 사단장을 마치고 육군본부로 전속된 이후부터 생사고락의 정을 함께 나누어 온, 마치 부자지간과 같은 사이였다.

귀가하여 식사 준비를 하다가 잠깐 거실에서 신문을 보고 있었다. 밤 9시 40분경에 밥이 다 되었으니 식탁으로 옮겨 앉으라는 박 기사의 말을 듣는 순간, 나는 소파에 앉은 채 옆으로 비스 듬히 쓰러졌다. 왼쪽 가슴 위에서 오른쪽 가슴 아래쪽까지 마 치 믹서기로 돌리는 것 같은 통증이 왔고 가슴 앞뒤 쪽에서는 커 다란 바윗덩어리가 압박을 가하는 듯이 숨이 막혀 견딜 수가 없 었다.

이때 박 기사는 내가 쓰러져 있는 줄 모르고, 두어 번 식사하 라고 말해도 아무런 대답이 없자 내가 있는 곳을 흘깃 쳐다보고 나서 내 곁으로 황급히 달려 왔다. 나는 이마에 식은땀을 흘리며 창백한 얼굴을 하고 있었다고 한다. 그러한 나의 꼴을 본 박 기사 는 어디서 찾아냈는지는 몰라도, 장모님께서 드시다 남은 우황 청심환을 가져다가 서둘러 숟갈에 개어 나의 입에다 떠넣어 주 었다. 그러자 명치 부근에서 100원짜리 동전 크기의 부위가 찌 릿하면서 트림이 두세 번 나더니 숨통이 좀 트이는 것 같은 느낌 이 들었다. 박 기사가 나를 껴안고 일으켜 세우자 소리 없는 방귀 가 두어 번 나더니 숨을 내쉬기가 좀 나아진 것 같았다. 나는 곧 집 근처에 있는 강남 성모병원으로 가서 응급치료를 받았다.

아들놈을 보내고 난 후부터 느껴진 가슴을 짓누르는 것 같은 답답증이 2~3년이 지난 후부터는 상습적인 통증으로 변해 버리 고 말았다. 그러나 나는 아들을 잃은 화병이겠지, 이 화병은 내가 죽을 때까지 안고 가야 할 아픔일 테니 죄 많은 아비로서 당연히 감수해야지, 하는 나름의 무식한 판단을 내리고 오늘까지 살아 왔다.

그러나 성모병원 심장내과 과장 최규보 박사의 극진한 보살핌으로 겨우 위급한 생명은 구할 수 있었다. 최 박사는 수일 동안 세밀한 검진을 한 뒤 심장 기능이 너무 약화되어 수술하지 않고서는 나머지 생명을 도저히 보장할 수 없다고 했다. 병명은 심근경색이라고 했다.

심근경색은 심장근육에 필요한 영양과 산소를 공급하기 위해 심장 주위를 둘러싸고 있는 관상동맥 내부에 강한 스트레스나 잦은 흥분, 기타 나쁜 생활습관, 지나친 흡연 등으로 동맥경화를 일으켜 혈관 내경이 좁아져서 충분한 혈액을 심장에 공급하지 못해 협심증을 일으키는 것이다. 그리고 이러한 상태가 악화되어 관상동맥이 아주 막혀버리면, 그 이하 부위로는 혈액이 공급되지 못하기에 심근의 일부가 괴사를 일으켜 가슴 한복판이 큰 바위로 짓누르는 것 같은 통증과 숨막힘이 발생한다는 것이다. 톱으로 흉부를 써는 것 같은 극도의 통증이 점차 왼쪽 어깨로부터 팔 안쪽으로 퍼져 내려가 극심한 고통과 호흡곤란에 빠져들게 되는데 이러한 심근경색으로 인한 사망률은 대단히 높다는 것이었다. 그리고 최 박사는 언제 심장이 멎을지 모르는 일이니 빨리 미국으로 가서 심장 수술을 받으라고 했다.

입원 기간 중 주치의 최규보 박사의 그런 자상한 설명을 듣고 나서야 비로소 깨달음이 왔다. 되새기기조차 싫은 악몽 같았던 1979년 12월 12일 이후부터 심근경색이 발병한 1987년 7월까지, 울분과 죄책과 가슴을 갈기갈기 찢는 슬픔과 괴로움 등의

고통이 지난 8년간 내내 지속되었다. 형극과도 같았던 그 생활을
돌이켜보니 나의 심장이 이미 오래전에 멎어서 죽지 않은 것이
그야말로 기적인 것만 같았다.

생사의 기로 앞에서
남기는 증언

나의 심장이 그렇게까지 악화된 것도 몰랐으며, 건강을 생각해 볼 여유도 없었을뿐더러 오히려 내 인생이 너무도 원망스러워 내 육신을 스스로 학대하고 혹사하고만 싶었다.

12·12 군사반란 직후 연속된 불행이 이중 삼중으로 겹쳐 올 때, 오직 외동딸 현리를 위해서 백번 죽기보다도 더 힘들고 괴로운 나날을 살아내려고 하니 맑은 정신으로는 견디기 힘들었다. 담배도 하루에 세 갑 이상을 피웠고, 때에 따라선 독한 술을 마시고 정신을 잃어보기도 했고, 밤이 되면 맑아져 오는 정신을 잠재우기 위해 헤아릴 수 없을 정도로 다양한 수면제를 복용했다. 이런 나쁜 습관을 8년 동안이나 계속해 왔던 게 아닌가. 제아무리 무쇠로 만든 심장이라도 배겨날 수 없었을 것이다. 물론, 그간 여

러 차례 느꼈을 협심증의 징조, 가슴앓이와 호흡곤란, 통증 등은 드센 팔자를 가지고 살아가는 자가 으레 겪는 화병 정도로 여겼다. 솔직히 말하면, 그냥 죽지 못해 사는 육신이라 일부러 병원도 찾아가지 않고 학대하고 방치했던 것이다.

그러나 일주일가량 묶여 있던 중환자실 신세를 면하고 독방 병실을 사용하게 된 후부터 나는 여생(餘生)에 대해 심각하게 생각해 보지 않을 수 없었다. 내가 꼭 더 살아야 하는가? 그렇다면 무엇 때문에 더 살아야 한단 말인가? 살아야 한다고 하면 내가 얼마나 더 살 수 있을 것인가? 수일 동안 머리가 터질 정도로 생각과 번뇌를 거듭하던 끝에 분명한 결론을 얻게 되었다.

그것은 12·12 군사반란을 진압하지 못한 불충의 죄를 갚기 위해 진압의 유일한 책임 지휘관으로서 진압 작전의 상세한 상황일지 및 경위, 진압 실패 원인 등을 기록으로 남기는 것이다. 언젠가 있을 공정한 진상규명과 주동자들에 대한 단죄를 위해서라도 실증적 증언을 기록으로 남겨 둬야 또다시 군사 쿠데타와 같은 불행한 역사가 되풀이되지 않을 것이다. 그리하여 나는 이 시간 이전까지 생각해 보지도 못했던 생에 대한 애착과 용기를 갖게 되었다.

그리하여 나는 주치의 최 박사에게 수술도 급하고 중요하지만, 원고를 쓰기 위해 수술차 미국으로 가는 것을 일주일만 연기해 달라고 간청했다. 그러나 최 박사는 빨리 수술받지 않으면 생명이 위험하다며 나의 간청을 거절했다. 의사로서는 당연한 일이었다. 나의 관상동맥 두 개가 완전히 막혀버린 상태인 데다 남은 한 개도 80퍼센트 이상이 막혀서 극히 위험한 상태였다. 내 생명을 구할 수 있는 길은 빨리 수술하는 방법밖에 없었다.

하지만 미국의 의학이 아무리 발달했다 하더라도 100퍼센트 성공 확률을 가진 수술은 없기 마련이다. 수술 결과가 좋지 않을 경우 수술대 위에서 죽을지도 모르는 일이고, 만일 그렇게 될 경우 내가 밝히려고 하는 12·12 군사반란의 진상을 남기지 못하게 된다. 그래서 나는 이유는 밝히지 않은 채 담당의에게 애원하다시피 하여 일주일의 시간을 얻어냈다.

1987년 7월 27일 오후부터 의료진의 눈을 피해 가면서 이 글을 쓰기 시작했다. 출입문을 닫아 잠그고 쓰다가 의사나 간호사가 오면 원고지를 감추었고, 돌아가면 다시 상황일지를 참고해 가면서 8월 2일 밤 10시 5분까지 약 6일 동안 원고를 작성했다. 대충 끝맺음을 해놓고 나니 당장 죽어도 여한이 없을 것 같았다. 그로부터 6년 후, 그 글을 바탕으로 감히 이 책을 내놓을 수 있게 된 것이다.

여하간 병원에서 글을 다 쓰고 나니 미국으로 건너가서 수술받고 싶은 마음이 사그라들었다. 6·25 한국전쟁 당시 두 번씩이나 부상(경상)을 당하고도, 병원 신세를 마다했던 나였다. 또 앞으로 소요되는 막대한 수술비용을 마련해야 하는 일도 큰 어려움이었다.

그러던 차에 미국으로 이민을 가서 상당한 재력을 모아 입신한 고종사촌 여동생 박계화로부터 수술 초청장이 왔다. 그리고 여러 친지의 적극적인 도움으로 엄두조차 내기 어려웠던 수술비가 마련되어 1987년 10월 31일 미국 로스앤젤레스의 여동생 집으로 갔다. 여동생은 생사의 갈림길에서 서성대는 몰골로 찾아간 우리 내외를 너무나도 반갑게 맞아 주었을 뿐 아니라, 이미 병원 측과 모든 협약을 마친 상태에 있었고, 내가 수술을 받고 퇴원한 후 요양을 위한 침실까지 마련해 놓고 있었다. 친동기도 아닌 고종사촌 여동생이 이처럼 성의를 다해서 베풀어 준 이 훈훈한 인정에 우리 내외는 수술 성공 여부에 관계없이 사무여한(死無餘限)의 경지를 느꼈다.

여동생의 식구로는 남편 테오도르 잉(중국인 3세), 큰아들 바비, 둘째 아들 데롤, 셋째 아들 앨런이 있다. 매부는 공과대학 토목공학과를 나와 건축기사로 건축사무소를 경영하고 있는 한편, 그의 소유인 260세대의 아파트와 한인타운의 몽블랑 백화점 외 상당한 부동산을 관리하는 재력가였다. 그리고 여동생은 주(州) 정부의 의료보험 등 행정업무 전산 용역을 담당하는 컴퓨터 용역회사를 경영하고 있는데 직원이 무려 100여 명이나 되고, 또 로스앤젤레스 민주당 간부로 정치계에서도 입신하는 등 그들 나름대로 상당히 분방한 생활을 하고 있었다.

우리 내외 입장에서는 오히려 그러한 환경이 부담스러워 조그마한 방을 하나 얻어 나가려고 했지만 막무가내였다. 그러는 사이 수술을 하기 위한 입원 날짜가 다가왔다. 병원은 세인트 빈센트 메디컬 센터로 심장 수술에는 이름 난 병원이라고 한다. 특히 주치의인 요코야마 박사는 일본계 미국인으로, 심장병 수술에서는 미국에서도 손에 꼽을 정도로 저명한 명의라는 소개를 받았다. 팔자에 없는 과분한 선진 의료진 및 시설을 갖춘 세계적 병원에서 수술받는다는 게 아무리 생사의 기로에서 헤매고 있기로서니 어딘지 모르게 부끄러웠다. 민족적 수치심이기도 했고, 나의 잘못으로 인해 국부 통치하에서 핍박받고 있는 국민에 대한 죄책감이었다.

수술은 성공적으로 끝났다. 그러나 수술을 받은 나보다도 주야로 내 뒷바라지에 너무나 고생이 많았던 아내와 여동생 가족에게 너무나 미안했다. 일주일 동안 입원실에서 치료받고 퇴원한 후 40여 일 동안 여동생 집에서 누린 요양 생활은, 어릴 적 어머님으로부터 받은 사랑을 제하고 일생을 통틀어 한 번도 받아보지 못한 극진한 보살핌이었다. 매부 내외와 세 조카들에게 너무나 감사하고 송구하다.

그리고 이곳 로스앤젤레스에는 고모님을 비롯해 7남매의 고종사촌들이 살고 있는데, 이들 역시 타지에서 병상 생활을 하는 나에게 따뜻한 정을 베풀어 주었다. 더없이 따뜻한 사랑을 느꼈다. 죽음의 문턱에서 초췌한 모습으로 이역만리 타국의 병원을 찾았을 때의 착잡했던 심정과는 정반대의 마음으로 여동생 내외와 조카들의 전송을 받으며 1987년 12월 21일 귀국길에 올랐다. 그리고 머물러 있는 동안 고모님과 만호 형님을 비롯한 용호, 매

제 김서방 내외, 태연, 준호, 기호, 미경 동생 등의 내외가 베풀어 준 온갖 성의는 내세에도 간직해 가고 싶을 정도로 고마워 기내에서 여러 번 되새겨 보았다. 태평양의 망망한 푸른빛 바다와 하늘의 구름 위를 날면서 나에게 새 생명을 안겨준 모든 은인을 떠올리며, 그들을 위해 새 생명이 다하는 날까지 무엇으로 보답할 것인가를 생각했다.

서울을 떠나 있던 것이 두 달이 채 못 되었는데, 서울에 도착해 보니 제6공화국을 열기 위한 대통령 선거가 끝난 직후라 그런지 꽤 술렁대고 있었다. 귀국한 얼마 후에 나는 시골에다 포도밭 하나를 마련했다. 돈도 없는 내가 포도밭을 장만할 수 있던 것 역시 동생의 은덕이다. 우리 내외가 로스앤젤레스를 떠나던 날 공항 개찰구로 들어설 때 여동생이 비닐로 싼 뭔가를 주기에 화장품 같은 조그만 선물인 줄 알고 아무 말 없이 받았다. 그리고 비행기가 공항을 떠난 얼마 후에 우리 내외는 그것을 펴보고 크게 당황했다. 우리가 미국으로 갈 때 수술비로 가지고 가서 여동생에게 맡겨 두었던 돈이었다. 한 푼도 손대지 않은 전액 그대로였다. 우리는 서울에 도착한 후 그 돈을 여동생에게 돌려주려고 여러 차례 애를 썼지만, 그들 극성에 뜻을 관철하지 못했다. 하는 수 없이 우리 부부는 여러 궁리 끝에 그들의 은혜에 보답하기 위해서, 그리고 그들이 우리에게 안겨 준 새 생명을 보다 더 뜻깊게 아끼기 위해서 공기가 맑은 한적한 시골에 새로운 터전을 마련하기로 뜻을 모았다. 여러 곳을 돌아다니며 적지를 물색하던 끝에, 현리 식구들을 자주 볼 수 있는 김포 서북부 해안가의 자그마한 마을 근처에 있는 포도밭을 매입하게 되었다.

그 후 때때로 수술 후유증이 생길 때면 그곳을 찾아가는 것이 큰 도움이 되었다. 그런데 수술 4년 후인 1991년 11월에 대동맥류라는 또 다른 혈관질환이 발생했다. 다시 여동생의 도움을 받아 로스앤젤레스의 세인트 빈센트 병원에서 전에 나의 심장 수술을 담당했던 요코야마 박사의 수술을 받고 돌아왔다.

부모 자식 사이에도 하기 힘든 병상 뒷바라지를 두 번씩이나, 그것도 80여 일 동안에 걸쳐서 베풀어 주었다. 그뿐 아니라 나의 요양병실을 그들 내외가 기거하는 침실 바로 옆방에다 마련해 놓고, 온 식구들이 정성 어린 보살핌을 해준 내 여동생과 식구들의 은혜에 어떻게 보답할 지…. 그들이 나에게 안겨 준 삶이 다하는 그날까지, 그 은혜를 길이길이 되새기면서 천주님께 감사하는 마음으로 살아갈 것이다.

부록 ① 장태완 장군 자력표

주요 경력	
1950.12.23.	육군소위 임관(육군종합학교)
1950.12.28.~1952.6.13.	수도사 제26연대 2중대 3소대장
1952.6.15.~1952.10.15.	보병학교 초등군사반 학생
1952.10.16.~1953.8.2.	수도사단 제26연대 제2중대장
1953.10.7.~1954.5.12.	미국 육군보병학교 유학
1954.5.13.~1956.8.3.	육군보병학교 전술학 교관
1956.8.4.~1956.12.18.	육군보병학교 고등군사반 학생
1956.12.24.~1958.2.5.	육군 제2훈련소 교육 및 작전과장
1958.3.6.~1959.2.9.	제20사단 본부사령
1959.6.10.~1961.3.12.	육본 G-2 교육 편제장교
1961.3.13.~1962.12.13.	육군정보학교 전략 정보과정 영어과 학생
1961.12.14.~1962.6.26.	육본 G-2 편제장교
1962.7.9.~1962.10.30.	미국 육군정보학교 유학
1962.11.4.~1964.1.5.	제2사단 31연대 3대대장
1964.1.6.~1964.7.5.	육군대학 단기 14차 학생
1964.7.21.~1965.8.27.	수도사단 작전참모

1965.8.26. ~ 1966.9.27.	파월맹호 제1연대 부연대장
1966.10.11. ~ 1967.6.13.	제1군 G-3 편제과장
1967.6.14. ~ 1968.12.22.	제5군단 작전참모
1968.12.23. ~ 1970.2.22.	제6사단 7연대장
1970.2.23. ~ 1971.1.17.	제1군 G-3 차장 겸 1군 검열단장
1971.1.18. ~ 1971.11.17.	육본 군사연구실장
1971.11.18. ~ 1973.4.25.	제5군단 참모장
1973.4.26. ~ 1975.7.10.	수경사 참모장
1975.7.11. ~ 1978.1.21.	제26사단장
1978.1.27. ~ 1979.11.15.	육본 교육참모부 차장
1979.11.16. ~ 1979.12.12.	수도경비사령관

진급 (전 계급 1차 진급)

1950.12.23.	육군 소위
1952.3.1.	육군 중위
1953.3.1.	육군 대위
1957.3.1.	육군 소령
1961.8.15.	육군 중령
1966.10.1.	육군 대령
1971.1.1.	육군 준장
1976.7.1.	육군 소장

군사 학교	보병학교 고등군사반 1등(1/50)
	육군대학 우등(4/153)
외국 유학	미국 육군보병학교
	미국 육군정보학교

전투경험	
1950.12.28. ~ 1953.7.27.	6·25 한국전쟁시 소총 소대장 및 중대장
1965.10.22. ~ 1966.9.17.	파월맹호 1연대 부연대장

무공훈장	
1951.10.20.	충무 무공훈장
1966.9.26.	충무 무공훈장

부록② 12·12 군사반란 시차적 상황

18:00

전두환은 허삼수, 우경윤에게 정승화 육군참모총장 겸 계엄사령관의
연행 지시

- ⊙ 곧바로 허삼수는 보안사 정보처장으로 위장하여 총장 공관에 전
  화하여 이재천 소령과 통화(총장 19:00 외출 계획 있으므로 그
  이전에 오라)하고
- ⊙ 33헌병대 1개 중대(50명), 8명의 보안사 수사관, 3명의 헌병장
  교(헌병감실 성환옥 대령, 33헌병대장 최석립 중령, 육참총장 공
  관경비병들의 직속 상관인 이종민 중령을 파견한 것은 공관 경비
  병들과 충돌에 사전 대비)를 대동하여 총장 공관으로 출동

18:00

같은 시각 경복궁 내 수경사 30경비단장실에 유학성, 차규헌, 황영
시 등 11명 집합(암호명: 생일 잔치)

18:00

장태완 수경사령관 사전 약속된 연희동 만찬장으로 향발

18:30

만찬장 도착(정병주, 장태완, 김진기, 우국일, 조흥)

18:30

전두환, 이학봉은 삼청동 총리공관에 도착하여 1층 접견실에서 1차 최 대통령에게 보고

18:50

허삼수, 우경윤, 헌병 1개 중대(50명), 보안사 수사관 8명, 헌병장교 3명 등 일행 총장공관 도착

⊙ 육참총장 공관 주위에는 외무장관, 국방장관, 합참의장, 해군총장, 해병대 사령관 등 6개 공관이 모여 있고 외각 경계는 해병대가 담당

⊙ 승용차에 탑승한 허, 우 대령은 육참총장 공관으로부터 사전 연락이 있어 6개 공관 정문초소를 무사히 통과

⊙ 뒤따른 헌병중대(미니버스 2대 분승) 병력은 육참총장 공관 경비 교대 병력이라고 둘러댔으나 병력수가 많아 제지당하자 정문초소를 점거한 다음 초병 3명을 무장해제하고 자기들의 병력으로 교체 후 진입

19:15

한남동 육참총장 공관에서 첫 총성

19:25

첫 총성 10여분 뒤 검은 세단 2대에 정승화 육참총장을 강제 연행하여 공관을 빠져나와 19:27경 정문 통과(6개 공관 합동 사용)

19:35

정문을 해병대 특공조가 재장악(정문 바리케이드 설치)

19:35

연희동 만찬장에 모인 일행은 식전 반주 중 헌병감과 수경사령관이 소속부대로부터 상황 전화 접수

⊙ 헌병감은 육본 벙커로, 장 수경사령관과 정 특전사령관은 각기 사령부로 향발

19:35

같은 시각 허삼수 대령은 30경비단장실에 모여 있던 장군들에게 정 총장 연행 과정서 우 대령의 총상 보고

19:35

장태완 수경사령관 무전으로 총장 구출을 위한 특공대 1차 출동 지시

20:00

육참총장 공관 내부에서 철수하던 지원 헌병 병력(미니버스에 분승)이 해병대 정문 초소로 접근(철수)하자 해병초소 근무자들이 차내 헌병 24명과 보안사 요원 3명 등 27명의 무장병력 무장해제

20:00

전군 '진도개 하나' 비상 발령

20:00

신현학 국무총리가 총리 공관에서 최규하 대통령과 조각명단을 상의 중에 시내 총성 보고 접수

20:00

장태완 수경사령관 필동 수경사령부 도착, 소집 지시한 단장들 중 방공포병단장 황동환 대령만이 와 있었고, 30경비단장 장세동 대령, 33경비단장 김진영 대령은 출두하지 않았다

20:00

김진기 헌병감, 삼청동 최규하 대통령 공관에 파견된 경호대장(구정길 중령)에게 전두환 체포 가능 여부 타진을 위한 1차 교신(가능 답변), 얼마 후 2차 교신

20:07

장태완 수경사령관 육참총장 구출 2차 특공대 현지 출동

20:10

장태완 수경사령관은 총장공관, 육본참모차장, 국방장·차관과 통화 시도 실패

20:30

노재현 국방장관이 외부에서 미8군 지하벙커에 위치한 유병현 장군에게 상황 문의전화

20:30

전두환, 이학봉은 정승화 총장 연행에 대한 대통령 재가를 득하지 못하고 경복궁 내 수경사 30단장실로 돌아와 이곳에 모여 있던 유학성, 차규헌, 황영시, 노태우, 박준병, 백운택, 박희도, 최세창, 장기오에게 재가 보류 사유를 알리고 대책 논의

20:35

장태완 수경사령관은 소집되지 않은 30 및 33경비단장을 빨리 소집할 것과 참모차장 및 국방장·차관과의 통화를 시도하도록 참모장에게 지시하고 그동안 우선 정보참모(박웅 대령)를 대동하고 현장 확인차 육참총장 공관 현지로 출발

20:45

장태완 수경사령관, 현지 확인차 사고 현장으로 이동 도중(육참총장 공관 도착 직전) 윤성민 참모차장으로부터 무전(권정달(착오), 우경윤 대령에 의한 총장 연행 내용) 접수

21:00

해군 헌병감 박종곤은 해병 기동타격대와 육본 의장대병력, 시경 기동타격대를 인솔 사건 현장 진입

21:00

장태완 수경사령관 부대 복귀 후 상황 보고 접수(30단 전두환, 황영시 등 운집)

21:00

전두환, 두 번째 재가를 받으러 가기 전에 3개(제1, 제3, 제5)공수여단장들에게 부대로 가서 병력을 장악하라고 지시

21:00

경복궁에 있던 김진영 대령, 수경사 30경비단 소속 1개 중대를 이끌고 사건 현장으로 출동(작전 중 포위된 헌병 병력 구출차), 이때 신윤희 중령을 만난 김 대령은 자기편으로 설득

21:10

장태완 수경사령관, 장세동, 유학성, 황영시 등과 통화(반란군 측의 동조 권유를 역설득 실패)

21:10

박희도 1공수 여단장은 자기 부대 부단장 이기룡 대령에게 전화하여 출동 명령을 내리고 이 시각 이후 특전사령부 지시에 따르지 않도록 명령

21:25

1공수여단 병력은 출동 명령 15분 만에 출동 준비를 완료하고 부대 정문 통과

21:30

최 대통령, 총격 사고 내용을 기다리고 있던 중 전두환, 황영시, 백운택, 그 외 1명 등 4명이 들어와 정승화 총장 연행조사 서류를 내밀고 2차 결재 요구

21:30

장태완 수경사령관, 국방차관과 3군사령관에게 전화 통화(진압 병력으로 26사, 수기사 배속 건의)

⊙ 국방차관: 알았어. 그놈들 당장 해치워야지 등 격려 전화

⊙ 3군사령관: 알았어. 윤필용, 전두환 그 못된 놈들이 장난을 하는 모양인데 장 장군이 잘해. 황영시 1군단장, 차규헌 수도군단장 이 두 놈은 내 허락도 없이 근무지를 이탈한 죽일 놈들, 그 놈들의 부대들을 서울로 옮기지 못하게 단단히 잡아둘 테니 걱정 말고 빨리 소탕해야 해.

21:40

장태완 수경사령관은 26사단(배정도 소장)에게 명령이 하달되면 즉각 출동할 수 있게 준비해달라고 요청하고, 이어 수도기계화 사단장 (손길남 소장)에게도 명령이 하달되면 전차부대를 동대문운동장으로 출동시켜달라고 요청

21:50

정병주 특전사령관은 장태완 수경사령관에게 전화: 조금 전 노재현 국방장관과 통화했어. (노 국방: 야! 너의 여단이 국방부를 쳐들어온다는데 막아다오. 유학성, 황영시 이자들이 장난을 한다)

⊙ 장태완 수경사령관은 정병주 특전사령관에게 9공수 병력을 급히 지원 요청. 병력 이동로는 1한강교를 이용하도록 약정하고 1한강교 검문소에 지시하여 충돌이 없게 조치

21:55

노재현 국방장관 국방부 청사에 도착(21:40경)하여 상황 파악 중

1공수여단이 국방부로 쳐들어온다는 말을 듣고 미8군 벙커로 출발

22:00

장태완 수경사령관은 전 한강 교량의 차량 통행을 차단하고 교량상
에 묶여 있던 차량을 장애물로 활용하여 반란군의 강북 진입을 저지

22:15

육본 지휘부 수경사로 이동

22:20

수경사령부 내 보안사 요원 전원 연금

22:20

1공수여단 1한강교에서 김포 방향으로 회군

⊙ 장태완 수경사령관은 30사단장에게 전화로 1공수여단 병력이
   수색 또는 구파발 쪽으로 회군하고 있는 상황을 통보하고 이를
   저지하도록 요청하여 협조 약속

22:25

장태완 수경사령관은 1시간여 전에 3군사령관(이건영 장군)에게 요
청한 26사단 및 수도기계화사단의 병력 출동을 재차 독촉

22:30

윤성민 차장은 반란군측에 전화하여 쌍방 유혈사태를 피하기 위해 병력 출동을 하지 말자는 구두 협정(수경사령관에게는 시종 알리지 않았음)

22:40

육본 보안부대장 변규수 준장 연금(수경사)

22:45

노재현 국방장관 총리공관에 전화(최 대통령과 첫 통화), 최 대통령이 설명을 요구하자 '곧 그곳으로 가겠습니다'라고 응답

22:50

장태완 수경사령관은 사령부 잔류 장교 60여 명을 집결시켜 경복궁에 위치한 반란군 거점에 대한 공격 준비 명령 하달

23:00

노태우 장군, 9사단 구창회 참모장에게 29연대를 지금 즉시 중앙청 앞으로 출동시키라고 명령

⊙ 비슷한 시각 1군단장 황영시는 2기갑여단장 이상규에게 전차 1개 대대를 중앙청으로 출동 명령

23:15

윤성민 참모차장은 수경사에서 3군사령관에게 수도기계화사단과 26사단 출동 준비 지시

23:35

연합사 부사령관 유병현 장군이 3군사령관에게 장관을 대리하여 수기사 및 26사를 출동 준비하라고 지시

23:40

진압군 측 9공수여단 출동(정병주 특전사령관으로부터 출동 준비 명령 수령은 21:00경이었으나 차량 준비 등이 지연되자 23:30경 사령관 독촉으로 선발대가 23:40경에 출발, 5대대)

23:50

윤성민 참모차장 9공수여단에 복귀 지시

00:00

30사단장 박희모 소장 1차 협조 약속과는 달리 병력이 야외훈련 중이란 이유로 구파발 검문소 좌우 방벽에서 반란군(1공수여단 및 1군단 예하 전방부대 서울 진입)을 저지해 달라는 장태완 수경사령관의 요구에 불응

00:00

장태완 수경사령관은 반란군 거점(경복궁 일대) 공격을 위해 공격 출발 지점으로 이동 명령 하달

00:05

3공수(최세창 준장) 15대대(박종규 중령) 병력 10여 명이 M16으로 무장하고 특전사령관실에 난입하여 비서실장 김오랑 소령을 사살하고 정병주 사령관을 중상해 상태로 체포 연행

00:10

박희도 1공수여단장 진두지휘하에 1공수 병력 출동 개시(김포, 행주교, 수색, 삼각지)

00:20

1공수여단, 행주대교 북단 검문소 도착 후 검문 헌병을 제거하고 10분 후 통과

00:30

서울로 진격하던 9공수여단(당시 회군 중)에 이희성 중앙정보부장이 전화로 철수 강요

00:50

1공수 선두부대 능곡검문소 도착했다는 상황 접수

01:00

30사단 90연대 출동 개시

01:00

이희성 중정부장 장태완 수경사령관에 전화

⊙ "지금 이 소리가 무슨 소리요? 전차소리 아니요? 합수부 측을 공격하려는 것 아니요?"라고 하며 출동 중지 요구

01:00

장태완 수경사령관의 병력 출동 건의를 독촉받은 윤성민 참모차장은 3군, 1군, 2군 사령관과 협의 후 육본 참모들의 의견 타진

01:30

장태완 수경사령관은 경복궁 공격을 위한 출동 병력에 대한 전투준
비 상태 확인 중 출동 대기 중인 전차로부터 흘러나오는 무전 청취
(사령관 사살)

01:30

9사단 29연대, 제2기갑 1개 전차대대 구파발 통과

01:35

1공수여단 국방부, 육본 앞 도착(2대대는 육본, 1대대는 국방부)

01:40

1공수 병력이 국방부 내로 기동하자 국방부청사 옥상에 위치한 벌컨
포(수경사 방공포병단 소속) 사격 개시

01:45

1공수여단 국방부 청사를 점령하는 과정에서 총격전

02:10

국방부 지하벙커 입구 근무헌병(국방부 헌병부대 소속) 정선엽 병장
사살

02:25

국방부 구내 방송(공수단 요원과 보안사 요원 철수)

⊙ 국방부 헌병 소대장이 방송: 유인 사살하기 위함

02:30

3공수, 5공수 서울 진입

02:30

1공수여단 국방부 내로 돌입, 국방부 간부 및 병력 무장해제

02:50

유병현 장군 박희도 1공수여단장 통화(총격전 만류, 면담 요청)

03:00

국방부 및 육본, 반란군 완전 장악

03:00

국방장관 수경사령관에게 전화(전투상황 중지 지시)

⊙ 윤성민 참모차장 합수부 측 유학성에게 수경사 상황 중지 사항을
통보

03:20

30사단 90연대(송응섭 대령)를 세검정 · 북악터널을 거쳐 고려대 뒷산 그리고 20사단(박준병 소장) 일부 병력을 미아리고개 일대에 배치하여 26사단과 수기사단의 서울진입을 대비하여 저지토록 조치

03:30

신윤희 중령, 수경사 1층 정보실장실에 57중대장 한영수 대위, 53중대장 윤태이 대위, 10중대장 박대신 대위, 기동대장 이재우 대위, 정보실장 최순호 준위를 모아놓고 지금부터 사령부를 평정한다. 그 즉시 M16으로 무장한 헌병병력 40명을 차출 사령부 본관 주위 배치

03:20

MBC 등 반란군 병력으로 교체

03:35

5공수여단 삼각지 도착, 효창운동장으로 이동

03:40

신윤희 중령, 무장한 헌병병력 10여 명을 인솔 2층 사령관실에 도착 후 복도에 있던 수행부관 10여 명을 권총으로 위협 제거하고 사령관실로 뛰어들어 하소곤 장군에 총격과 동시 장군 일행 체포

04:10

노재현 국방장관은 보안사에 도착하여 전두환의 보고 내용을 청취

후 적극 수긍

04:30

장태완 수경사령관 연행되어 서빙고에 도착

04:50

노재현 국방장관이 최 대통령께 보고 후 최규하 대통령은 정승화 육

참총장 겸 계엄사령관 연행 조사 결재

12.12 쿠데타와 나

초판 인쇄 ⊙ 2024년 1월 24일
초판 발행 ⊙ 2024년 1월 31일

지은이 ⊙ 장태완
엮은이 ⊙ 이원복

기획 ⊙ 김도윤
책임편집 ⊙ 김승욱
편집 ⊙ 심재헌 염경원
디자인 ⊙ 조아름
마케팅 ⊙ 김도윤
브랜딩 ⊙ 함유지 함근아 고보미 박민재 김희숙 박다솔 조다현 정승민 배진성
제작 ⊙ 강신은 김동욱 이순호
발행인 ⊙ 김승욱
펴낸곳 ⊙ 이콘출판(주)
출판등록 ⊙ 2003년 3월 12일 제406-2003-059호
주소 ⊙ 10881 경기도 파주시 회동길 455-3
전자우편 ⊙ book@econbook.com
전화 ⊙ 031-8071-8677(편집부) 031-8071-8681(마케팅부)
팩스 ⊙ 031-8071-8672
ISBN ⊙ 979-11-89318-52-9 03910